编委会

顾 问

郑 焱　　湖南师范大学教授、博士生导师
　　　　　湖南省旅游首席专家团专家

许春晓　　湖南省旅游研究院常务副院长
　　　　　湖南师范大学旅游学院副院长，教授、博士生导师

总主编

江 波　　湖南省职业教育与成人教育学会高职旅游类专业委员会秘书长，教授

编 委　（排名不分先后）

陈 朝　　陈晓斌　　韩燕平　　刘韵琴　　李 蓉
皮 晖　　覃业银　　王志凡　　伍 欣　　肖 炜
叶 宏　　余 芳　　翟 丽

一流高职院校"十四五"规划旅游大类创新型人才培养系列教材

总主编⊙江 波

旅游客源地与目的地概况

A Survey of Tourist Sources and Destinations

主 编◎余 芳
副主编◎刘 璨　胡建英　李晓霞　丁佳胤　李 辉
参 编◎陈旭升　尹 燕

中国·武汉

内容提要

《旅游客源地与目的地概况》的主要内容包括：世界旅游业与中国大陆出入境旅游市场概况，东亚太地区、西亚地区、欧洲地区、美洲地区、非洲地区各主要国家以及我国港澳台地区的基本概况、旅游业发展概况与景点概况。本教材按照"模块—项目—工作任务"的方式组织内容，对接目前我国高职旅游管理专业毕业生的就业岗位，引入了旅行社真实的工作任务，使教材内容具有针对性、实用性、趣味性等特点。本教材的适用范围为我国高职旅游管理专业学生教材、旅行社导游与计调的培训教材。

图书在版编目(CIP)数据

旅游客源地与目的地概况/余芳主编. —武汉：华中科技大学出版社，2019.6（2025.6重印）
ISBN 978-7-5680-5129-3

Ⅰ.① 旅… Ⅱ.① 余… Ⅲ.① 旅游客源-概况-世界-高等职业教育-教材　② 景点-概况-世界-高等职业教育-教材　Ⅳ.① F591　② K91

中国版本图书馆 CIP 数据核字(2019)第 111012 号

旅游客源地与目的地概况
Lǚyou Keyuandi yu Mudidi Gaikuang

余　芳　主编

策划编辑：	李家乐　周　婵
责任编辑：	倪　梦
封面设计：	廖亚萍
责任校对：	曾　婷
责任监印：	周治超
出版发行：	华中科技大学出版社(中国·武汉)　　电话：(027)81321913
	武汉市东湖新技术开发区华工科技园　邮编：430223
录　　排：	华中科技大学出版社美编室
印　　刷：	武汉市籍缘印刷厂
开　　本：	787mm×1092mm　1/16
印　　张：	18.25
字　　数：	470千字
版　　次：	2025年6月第1版第5次印刷
定　　价：	49.80元

本书若有印装质量问题，请向出版社营销中心调换
全国免费服务热线：400-6679-118　　竭诚为您服务
版权所有　侵权必究

前言

在世界旅游经济持续稳定发展的大环境下,我国入境和出境旅游人数不断增加,已成为世界最大的旅游目的地和世界第一大出境旅游客源国家。对于正在从事和即将从事旅游业的人员来说,必须了解、熟悉我国主要旅游客源地和目的地的相关情况,特别是要熟悉、掌握其地理环境、历史与人文概况、旅游业发展概况与旅游景点概况等相关知识,这样才能真正了解客人的旅游消费需求,尊重客人的习惯和喜好,设计出符合市场需求的旅游线路,提供个性化的出入境导游服务,促进我国旅游业更好更快地发展。为此,我们结合当前我国入境旅游客源地与出境旅游目的地的变化趋势,并总结多年来的教学成果,整理编写了本教材。

本教材内容丰富,知识性与实用性并重,主要具有以下特点。

第一,科学性。本书编者既有多年的高职旅游专业教学经验,又有丰富的旅游企业涉外工作经历,熟悉世界各旅游区的概况,熟知涉外接待业务和出入境游客的需求,使得本书内容编排更加科学。

第二,实用性。本书面向旅行社涉外导游服务、领队、计调三大工作岗位,引入旅行社真实的工作任务,根据完成工作任务遴选教材内容,使学习者具有明确的学习目标和较好的学习效果。

第三,创新性。本书紧扣近年来我国出入境旅游市场的变化趋势,增加了阿联酋、以色列等国家的内容,并结合目前旅游市场中的出境旅游线路,将中欧、北欧国家的内容进行整合,使读者阅读起来更具有针对性和实际意义。

第四,趣味性。本书涉及的国家和地区多,内容较多,为了增加阅读的趣味性,其中插入了与旅游相关的视频或趣味资料的二维码,提高阅读的直观性和趣味性。

本书为高职高专旅游管理专业系列规划教材之一,既可作为旅游管理、导游和酒店管理等专业的教材,同时也是旅游从业人员理想的自学读物。

本书由岳阳职业技术学院余芳任主编;岳阳职业技术学院刘璨、郴州职业技术学院胡建英、湖南网络工程职业学院李晓霞、长沙市导游协会副会长丁佳胤、湖南民族职业学院李辉任副主编;中国国旅(广东)国际旅行社股份有限公司陈旭升、湖南省工业技师学院尹燕参与了本书的编写工作。具体编写分工为:余芳编写模块一、模块三和模块五全部内容及模块二中的越南和泰国内容;李辉编写模块二中的日本、韩国、新加坡和马来西亚部分;陈旭升编写模块二中的印度尼西亚部分;李晓霞编写模块二中的澳大利亚和新西兰、模块四中的英国和法国;刘璨编写模块四中的意大利、西班牙、德国和瑞士部分;丁佳胤编写模块四中的奥地利、俄罗斯、挪威等中东欧与北欧国家;胡建英编写模块六、模块七全部内容。

全书最终由余芳统稿定稿。

在本书的编写过程中,我们拜读了众多专家学者的专著,参考了大量网络资源,并摘编采用了部分内容,在此谨表谢意！由于编者时间和水平所限,书中若有错误和不当之处,敬请读者不吝指正。

编　者

目 录

模块一 世界旅游业与中国大陆出入境旅游市场

项目一 世界旅游业
- 工作任务1 了解世界旅游业概况 /3
- 工作任务2 了解世界旅游区概况 /8

项目二 中国大陆出入境旅游市场分析
- 工作任务1 中国大陆出境旅游市场分析 /13
- 工作任务2 中国大陆入境旅游客源市场分析 /19

模块二 东亚太地区

项目一 东亚地区
- 工作任务1 日本 /30
- 工作任务2 韩国 /39

项目二 东南亚地区
- 工作任务1 越南 /49
- 工作任务2 泰国 /55
- 工作任务3 新加坡 /62
- 工作任务4 印度尼西亚 /70
- 工作任务5 马来西亚 /77

项目三 大洋洲地区
- 工作任务1 澳大利亚 /87
- 工作任务2 新西兰 /94

模块三　西亚地区

项目　西亚地区

- 工作任务1　阿拉伯联合酋长国　　/106
- 工作任务2　以色列　　/115

模块四　欧洲地区

项目一　西欧地区

- 工作任务1　英国　　/128
- 工作任务2　法国　　/136

项目二　南欧地区

- 工作任务1　意大利　　/147
- 工作任务2　西班牙　　/155

项目三　中欧与东欧地区

- 工作任务1　德国　　/166
- 工作任务2　瑞士　　/173
- 工作任务3　奥地利、捷克、斯洛伐克、匈牙利、波兰　　/183
- 工作任务4　俄罗斯　　/190

项目四　北欧地区

- 工作任务　芬兰、瑞典、挪威、丹麦、冰岛北欧五国　　/199

模块五　美洲地区

项目　北美地区

- 工作任务1　加拿大　　/210
- 工作任务2　美国　　/217

模块六　非洲地区

项目一　北非地区

　　工作任务　埃及　　　　　/230

项目二　南非地区

　　工作任务　南非　　　　　/241

模块七　港澳台地区

项目一　香港

项目二　澳门

项目三　台湾

参考文献

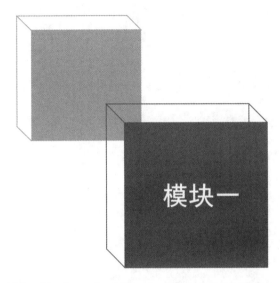

模块一

世界旅游业与中国大陆出入境旅游市场

  现代旅游业是世界经济中持续高速稳定增长的重要战略性、支柱性、综合性产业，随着经济全球化和世界经济一体化的深入发展，世界旅游业更是进入了快速发展的黄金时代。随着世界旅游市场的重心向亚太地区转移，中国作为新兴经济体国家的代表，国内旅游与国际旅游迅猛发展。目前，中国已成为世界最大的出境旅游消费国家和最大的入境旅游接待国家。

项目一
世界旅游业

◇ 知识目标

1. 了解世界旅游的发展历程、现状和趋势。
2. 了解世界各旅游区的范围、旅游资源的特色以及旅游业发展的现状。

◇ 能力目标

1. 能简单介绍世界旅游的发展历程、现状和趋势。
2. 能对比世界各旅游区旅游资源的特色以及旅游业发展的趋势。

◇ 素质目标

1. 培养学生的信息素养。
2. 培养学生对旅游市场敏锐的观察力。
3. 培养学生对旅游行业发展的信心。

工作任务1　了解世界旅游业概况

任务导入

阅读下面2则新闻资料,分析当前世界旅游业发展现状。

资料一:2018年1月17日,世界旅游城市联合会在北京发布了《世界旅游经济趋势报告

(2018)》。报告指出,旅游消费已然成为全球民众的重要生活方式,2017年全球旅游总人次(包括国内旅游人次和国际旅游人次)达到118.8亿人次,为全球人口规模的1.6倍。而在全球旅游总人次中,中国旅游人次最多,为45.3亿人次。报告预测,2018年全球旅游增速继续高于全球经济增速,全球旅游总收入增长率有望达6.7%。全球旅游总人数将达到126.7亿人次,是全球人口规模的1.7倍。亚太地区旅游总人次和总收入所占份额将继续增长。

资料二:国家旅游数据中心统计表明,2015年在我国40亿人次国内游的人群中,自由行人群高达32亿人次,人均消费937.5元。2016年,旅行社组织的出境游人数增长35.2%,但在总出境游人数中所占的比例仅仅上升了2.5%。1.2亿人次出境游客中,有2/3的游客选择自由行,达到了8000万人次,不论是国内游还是出境游,自由行都是游客最爱的旅行方式。

任务解析

一 数据分析

资料一中的数据包含的信息有:① 全球旅游总人次数量巨大。2017年全球旅游总人次(包括国内旅游人次和国际旅游人次)达到118.8亿人次,为全球人口规模的1.6倍;② 全球旅游总人次和总收入逐年增长,2018年全球旅游增速继续高于全球经济增速,全球旅游总收入增长率有望达6.7%,全球旅游总人数将达到126.7亿人次;③ 以中国为中心的亚太地区旅游业稳步增长。

资料二中的数据表明:在我国,无论是国内旅游还是国际旅游,自由行人数和增长速度远远大于跟团游。

二 结论

从以上2则新闻资料可以看出,当前世界旅游业发展现状表现为以下几方面。
(1)世界旅游业产业规模巨大。
(2)世界旅游业发展速度快、增幅大。
(3)旅游已基本成为人们普遍的一种生活方式和基本权利,世界已经进入"旅游时代"。
(4)以中国为中心的亚太地区旅游业发展迅速。
(5)自由行成为游客最爱的旅行方式,占据了旅游市场的大半壁江山。

任务拓展

结合本节内容和网上最新数据资料,做一个关于世界旅游业发展现状与趋势的5分钟演讲,要求有PPT。

相关知识

一 世界旅游业发展历程

旅游作为一种社会现象，它的产生是人类社会历史发展的结果，其发展是随着经济的发展而发展的。纵观整个人类的旅游发展史，大致可以划分为古代旅游、近代旅游、现代旅游三个阶段。旅游业成为一个产业，发端于19世纪中叶的西欧和北美。伴随着火车和轮船的出现，19世纪60至70年代，西欧和北美出现了专门组织国内和跨国旅游的旅行社。1845年，英国人托马斯·库克成立了全球第一家旅行社，标志着近代旅游业的诞生。第二次世界大战结束后，世界的主题从"战争与革命"转向"和平与发展"。科技革命日新月异，人类文明突飞猛进，经济文化迅速发展，国际交往日益频繁，人们的物质和文化生活水平不断提高，世界旅游业也随之取得了空前的发展，进入了一个全新的阶段，我们称之为现代旅游。

二 世界旅游业发展现状

（一）旅游业发展速度快、增幅大

世界旅游业早在20世纪90年代初就已发展成为超过石油工业、汽车工业的世界第一大产业，也是世界经济中持续高速稳定增长的重要战略性、支柱性、综合性产业。当今，随着经济全球化和世界经济一体化的深入发展，世界旅游业更是进入了快速发展的黄金时代。2011年3月3日世界旅游及旅行理事会发布的《2011—2021旅游业经济影响报告》认为，尽管目前世界经济增长遇到了很多挑战和不确定因素的影响，但旅游业却一直是增长速度最快的部门之一，而且成为推动经济和就业增长的主要力量。预计未来10年里，世界旅游业对全球GDP的贡献每年将达到4.2%，总额为9.2万亿美元，并创造6500万个就业机会。事实上，2017年11月27日，联合国世界旅游组织在牙买加召开的"就业和包容性增长——共建可持续旅游业全球会议"上宣布：2016年世界旅游业创收7.6万亿美元，占全球GDP 10.2%，就业人数2.92亿，占全球就业人数的10%。2017年全球旅游总人次（包括国内旅游人次和国际旅游人次）达到118.8亿人次，为全球人口规模的1.6倍。旅游业在世界经济发展中发挥着越来越重要的作用。

（二）旅游已基本实现了休闲化、大众化和社会化，成为人们普遍的一种生活方式和基本权利，世界已经进入"旅游时代"

半个多世纪以来，随着科技进步和经济发展，人们的休闲时间与时俱增，恩格尔系数则与时俱减。早在1995年，全世界就有145个国家实行每周5天工作制，其中大多数国家又实行每年5—52天不等的在职带薪休假制。有些发达国家甚至打算实行每周工作4天、每天工作5小时、每周工作20小时的工作制，并进一步延长带薪休假时间。在发达国家和地区，恩格尔系数已降到20%—30%，人们可自由支配收入大幅度增加。在这种背景下，休闲度假旅游成为现代人生活的重要组成部分。从20世纪70年代末、80年代初开始，旅游者已不满足于传统的观光旅游产品，开始选择具有鲜明地域特色、时代特色和个性特色的休闲度假旅游产品。欧美发达国家是休闲度假旅游的发源地。目前,休闲度假旅游已经成为最重要的市场方向,世界旅游强国基本也都是休闲度假旅游比较发达的国家。其中,海岛、滨海休闲度假是旅游业的第一大支柱,在一些国家和地区成为主要经济收入来源,如在百慕大、巴哈马、开曼群岛,旅游业收入占其国民收入的50%以上。而地中海沿岸、加勒比海地区、波罗的海及大西洋沿岸的海滨、海滩,则成为极负盛名的旅游度假胜地。

(三)世界旅游市场的重心向以中国为代表的亚太地区转移

1950年,欧洲和美洲两大旅游区接待的国际游客占世界旅游市场的比重为96.6%,国际旅游收入占世界旅游市场的比重为92.8%。从20世纪70年代末开始,世界旅游格局发生新的变化,东亚和太平洋地区崛起,大批国际旅客涌入这些新兴的旅游接待国,造成欧洲和美洲这两大传统旅游区在世界市场的份额呈下降趋势。1997年,欧洲和美洲两大旅游区接待的国际旅游人数和外汇收入占世界旅游市场的份额分别为74.3%和77%。2010年之后,亚太地区已经取代美洲成为第二大国际旅游目的地。

亚太地区正主导全球旅游增长,2012年其旅游总人次占据了全球旅游市场23%的份额,而中国已成为世界上最大的出境旅游国,2017年其旅游总人次占据了全球旅游市场66.6%的份额。预计到2030年,亚太地区接待的入境过夜游客将从目前的2.18亿人次增长到5.35亿人次,在全球旅游市场中的份额也将相应由22%上升到30%。而欧美地区的比重将由目前的67%下降至55%。

(四)新兴经济体客源地功能增强

英国《经济学家》将新兴经济体国家分成两个梯队:第一梯队为中国、巴西、印度、俄罗斯和南非,也称"金砖国家";第二梯队包括墨西哥、印度尼西亚、尼日利亚、韩国、越南、土耳其、菲律宾、埃及、巴基斯坦、伊朗和孟加拉等11个"新钻"国家。随着这些新兴经济体国家的崛起,人民的消费水平大幅上升,特别是中等收入群体迅速扩大,产生了巨大的出境旅游需求。以中国、巴西、印度、俄罗斯为代表的"金砖四国"的发展最具代表性,其出境旅游人次与消费支出近年来获得大幅度增长。2017年,金砖五国旅游总人次将达到63.6亿人次,其增长率达3.96%;金砖五国旅游总人次规模在新兴经济体旅游总人次规模中占比达75.0%,成为新兴经济体旅游的重要组成部分。预计2018年,金砖五国旅游总人次将达到65.9亿人次,其增长率将达到3.57%。

由此可以看出,新兴经济体未来将成为世界主要的出境客源国,也将成为世界旅游经济平稳运行的重要动力。

(五)旅游业与科技教育、文化体育、商务会展等产业的结合越来越紧密,特别是与信息化"珠联璧合",成为跨领域、跨行业的综合性、战略性产业

一是科技进步和技术创新已成为世界旅游业发展的主要推动力。信息技术、网络技术、交通技术的快速发展,促进了旅游需求多样化、旅游管理信息化、旅游装备科技化。在线旅游预订业务、电子旅游信息、电子签证和电子商务等正在改变旅游业的市场环境,社交网络的广泛应用也在改变旅游业的面貌。"移动互联网"已经改变了游客搜集、查找旅行信息,预订住宿出行和体验旅行的方式。有关研究表明,目前全球旅游产品的在线销售额约占总旅游销售额的15%,未来5年,这个比例将上升到25%。人造主题公园则充分运用现代高科

技结晶,如声学、光学、计算机模拟系统等,增加旅游产品对人的吸引力。二是旅游业与文化体育事业产业的结合成为亮点。文化是旅游产品的灵魂,没有文化的旅游是不存在的。像奥运会、世博会这样重大的文化体育盛会,既可以为主办国带来强劲的旅游客源和旅游收入增长,又可以传播本国文化、展示文明成果、提升国家形象。三是旅游业直接促进了与其密切相关的酒店业、餐饮业、服务业和百货及奢侈品消费。而且,旅游公司本身也可以成为庞大的商业帝国。如全球最大的旅游企业美国运通公司,资产总额2000多亿美元,遍布全球130多个国家1700多家营业网点,年收入360亿美元。

三 世界旅游业发展趋势

(一)旅游市场进一步细化分化

未来旅游者的旅游目的越来越个性化,旅游机构也越来越重视从更深层次开发人们的旅游消费需求,旅游市场更加细化分化,旅游产品更加丰富多彩。除了传统的观光旅游、度假旅游和商务旅游这三大主导项目和产品外,特殊旅游、专题旅游更有发展潜力,如宗教旅游、探险旅游、考古旅游、修学旅游、蜜月旅游、民族风俗旅游等,将会形成特色突出的旅游细分化市场。而且,观光、度假、商务三大传统旅游项目也将进一步升级。观光旅游在中低收入国家仍将占据主导地位,并逐步普及化、大众化;在高收入国家的市场则会逐步萎缩。度假旅游方面,彰显区域文化特色和以生态、绿色、低碳的自然资源环境为支撑的这两类度假胜地,将成为旅游市场的主流产品。商务旅游方面,则会随着世界经济多极化和经济增长中心、商务热点转移而出现多极化、多元化,欧洲、北美、日本等传统商务旅游重点目的地的地位一时还难以撼动,但也会增加东亚、中东以及新兴经济体等新的商务旅游热点地区。

(二)旅游方式更为灵活多变

旅游方式将会朝个性化、自由化的方向发展,各种新颖独特的旅游方式将应运而生。在追求个性化的浪潮下,未来散客旅游特别是中短距离区域内的家庭旅游份额将逐步增加。旅游者在旅游中追求更多的参与性和娱乐性,那些富有情趣活力、具有鲜明特点的旅游场所,那些轻松活泼、丰富多彩、寓游于乐、游娱结合的旅游方式,将受到越来越多旅游者的追捧。民族风情、地方特色、游娱结合将成为未来旅游产品设计开发的重要方向。

(三)"银发市场"不断扩大

按照联合国现行标准,一个国家60岁以上老年人口占总人口的比例超过10%(或65岁以上老年人口占总人口比例超过7%)即进入老龄化社会。老龄化是全球性问题,发达国家老年人口占比通常在20%以上,发展中国家的状况稍好但老龄化势头迅猛。在当今社会,老年人是一个有钱、有闲、健康活跃的阶层,对休闲度假和异国古老传统文化比年轻人更感兴趣,必然会是旅游者队伍的一支重要力量。近些年来,欧美等高收入国家出现了老人携儿孙辈一起出游的现象。"银发市场"越来越被各旅游接待国所重视,将成为世界旅游业异军突起的一个重要市场。

(四)旅游安全日益受到重视

旅游目的地的局部战争、地区冲突、民族冲突、宗教冲突、国际恐怖主义、政局动荡、社会不安定和自然灾害、重大事故、传染性疾病等因素,都会打击旅游者的消费信心,从而对世界旅游业的发展产生不利影响。特别是在美国"9·11"事件之后,旅游安全成为旅游者首先要考虑的问题。毫无疑问,未来的旅游安全和旅游目的地的社会稳定和谐,将越来越被旅游机构和旅游者所重视。

(五)"绿色旅游"成为一个新动向

各国越来越重视旅游业的可持续发展,日益重视对自然资源、人文资源和生态环境的保护,加强旅游目的地的环境建设;同时引导旅游企业和旅游者积极履行社会责任、环境责任,关注和应对全球变暖问题,努力减少旅游活动对自然、人文和生态环境的负面影响。比如,1983年世界自然保护联盟(IUCN)首先提出"生态旅游"这一术语,将其定义为"具有保护自然环境和维护当地人民生活双重责任的旅游活动",也有将其定义为"回归大自然旅游"和"绿色旅游"。目前,生态旅游发展较好的西方发达国家首推美国、加拿大、澳大利亚等国家,它们在生态旅游开发中,避免大兴土木等有损自然景观的做法,旅游交通以步行为主,旅游接待设施小巧玲珑,并与自然融为一体,住宿多为帐篷露营,尽一切可能将旅游对旅游环境的影响降至最低。再如,韩国观光公社近年出台了绿色旅游方案,开发出多种绿色旅游产品。

工作任务 2　了解世界旅游区概况

任务导入

2017 年全球旅游总人次和旅游总收入排名前十的国家如表 1-1 所示。

表 1-1　2017 年全球旅游总人次和旅游总收入排名前十的国家

排名	国家	旅游总人次(亿)	国家	旅游总收入(千亿美元)
1	中国	45.3	美国	10.3
2	印度	15.4	中国	6.8
3	美国	12.5	德国	3.8
4	日本	3.2	英国	2.5
5	法国	2.8	日本	2.3
6	印度尼西亚	2.6	法国	2.0
7	西班牙	2.0	印度	1.9
8	巴西	1.8	意大利	1.7
9	德国	1.7	墨西哥	1.4
10	英国	1.6	西班牙	1.3

阅读"2017年全球旅游总人次和旅游总收入排名前十的国家",按照世界旅游组织的统计标准,将这10个国家按五大旅游区归类,并统计各旅游区所包含的排名前十的国家数、旅游总人次之和和旅游总收入之和。

任务解析

(1)首先要弄清楚世界五大旅游区以及各自所包括的国家和地区。

(2)分别将"2017年全球旅游总人次和旅游总收入排名前十的国家"归类到所在的旅游区。

(3)根据表格提供的数据,计算各旅游区所包含的排名前十的国家数、旅游总人次之和、旅游总收入之和。

任务拓展

结合本节内容,分析五大旅游区旅游资源的特色并对比五大旅游区旅游业发展现状,要求有PPT。

相关知识

世界旅游组织(UNWTO)将世界旅游市场划分为五大区域,即欧洲旅游区、美洲旅游区、亚太旅游区、中东旅游区、非洲旅游区。

一 欧洲旅游区

欧洲全称"欧罗巴洲"(Europe),全洲土地面积1016万平方千米,约占世界陆地总面积的6.8%。欧洲在地理上习惯分为西欧、南欧、中欧、东欧和北欧5个地区。

欧洲是希腊罗马古典文明和日耳曼文化的发源地,也是世界资本主义发展最早、最发达的地区,是当今世界经济和政治领域中的一支重要力量。

欧洲历来是世界上最大的旅游市场。经济发达,人民生活比较富裕,又普遍实行带薪休假制度,出国游、国内游和国际旅游接待都是强项,规模大而且发展稳定,是目前世界上最大的旅游需求市场,也是世界上最大的旅游供应市场。尽管近年来欧洲市场接待的国际旅游人数和旅游创汇在世界总份额中比例逐渐降低,但迄今为止仍占世界的一半。据世界旅游组织发布的2013年世界旅游报告指出,欧洲为2013年度接待国际游客最多的地区,共接待游客5.63亿人次,同比增长5%。对此,世界旅游组织秘书长塔勒布·瑞法依表示:"欧洲接待境外旅游人数的增加超出了我们的预期,那些在经济危机中受到重创的国家,却往往能够吸引更多的旅游者。欧洲在旅游业上的上佳表现主要得益于欧洲人更偏好于欧洲境内的短期旅行。"

2016年欧洲旅游市场共接待了6.2亿海外游客,同比增长2%,这也是连续第七年实现增长。目前,欧洲主要的远程游客来源是美国、中国、日本。北欧和东欧旅游目的地升温,西欧市场相对疲软。

(二) 美洲旅游区

美洲全称"亚美利加洲"(America),陆地面积4213.8万平方千米,约占世界陆地总面积的28.2%。全美洲包括51个国家和地区,通常把美洲分为北美地区、拉丁美洲和加勒比地区两部分。

美洲的经济发展不平衡。北美是世界经济最发达的地区之一,拉丁美洲为发展中地区。20世纪70年代以来,拉丁美洲经济发展较快,巴西、墨西哥、阿根廷、委内瑞拉、智利、哥伦比亚和秘鲁等国,已建立起相对完整的工业体系或工业基础。

美洲地区经济区域集团化的趋势十分明显。主要的区域经济集团有:中美洲共同市场(1962年7月成立)、加勒比共同市场(1973年8月成立)、拉丁美洲经济体系(1975年10月成立)、南方共同市场(1991年3月成立)和北美自由贸易区(1992年12月成立)。其中,由美国、加拿大和墨西哥组成的北美自由贸易区影响最为深远。

美洲旅游区的发展最为稳定,其中北美地区的发展速度最快。早在1979年,美洲接待游客已达4950万人次,总收入160亿美元,居世界第二位。2011年,美洲共接待国际游客1.56亿人次,占国际客源市场份额的16%。2013年尽管国际金融危机影响持续,然而该地区旅游业的表现不俗,全年接待境外游客的涨幅仍然在3%—4%。世界旅游经济趋势报告(2018)指出,2017年美洲地区旅游总人次达18.75亿人次,比上年增长1.9%;旅游总收入达1.62万亿美元,比上年增长4.9%。2018年,预计美洲地区旅游总人次和总收入将分别达到19.17亿人次和1.73万亿美元;其中旅游总人次增长率将达到2.2%,比2017年增速有所提升,旅游总收入增长率将比2017年高出1.3个百分点,达到6.2%。

美洲拥有当今世界头号强国——美国和当今世界最有影响力的国际组织——北美自由贸易区,这对于美洲旅游的发展无疑是一个极大的优势。更好地发展旅游业无论对于美洲还是对于世界都有着重要意义。

(三) 亚太旅游区

亚太旅游区主要包括亚洲和大洋洲。亚洲包括东亚、东南亚和南亚等国家。大洋洲意即大洋中的陆地,1812年由丹麦地理学家马尔特·布龙命名。大洋洲陆地面积897万平方千米,约占世界陆地面积的6%,是世界上面积最小的一个洲。

亚太旅游区按照其经济发展水平可以分为三类国家:一是经济发达国家,如日本;二是新兴工业国家,如新加坡;三是广大的发展中国家,以中国为代表。近20年来,东亚及太平洋地区一直是世界上经济发展最为迅速的地区之一。亚太地区各国经济的多样性和互补性,使该地区的经济合作具有巨大潜力,区域性经济合作一直在逐步推进。

亚太地区正主导全球旅游增长。2010年之后,亚太地区已经取代美洲成为第二大国际旅游目的地。目前,亚洲成为接待境外客人人数增长最快的大洲。2017年亚太地区旅游总人次达79.14亿人次,比上年增长9.4%;旅游总收入达1.74万亿美元,比上年增长6.9%。

2017年其旅游总人次占据了全球旅游市场66.6%的份额，预计到2030年，亚太地区接待的入境过夜游客将增长到5.35亿人次，在全球旅游市场中的份额将上升到30%。其中东南亚国家旅游业发展最为迅速，当地独特的文化正在吸引越来越多的境外游客。城市基础设施的完善，中产阶级人群数量的增加，政治开放程度的提高都为东南亚国家吸引境外游客提供了更加有利的外部条件。

南亚地区是世界文明的发源地之一，是佛教和印度教的发源地，这里有悠久的历史文化、珍奇的名胜古迹、独特的民俗风情、雄伟的"世界屋脊"和海滨风光。18世纪后期，该地区大多数国家相继沦为西方的殖民地和半殖民地，第二次世界大战后才先后获得独立，现今该地区的国家大多为发展中国家。

近些年，南亚旅游业发展迅速，在经过连续几年双位数的强劲增长后，南亚地区的入境旅游增势趋缓，但实际增长人数十分可观。2017年全球旅游总人次和旅游总收入排名前十的国家中，印度旅游总人数与旅游总收入排名分别占第二和第七。南亚旅游业具有巨大的发展潜力，在开发方面应发挥其历史文化旅游资源、热带海滨旅游资源和山地生态旅游资源丰富的特点，充分利用其毗邻东亚太地区的优势，重点开发洲内近程客源市场。

四、中东旅游区

中东地区包括西亚的伊朗、巴基斯坦、以色列、叙利亚、伊拉克、约旦、黎巴嫩、也门、沙特阿拉伯、阿拉伯联合酋长国、阿曼、科威特、卡塔尔、巴林、土耳其、塞浦路斯和北非的埃及等国家，除以色列以犹太人为主、信仰犹太教以外，其余国家都以阿拉伯人为主，主要信奉伊斯兰教。

中东地区地扼欧、亚、非三大洲的要道，曾经是世界文明的发源地之一，是基督教、伊斯兰教和犹太教的发源地和圣地，丰富独特的民族风情和宗教文化以及奇特的自然景观，给予中东地区充满梦幻色彩的强烈吸引力。但是，石油问题、民族纠纷、宗教矛盾，导致该地区长期遭受战争和恐怖活动的侵扰，严重制约了该地区的经济以及旅游业的发展。

尽管如此，中东地区仍然是近些年旅游业发展最快的地区之一。世界旅游组织的统计显示，从1980年至2010年，抵达中东地区的国际旅游者从710万发展到7900万人次，相当于每年平均增幅达到7.4%，远远高于4.2%的全球平均水平。受局势动荡的影响，中东地区2011年到访游客下滑了7%；2012年有所好转，但还是下滑了4.9%，甚至流失了300万国际游客。2017年中东地区旅游总人次达1.71亿人次，比上年增长0.9%；旅游总收入达0.15万亿美元，比上年增长4.8%。

中东地区旅游发展的关键因素是能否保持社会稳定，实现和平发展。随着中东和平进程的推进，中东的旅游业将会得到巨大的发展。中东地区国家应加强旅游业的区域合作和联合促销，并大力改善基础设施和服务设施，提高旅游服务水平。

五、非洲旅游区

非洲全称"阿非利加洲"（Africa），希腊文"阿非利加"是阳光灼热的意思。因赤道横贯非洲的中部，非洲3/4的土地受到太阳的垂直照射，年平均气温在20℃以上的热带占全洲的95%，其中有一半以上地区终年炎热，故称为"阿非利加"。非洲总面积3030万平方千米（包括附近岛屿),约占世界陆地面积的 20.2%;人口约 7.48 亿,约占世界人口的 12.8%。在地理习惯上,非洲分为北非、东非、西非、中非和南非。

非洲的历史悠久、文化独特,但是由于长期遭受殖民国家的占领和统治,其旅游业起步晚、基础差、发展缓慢。

非洲有丰富的历史文化遗迹、迷人的自然风光和奇异的野生动植物,具有发展旅游业的巨大潜力。非洲大多数国家经济比较落后,旅游设施不完善;一些地区社会动荡、自然灾害严重,影响着旅游业的发展。许多国家重视旅游开发,利用本地特有的自然风光和民俗风情,针对游客的猎奇和求新心理,大力开展各种专项旅游活动,如奇特风光游、民族风情游、沙漠探险游、珍稀动植物考察游、考古游和海上游等,以吸引世界各地游客。

非洲旅游业的发展前景十分广阔。据世界旅游组织的报告,非洲旅游业呈现稳定增长趋势,游客人数从 2003 年的 3700 万增长至 2011 年的 5000 万。旅游业成为不少非洲国家和地区的支柱产业:在塞舌尔,旅游业占 GDP 总值的比例达到 50%;东非地区,旅游业占 GDP 的 8.9%;北非地区,旅游业占 GDP 的 7.2%;西非地区,旅游业占 GDP 的 5.6%;南部非洲,旅游业占 GDP 的 3.9%。2017 年非洲地区旅游总人次达 1.48 亿人次,比上年下降 1.0%;旅游总收入达 0.1079 万亿美元,比上年增长 3.5%。显然,非洲旅游者人均旅游消费出现了大幅增长。2018 年,预计非洲地区旅游总人次和总收入将分别达到 1.53 亿人次和 0.1140 万亿美元;其中,旅游总人次增长率为 2.9%,比 2017 年增速高 3.9 个百分点;旅游总收入增长率将比 2017 年高出 2.1 个百分点,达到 5.6%。

项目二
中国大陆出入境旅游市场分析

◇ **知识目标**

1. 掌握中国大陆出境旅游的发展历程、发展现状、市场特点以及发展趋势。
2. 掌握中国大陆入境旅游的发展现状、主要客源市场、客源市场特征以及入境旅游的发展趋势。

◇ **能力目标**

1. 能简单介绍中国大陆出入境旅游发展现状。
2. 能根据统计资料分析中国大陆出入境旅游市场的特征与发展趋势。

◇ **素质目标**

1. 培养学生的信息素养。
2. 培养学生的阅读能力、文字表达能力。
3. 培养学生对旅游行业相关信息的收集与分析能力。

工作任务1 中国大陆出境旅游市场分析

 任务导入

王阳正在参加广州一家国际旅行社的面试。考官要求他对我国大陆出境旅游市场做一个简单的分析并对旅行社的出境旅游业务提一些建议（陈述时间5分钟，准备时间30分钟）。

任务解析

1. 简述我国大陆出境旅游市场构成

中国大陆公民出境旅游由港澳台旅游、出国旅游和边境旅游三部分组成，因此，我国大陆出境旅游市场构成包括港澳台旅游市场、出国旅游市场和边境旅游市场。

2. 我国大陆出境旅游发展的概况及前景

通过搜索中国国家旅游局等权威网站，找到有关我国出境旅游人次、旅游花费的数据，对比历年数据的变化，总结出我国近年来出境旅游发展的概况。随着我国国民经济的稳定发展、公民出境旅游目的地国家（地区）的不断增加、出境旅游手续的简化、交通条件的改善、目的地旅游环境的改善等，我国大陆出境旅游将稳步发展。

3. 我国大陆出境旅游市场的分析

我国大陆出境旅游市场的分析应该从出境旅游总体数量（出境旅游人次、消费量）、最受中国大陆公民欢迎的旅游目的地、所选择的旅游产品形式、目的地消费行为、选择组团社的影响因素等方面进行市场分析。

4. 对旅行社经营出境旅游业务的建议

第一，该旅行社所在城市为广州，属于我国一线城市，是我国大陆出境旅游的主要客源地。在我国出境旅游稳步上升的背景下，旅行社应该继续发展或者扩大出境旅游业务。

第二，我国大陆居民在选择出境旅游产品形式时不再满足于固定的路线与行程，因此，旅行社在开发旅游线路时注重个性化，开展定制服务。

第三，我国大陆居民出境旅游绝大部分以旅行社组团的方式进行，其在选择旅行社时注重知名度和诚信度。因此，旅行社应做好服务，维护旅行社的形象，树立良好的口碑，拥有知名度和诚信度才是旅行社的生命线。

任务拓展

调查你所在地区居民的出境旅游消费行为，包括出境旅游的次数、目的地、消费水平、出游时间与时长、出游目的、出境旅游意向等，并写成一个简单的调查报告。

相关知识

一 中国大陆出境旅游概述

中国大陆公民出境旅游的发展大体上是沿着港澳游、边境游和出国游的顺序逐步发展起来的。目前,中国大陆公民出境旅游由港澳台旅游、边境旅游和出国旅游三部分组成,在旅游统计中,边境旅游纳入出国旅游之中。

(一)港澳台旅游

港澳台旅游是由大陆居民赴港澳台探亲旅游发展而来的。改革开放初期,为了满足沿海地区人民与在海外的亲人团聚的要求,国家决定进行探亲旅游试点。1983年11月15日,广东第一个赴港探亲旅游团出发,开始了内地居民最早的出境旅游。然而由于当时的出境旅游手续十分复杂,并局限于特批的旅行社,赴港澳旅游的公民多在广东和福建两省,旅游模式也仅为单一的"探亲游"。

1997年香港回归、1999年澳门回归之后,港澳游模式开始发生本质转变,内地居民赴港澳的限额扩大,促使中国出境旅游市场到1997年开始进入快速发展阶段。以1998年国务院港澳办与香港特区政府协商扩大内地赴香港旅行者数量为标志,港澳游突破"探亲游"的限制,真正发展成为一种成熟的旅游形式。开放散客市场是港澳游发展的另一里程碑式的事件。2003年,《内地与香港关于建立更紧密经贸关系的安排》和《内地与澳门关于建立更紧密经贸关系的安排》签署和实施,允许内地部分城市居民以个人身份赴港澳旅游,使得"港澳游"市场获得了一个前所未有的宽松环境。

到目前为止,港澳游已经达到完全开放的程度。在历年中国公民出境旅游目的地统计中,港澳游始终位居榜首。

2008年5月,国民党在台湾重新执政,海峡两岸关系发生历史性转折。当年7月4日,两岸同胞企盼已久的陆客团队游正式启动,2年后实现大陆所有省份居民开放赴台旅游。2011年,经过海旅会、台旅会协商和赴台旅游工作的安排,国家旅游局经商国务院台办和公安部,决定于2011年6月28日正式实施大陆居民赴台湾地区个人旅游。

(二)边境旅游

我国的边境旅游始于1987年辽宁省的丹东市。国家旅游局和对外经济贸易部于1987年11月批准了丹东市对朝鲜新义州的一日游。随后,国家相继批准了在黑龙江、内蒙古、辽宁、吉林、新疆、云南、广西等省(自治区)与俄罗斯、蒙古、朝鲜、哈萨克斯坦、吉尔吉斯斯坦、缅甸、老挝、越南等国家开展边境旅游。不过,此时的边境游多为探亲访友和商务游。1997年,随着边境旅游的蓬勃发展,国家对边境旅游管理逐步完善,规定凡是我国公民均可进行边境游。实际上,一些边境旅游活动已经与出国旅游融合为一体。

(三)出国旅游

1988年,为了满足归侨、侨眷及相关人员的探亲需要,经国务院批准,规定由海外亲友付费、担保,允许公民赴泰国探亲旅游,成为中国公民出国游的起点。1990年10月国家旅游局开放中国公民自费赴新加坡、马来西亚和泰国三国旅游。自1997年起,在试办港澳游、边境游的基础上,正式开展中国公民自费出国旅游业务。2002年7月1日起,我国开始实施《中国公民出国旅游管理办法》。20世纪90年代,出境旅游目的地主要是东南亚、东北亚和大洋洲地区。进入21世纪后,出境旅游目的地逐步扩展到南亚、欧洲、美洲、非洲地区。截至2017年4月,中国公民组团出境旅游目的地已扩大到154个国家和地区,成为世界重要的旅游客源国。

(二) 中国大陆出境旅游发展概况

中国大陆公民出境旅游大体上是沿着"港澳游""边境游"和"出国旅游"的顺序逐步推进的,并从亚太地区向欧洲、中东、非洲和美洲递次推进。近20年来,出境旅游一直呈快速发展的势头,1992年出境旅游298.9万人次,2001年1213.6万人次,2010年5738.65万人次,2012年8318.27万人次,2013年达9818.52万人次,2014年达1.07亿人次,2015年达1.17亿人次,2016年达1.22亿人次,2017年达1.31亿人次。除个别年份外,出境旅游年均增长率一直保持在两位数以上(见图1-1)。

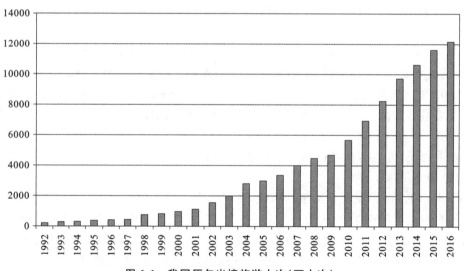

图1-1　我国历年出境旅游人次(万人次)

目前,中国大陆公民出境旅游目的地以亚洲为主体、欧美为两翼的总体格局将会继续保持,赴欧洲、美洲、非洲和大洋洲的游客将会不断增长。在亚洲,将从东亚向南亚扩展;在欧洲,将从西欧向东欧扩展;在美洲,将从北美向中南美洲扩展;在非洲,将从北非向中、南部非洲扩展。出境旅游将会遍及世界更多的国家和地区。随着出境旅游手续的便捷化,旅游环境将继续完善,越来越多的国家将会采取多种政策与方式,如免签入境、落地签证、一次签证多次进出、缩短签证时间、放低签证条件、降低现有签证门槛等,使大陆居民出境旅游越来越便捷。

(三) 中国大陆出境旅游市场分析

从数量上看,中国公民出境旅游人次增长快、数量大。根据中国旅游研究院发布的《中国出境旅游发展年度报告2017》数据信息,2016年中国出境旅游市场总量与消费增长都呈现出趋缓的态势。我国出境旅游市场达到1.22亿人次,出境旅游花费1098亿美元,同比分别增长4.3%与5.07%。2017年全年,中国公民出境旅游人数1.31万人次,比上年同期增长7.0%。

从结构上看,出国游的比例提升显著表明中国游客的脚步渐行渐远,赴"一带一路"沿线国家游客量快速增长推动了民众之间的直接沟通与交流。2016年中国游客出游前10位目的地为香港、澳门、泰国、韩国、日本、越南、台湾、美国、新加坡、马来西亚,主要目的地仍多为周边国家与地区。值得注意的是出国游的比例提升显著,2016年占到出境游总数的31.24%,与2015年的26.72%相比,提升了将近5个百分点。据不完全统计,赴"一带一路"沿线国家游客量也增长明显,2016年达到约5000万人次,2016年我国出境旅游目的地前十五名如图1-2所示,2009—2016年我国出国旅游人次与赴港澳台旅游人次比较如图1-3所示。

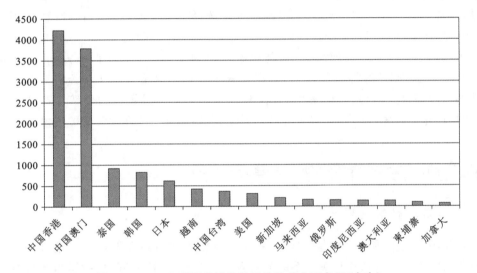

图1-2　2016年我国出境旅游目的地前十五名(万人次)

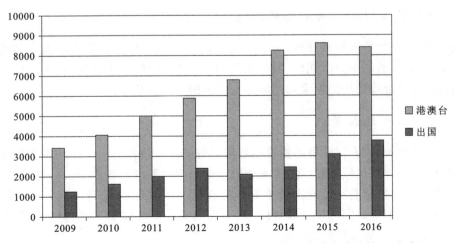

图1-3　2009—2016年我国出国旅游人次与赴港澳台旅游人次比较(万人次)

从客源产出上看,经济增长是出境旅游的主要推动因素,西部地区与"新一线"市场活跃度进一步上升。除了签证便利度等因素的影响之外,客源地的国民收入水平变化在很大程度上影响着出游意愿与出游形式,研究显示人均可支配收入与出境人次数的相关度最高。虽然各省(区、市)出游力从东到西仍然表现为6:2:1的递减形态,但西部地区爆发出强大的旅游消费潜力,云南、四川、青海、内蒙古、新疆等地旅游消费增长速度较快。随着国际航班、签证中心的新增,杭州、成都、南京、天津、武汉、重庆、厦门等"新一线"城市出境游客的增长速度较快,消费能力也比肩上海、北京、广州、深圳等一线城市。

从目的地消费行为上看,中国游客的消费方式正在实现从"买买买"到"游游游"的理性转变。调查结果显示首次出境旅游的游客居多,游览观光和休闲度假是出境旅游的主要目的。对出游频率和决策重要程度的调查结果表明,出境旅游仍然是人们普遍难以决策的重大消费选择。女性市场明显高于男性市场,出境游客大都是和家人或朋友一起结伴而行,在选择境外旅游目的地时注重景点/旅游地的吸引力。多数游客愿意通过旅行社安排境外旅游活动,在选择旅行社时注重知名度和诚信度。选择半自助游、私家团的游客比例正在提升,说明中国游客不再满足于固定的路线与行程,对于弹性时间的要求正在增加。未参团的出境游客大都通过网络完成航班、酒店与旅游线路的预订。中高端群体占据主流,花费在5000—20000元之间的游客约占75%,游客青睐于选择中等价位酒店和经济型酒店。出境游花费的主要项目为购物、参团费用、餐饮和景点门票等。尽管购物仍然为花费最高的项目,但购物比重的收缩,反映出消费行为从"买买买"到"游游游"理性转变的迹象。

四 中国大陆出境旅游市场发展趋势

(一)出游人数继续增长

随着我国人民生活水平的进一步提高,出境旅游人数将继续增长。通过对我国国民经济增长和出境旅游人数增长相关关系的分析预测,在今后一段时间里,我国出境旅游人数将稳步增长。2014年,中国出境旅游突破1亿人次,成为世界第一大出境旅游客源国。

(二)周边国家(地区)为主要目的地

自从中国公民出境游市场开放以来,中近程的出境游产品一直是我国出国组团社经营的主要产品。在今后的一个时期内,我国旅游者受支付能力、余暇时间、文化差异等因素的影响,仍将选择中近程的周边国家和地区作为出游的主要目的地。

(三)远程目的地最受欢迎

近年来,前往美洲、大洋洲等远程目的地国家的中国旅游者的增长率高于中近程的周边国家和地区。另外,前往欧洲的旅游者人数占全部远程旅游者人数的59%。这些情况说明,远程目的地已经越来越受到我国出境旅游者的青睐。可以预见,随着我国出境旅游者支付能力的提高、人们闲暇时间的延长和对欧洲、美洲和大洋洲等国家了解的加深,远程目的地将会成为最受欢迎的旅游目的地。

(四)分销渠道竞争将逐步代替产品竞争

出国组团社之间的竞争将从目前的产品竞争逐步向分销渠道竞争过渡。由于多数出境旅游者尚不成熟,对旅行社的依赖程度较高,因此,在未来的一个时期内,旅行社仍将是出境旅游的主要运营渠道。但是,随着我国出境旅游市场的日渐成熟和信息技术的不断更新和完善,企业对企业(B-to-B)、企业对顾客(B-to-C)、在线营销等新的出境旅游产品的分销渠道具有巨大的发展潜力,这将逐步形成对传统的以旅行社为主的出境旅游产品分销渠道的威胁和挑战,将对中国出境旅游的分销渠道形式产生深远影响。

工作任务2　中国大陆入境旅游客源市场分析

任务导入

杨洋是某高职院校旅游管理专业的一名应届毕业生,正在参加成都一家国际旅行社的面试。考官要求他对2017年我国大陆入境旅游市场做一个简单的分析(陈述时间5分钟,呈现形式为PPT,数据以图表形式呈现,准备时间为60分钟)。

任务解析

可以从以下几个方面对我国大陆入境旅游市场进行分析。

1.入境旅游人数与国际旅游收入分析

网上收集2017年我国大陆入境旅游人数和国际旅游收入,比较2016年相应数据分析其发展趋势与发展速度。2017年全年,我国大陆入境旅游人数13948万人次,比上年同期增长0.8%。其中,外国人2917万人次,增长3.6%;香港同胞7980万人次,下降1.6%;澳门同胞2465万人次,增长4.9%;台湾同胞587万人次,增长2.5%。2017年全年,国际旅游收入1234亿美元,比上年同期增长2.9%。其中,外国人在华花费695亿美元,增长4.1%;香港同胞在内地花费301亿美元,下降1.5%;澳门同胞在内地花费83亿美元,增长8.0%;台湾同胞在大陆花费156亿美元,增长4.0%。说明我国大陆入境旅游人数和旅游收入均保持增长,入境外国游客人数增长,香港同胞人数下降,澳门同胞人数上升,台湾同胞人数上升;入境外国游客花费增长,香港同胞花费下降,澳门同胞花费上升,台湾同胞花费上升,其中,澳门同胞花费上升幅度最大。

2.入境旅游主要客源市场分析

网上收集2017年我国大陆入境旅游主要客源国家或地区。2017年全年,按入境旅游人数排序,我国主要客源市场前17位国家如下(其中缅甸、越南、俄罗斯、蒙古、印度含边民旅华人数):缅甸、越南、韩国、日本、俄罗斯、美国、蒙古、马来西亚、菲律宾、新加坡、印度、加拿大、泰国、澳大利亚、印度尼西亚、德国、英国。入境外国游客人数4294万人次(含相邻国家边民旅华人数),亚洲占74.6%,美洲占8.2%,欧洲占13.7%,大洋洲占

2.1%，非洲占 1.5%。说明 2017 年我国大陆入境外国游客以亚洲近程客源国为绝对优势。

3．入境外国旅游者人口统计特征分析

其包括对 2017 年我国大陆入境外国旅游者性别、年龄段进行统计分析。按性别分，2017 年我国大陆入境外国旅游者男性占 60.7%，女性占 39.3%。按照年龄分，14 岁以下人数占 3.1%，15—24 岁人数占 13.2%，25—44 岁人数占 49.9%，45—64 岁人数占 29.2%，65 岁以上人数占 4.5%。说明 2017 年我国大陆入境外国旅游者以男性为主，以 25—44 岁年龄段的旅游者为主。

4．入境旅游者旅游目的分析

2017 年我国大陆入境外国旅游者按旅游目的分，会议/商务占 13.3%，观光休闲占 37.1%，探亲访友占 2.6%，服务员工占 14.8%，其他占 32.3%。说明观光休闲游仍然占主导地位。

任务拓展

针对以上 2017 年我国大陆入境旅游市场分析的结果，该旅行社应如何做好入境旅游接待服务工作？

相关知识

一 中国大陆入境旅游发展概述

入境旅游是衡量一个国家旅游业综合实力与国际竞争水平的基础指标。中国大陆入境旅游客源市场分两大部分：一部分是香港、澳门和台湾同胞及海外侨胞；另一部分是外国游客（包括外籍华人）。通过表 1-2 我们可以了解近几年中国海外游客入境人数和国际旅游外汇收入情况。

表 1-2　2012—2017 年中国入境旅游人数和国际旅游收入

年份	入境旅游人数（亿人次）	国际旅游外汇收入（亿美元）
2012	1.32	500.28
2013	1.29	516.64
2014	1.28	1053.8
2015	1.34	1136.5
2016	1.38	1200
2017	1.39	1234

从表 1-2 可以看出,近 6 年来,我国的入境旅游增长缓慢,2013、2014 年入境旅游人数甚至负增长。主要原因是在全球经济危机的大环境下,中国汇率不断攀升,且在国家拉动内需政策的主导下,各地对入境旅游的重视程度下降,企业对经营入境旅游的积极性也下降,纷纷转向出境旅游,所以导致了入境旅游市场的萎缩。2015—2017 年,由于受到旅游产业综合发展带动,以及签证便利化、国际航线加密、免退税业务落地、系列旅游年活动开展等正面因素的积极拉动,中国入境旅游市场实现了持续稳定增长,市场结构已显露出优化趋势,国际旅游顺差进一步扩大,"一带一路"沿线国家在入境旅游市场中的活跃度持续上升。

二 中国大陆入境旅游主要客源市场

在我国大陆入境游客中,港澳台同胞占了 4/5,外国人占了 1/5。外国客源市场以亚洲为主体,欧洲和北美为两翼。亚洲客源市场占外国客源市场的 3/5 左右,是中国的基础客源市场。欧洲市场占 1/5 左右,北美市场占 1/10 左右,欧美市场是中国的传统客源市场。其中,亚洲的主要客源国是韩国、日本、越南、马来西亚、蒙古、新加坡、菲律宾、印度、泰国、印度尼西亚等国;欧洲的主要客源国是俄罗斯、德国、英国、法国等国;美洲的主要客源国是美国和加拿大;大洋洲的主要客源国是澳大利亚。

(一)亚洲市场

1.韩国

韩国位于朝鲜半岛的南部,与我国隔黄海相望,自 1991 年中朝建交以来,来我国大陆旅游的游客人数逐年增加。1991 年来华游客人数为 8.1 万人次,2004 年为 284.49 万人次,2012 年为 406.99 万人次,2016 年为 476.22 万人次。目前,韩国是我国最大的客源国家。韩国旅华客源市场强劲增长的主要原因有:一是韩国与中国距离很近且交通方便,途中耗费时间不长;二是由于历史原因,韩国同中国在文化上比较接近;三是中韩两国经济协作与贸易往来发展迅猛。

2.日本

日本市场在 2006 年止跌回升,总体增长势头明显。日本过去一直是中国入境旅游最大的客源市场,尽管在 2005 年被韩国反超,但是由于中国的旅游资源对日本民众一直有很强的吸引力,加之两国之间经贸往来不断扩大,因此日本客源市场依然潜力巨大。2006 年日本来华游客达到 374.59 万人次,同比增长 10.5%,这一增长速度不仅远高于 2005 年 1.67% 的增长速度,也与同期韩国客源市场的增长速度相当,反弹的势头非常明显。前些年,由于受中日关系的影响,来华游客有所减少,近两年略有回升。2015 年日本来华游客为 249.77 万人次,2016 年日本来华游客为 258.74 万人次。

3. 东南亚

东南亚(包括越南、新加坡、菲律宾、泰国、马来西亚、印度尼西亚等国家)是中国的传统客源市场。新、马、泰地区来华游客在整个入境市场份额中一直保持较为稳定的比重,是中国入境旅游客源市场的一支重要力量。越南市场的变化成为入境市场的焦点,据统计,2016年越南来华游客达到316.73万人次,同比增长46.6%,越南已经成为中国增长速度最快的入境旅游客源国之一。

4. 港澳台

港澳台地区一直以来都是我国最主要的海外客源市场。港、澳、台地区所占我国入境游客的比率长期维持在80%左右。2016年我国入境旅游人数1.38亿人次,比上年同期增长3.5%。其中,外国人2815万人次,增长8.3%;香港同胞8106万人次,增长2.0%;澳门同胞2350万人次,增长2.7%;台湾同胞573万人次,增长4.2%。

(二)欧洲市场

1. 俄罗斯

俄罗斯是一个地跨欧亚的大国,同中国有着漫长的边界线,两国之间有地理交通之便,也有友好交往的历史,其作为我国重要客源国的地位也很稳定。2016年俄罗斯来华游客为197.60万人次。

2. 英国

英国有着悠久的旅游传统,是欧洲仅次于德国的出游大国、世界第四大客源国。2016年英国来华游客为59.43万人次。

3. 德国

德国是世界上的经济大国之一,国民贫富悬殊不大,就业人员带薪休假较长,国民受教育程度较高,加之德国居民有旅游度假的传统,使得德国成为世界第一出游大国。2016年德国来华旅游人数为62.27万人次。

4. 法国

法国一直是世界上位居前10位之列的国际旅游客源国,其经济发达,带薪假期较长,居民出游度假已成为生活习惯。法国是我国在欧洲的第三大客源市场。2016年法国来华游客为50.35万人次。

(三)北美市场

1. 美国

作为世界上的头号强国,美国同样是北美地区最大的客源国,也是多年来我国远程入境旅游市场中的第一客源市场。2016年,来华旅游的美国游客达到224.78万人次。

美国之所以能成为中国远程入境旅游市场中的第一客源市场,有几个方面的原因:① 美国经济发达,国民有外出旅游的条件;② 中国政局稳定,经济繁荣;③ 美中关系虽有起伏,但发展较为平稳,特别是2000年5月,美国国会通过了给予中国"永久性贸易最惠国待遇法案"后,双方经贸往来更加密切;④ 世界旅游组织预测2020年中国将成为世界第一大旅游目的地,这对美国游客的心理必将产生一定影响;⑤ 在美国人眼中,中国充满神秘的东方色彩,具有极强的吸引力。

2.加拿大

加拿大经济发达,是中国在北美地区的另一个主要客源市场,2016年,加拿大旅华人数为74.08万人次。

(四)大洋洲市场

大洋洲市场主要有澳大利亚和新西兰,它们是亚太地区少数的发达国家。2016年,澳大利亚来华旅游人数为67.32万人次。

三 中国大陆入境旅游客源市场特征

(一)地域结构特征

1.主要入境客源国构成基本稳定,近程市场占据显著优势

近年来,我国入境旅游客源市场一直处于较为稳定的状态,主要客源国有韩国、日本、美国、俄罗斯、新加坡、马来西亚、泰国等。2016年,我国大陆接待韩国游客476.22万人次,韩国是我国第一大客源国;接待越南游客达到316.73万人次,同比增长46.6%,越南一跃成为我国第二大客源国;此外,日本、俄罗斯、美国、新加坡、印度、泰国、澳大利亚等国来华游客保持稳步上升。

2.港澳台客源市场主体地位稳固,"一带一路"沿线国家活跃度上升

二十多年来,港澳台同胞和华侨一直是我国海外客源市场的主体,约占我国入境旅游市场份额的80%左右。

2016年,香港、澳门和台湾仍然是内地(大陆)入境旅游市场的主力,占全部市场份额的79.67%。外国客源市场结构出现小幅调整,在外国人入境旅游市场中,排名前十的旅华客源国分别是韩国、越南、日本、缅甸、美国、俄罗斯、蒙古、马来西亚、菲律宾、新加坡。综合来看,入境客源市场结构已显露出优化趋势,"一带一路"沿线国家在入境旅游市场中的活跃度持续上升。

(二)性别、年龄特征

从性别构成来看,来华的外国游客中,男性占有绝对优势。2015年,我国累计接待外国游

客2598.54万人,其中男性游客1681.19万人,占累计接待外国游客总人数的64.70%,女性游客917.35万人,占累计接待外国游客总人数的35.30%。从年龄构成来看,来华的外国游客中,各年龄段人数占累计接待外国游客总人数的比例如下(以2015年为例):25—44岁的青中年游客人数最多,高达1184.25万人,占45.57%;45—64岁的中老年游客人数次之,为949.76万人,占36.55%;15—24岁的青少年游客人数为205.03万人,占7.89%;14岁以下的少年儿童和65岁以上的老人最少,分别为101.43万人和158.07万人,各占3.90%和6.08%。

(三)旅游目的

我国入境游客旅游目的主要以观光度假、会议和商务活动为主,山水风光、文物古迹、美食烹调是入境游客最为喜爱的旅游项目。在2015年我国累计接待的外国游客中,以观光休闲为目的的游客人数最多,达824.88万人次,占累计接待外国游客总人数的31.74%;以会议或商务为目的的游客达537.66万人次,占累计接待外国游客总人数的20.69%;以服务员工为目的的游客达349.69万人次,占累计接待外国游客总人数的13.46%;其他目的的游客人数为806.57万人次,占累计接待外国游客总人数的31.04%;以探亲访友为目的的游客为79.75万人次,占累计接待外国游客总人数的3.07%。

(四)入境方式、入境时间

从入境方式看,飞机是外国游客所采用的最主要的交通工具,其次为汽车、轮船,以徒步和火车的方式入境也占有一定的比重。从入境旅游月份来看,来华游客较多集中在8—11月份,这是旅游旺季,特别是在10月份形成高峰,而1月、2月、12月较少,是旅游淡季。

(五)在华停留时间与消费

与旅游业发达的国家相比,来华旅游的外国游客停留时间还比较短,人均消费也不高。2016年,我国入境过夜游客人数5927万人次,比上年同期增长4.2%。其中,外国人2165万人次,增长6.7%;香港同胞2772万人次,增长2.3%;澳门同胞481万人次,增长3.1%;台湾同胞509万人次,增长5.0%。入境游客的消费水平依然偏低,超过60%的入境游客消费集中在1001美元到5000美元之间。

(六)入境旅游客流的空间尺度

2016年我国入境旅游客流扩散的等级性与近程性特征显著,扩散路径持续多样化。其中,入境游客以北京、上海、广州、西安、成都、重庆、桂林、昆明、沈阳等热点城市为节点的扩散路径中,最具代表性的分别是"北京—沈阳""上海—北京""广州—深圳""西安—北京""成都—重庆""重庆—成都""桂林—重庆""昆明—桂林""沈阳—北京"等典型扩散路径。

四 中国大陆入境旅游的发展趋势

我国大陆入境旅游已经走出金融危机后的萧条期,正在从全面恢复转向持续增长的新阶段。随着72小时(144小时)过境免签和离境退税等一系列便利化政策的落地实施,入境旅游的发展空间得到了持续拓展。中国大陆入境游客随着全球化的发展表现出了新特征,如入境游客群体更趋年轻化;更多日、美、韩、澳等发达国家以及"一带一路"沿线国家来华旅游;休闲度假、文化体验、医疗养生成为新亮点;贵阳、昆明、成都超越一线城市,成为首次计划到中国旅游的外国游客最期待的三个城市。当下中国入境旅游的发展模式已从过往团队接待的封闭型转为更加多元、更加开放,让入境游客收获更加便利的旅行服务和更高的旅行体验,将成为中国入境旅游下一阶段充分参与国际竞争的工作重点。2018年将迎来中欧旅游年,2022年冬季奥林匹克运动会将在北京和张家口举办,亚运会也将在杭州举行。国际影响力事件为推广旅游目的地提供新契机,中国的入境游将迎来新的契机,中国正在成为世界交往的新中心。

模块一 知识闯关

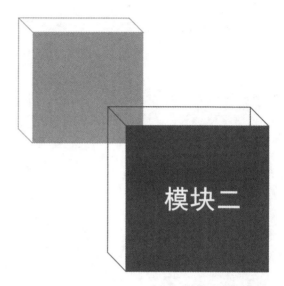

模块二

东亚太地区

东亚太旅游区主要包括亚洲东部和大洋洲。亚洲东部包括东亚和东南亚等国家。大洋洲意即大洋中的陆地,1812年由丹麦地理学家马尔特·布龙命名。大洋洲陆地面积897.1万平方千米,约占世界陆地面积的6%;人口约2962万,占世界总人口的0.5%,是世界上面积最小的一个洲。

东亚及太平洋地区按照其经济发展水平可以分为三类国家:一是经济发达国家,如日本;二是新兴工业国家,如新加坡;三是广大的发展中国家,以中国为代表。近20年来,东亚及太平洋地区一直是世界上经济发展较为迅速的地区之一。亚太地区各国经济的多样性和互补性,使该地区的经济合作具有巨大的潜力,区域性经济合作一直在逐步推进。

东亚太地区是迅速崛起的旅游区,已经取代美洲市场,成为仅次于欧洲市场的第二大旅游市场。其中东南亚国家旅游业发展最为迅速,当地独特的文化正在吸引越来越多的境外游客。城市基础设施的完善,中产阶级人群数量的增加,政治开放程度的提高,都为东南亚国家吸引境外游客提供了更加有力的外部条件。

项目一
东亚地区

◇ **知识目标**

1. 了解日本、韩国的地理位置、气候等自然环境和人口、历史、民俗、经济发展状况等人文概况。
2. 熟悉日本、韩国主要的旅游城市、旅游景区的概况。
3. 掌握日本、韩国主要旅游线路的概况及特色。

◇ **能力目标**

1. 能简单介绍日本、韩国的自然与人文概况。
2. 能对目前旅行社推出的日本、韩国旅游线路进行推广宣传。
3. 能为客人提供日本、韩国旅游咨询服务。

◇ **素质目标**

1. 培养学生对市场敏锐的观察能力。
2. 培养学生的阅读能力、语言表达能力、公文写作能力。
3. 培养学生线路分析、营销等综合能力。

工作任务1 日　本

🔊 任务导入

近些年来,日本都是较受中国游客喜爱的旅游目的地之一,2012年堪称赴日中国游客人数的低谷,中国大陆游客仅为98万人次,在其后短短的五年内,赴日中国游客数量实现了5倍增长,而这种高速增长的势头还在继续,为什么中国游客热衷于日本旅行?

✉ 任务解析

(1)从2002年开始,日本就成为我国公民出境游最喜爱的旅游目的地,不仅是因为日本经济发达、旅游资源丰富、公共设施完善、服务好到令人惊叹,更重要的是日本与我国有着相近的文化渊源。

(2)我国出境旅游目的地集中在亚洲的日本、泰国、韩国、新加坡等几个国家。其共同特征是交通费用便宜、文化差异相对较小。

(3)东京作为世界知名的大都市,是传统与现代的结合点,素以繁华与多元吸引着世界各地的游客,然而却不仅仅如此。在东京,潮牌服饰与和服可以出现在同一个地方却不让人产生唐突之感,新时代的动漫文化和传统的日本文化可以和平共处。在银座,走在主路上你感受到的是世界知名的大百货公司和奢侈品品牌带来的繁华气息,但是绕到后面的小路你就会偶遇一排排传统的日式小店。东京的魅力,在这前卫与古韵的穿插撞击中,一点点折射出来。

🔍 任务拓展

小李把蜜月旅游的目的地定为日本(6天),日本的著名旅游地有本州、北海道、名古屋等,但小李的时间有限,为了能够在日本有一个更好的旅游体验,他决定提前做攻略。请问:根据自己的旅游需求,小李的日本蜜月行应注意些什么?此次蜜月行的线路该如何设计?

⚙ 相关知识

一、概况

(一)自然地理概况

1.地理位置

日本位于亚欧大陆东部、太平洋西北部,领土由北海道、本州、四国、九州4个大岛和其他7200多个小岛屿组成,因此也被称为"千岛之国"。日本东部和南部为太平洋,西临日本海、东海,北接鄂霍次克海,隔海分别和朝鲜、韩国、中国、俄罗斯等国相望。

2.气候

日本以温带和亚热带季风气候为主,夏季炎热多雨,冬季寒冷干燥,四季分明。全国横跨纬度达25°,南北气温差异十分显著。绝大部分地区属于四季分明的温带气候,位于南部的冲绳则属于亚热带,而北部的北海道属于亚寒带。

3.地形地貌

日本约75%的国土属山地丘陵地带,小规模的山间盆地及平原散布全国,成为民居、耕种、经济活动集中之处。日本国内平原面积不大,大多都是小规模的冲积平原、海岸平原和洪积台地。其中最大的是首都东京所在的关东平原,面积约13000 km²。

(二)人文概况

1.国名、国旗、国徽、国歌、国花、国鸟、货币

国名:日本原本没有名字,在古代日本神话中,日本人自称其为"八大洲"或"八大岛"等。公元5世纪日本统一后,定名为"大和"。七世纪后半叶,日本遣唐使根据中国皇帝国书中的称呼将其国名改称为"日本",意为"太阳升起的地方",一直沿用至今。日本人也一直视太阳为图腾。

国旗:日本国旗的正式名称为日章旗。旗面上一轮红日居中,辉映着白色的旗面,白色象征神圣、和平、纯洁及正义,红色则象征真挚、热忱、活力和博爱。

国徽:日本国徽是一枚皇家徽记。在日本,由于法律并没有确立正式的国徽,而日本皇室(天皇家)的家徽为"十六瓣八重表菊纹",因而菊花纹章被作为日本代表性的国家徽章而使用。

国歌:《君之代》。
国花:樱花。
国鸟:绿雉。
货币:日元。

2.人口、民族

截至2016年11月,日本的总人口约为1.26亿。日本的民族构成比较单一,但不能简单地将其称作"单一民族国家"。之所以这样说,是因为日本列岛上除了人们熟知的"大和人"以外,还生存和繁衍着别具民族特征的阿伊努人和琉球人。

3.语言、宗教

日语为通用语言,北海道地区有少量人会讲阿伊努语。主要宗教为神道教和佛教,信仰宗教人口分别占宗教总人口的49.6%和44.8%。

二 简史

公元 4 世纪中叶，日本出现统一的国家——大和国。到 5 世纪初，大和国发展到鼎盛时期。公元 645 年，日本仿照唐朝的律令制度，建立起以天皇为绝对君主的封建中央集权国家体制。公元 12 世纪末进入"幕府"时期。19 世纪中叶，英、美、俄等国家侵入日本，迫使日本签订了许多不平等条约，到 1868 年，天皇宣布废除幕府，革新派实行"明治维新"，建立起统一的中央集权国家。明治维新后，日本资本主义迅速发展，对外逐步走上侵略扩张的道路。第二次世界大战中日本战败，于 1945 年 8 月 15 日宣布无条件投降，战后初期，美军对日本实行单独占领。1947 年 5 月实施新宪法，才形成了现在的以天皇为国家象征的议会内阁制国家。

三 经济发展状况

日本是一个经济强国，绝大部分矿产资源依赖进口。森林面积约 2526 万公顷，占国土总面积的 66.6%，但木材的 55.1% 依赖进口，是世界上进口木材最多的国家。水力资源和近海渔业资源丰富。工业高度发达，是国民经济的主要支柱。日本从 20 世纪 50 年代开始，进入经济高速发展时期，60 年代，日本经济以 10% 的速度迅猛发展，经济进入高速增长时期。20 世纪 70 至 80 年代，日本经济进入稳定增长期，经济平均增长速度为 5%，经济取得了飞跃发展，迅速跨入世界先进国家行列，并一跃成为仅次于美国的世界第二大经济强国。

四 政治

日本实行以立法、司法、行政三权分立为基础的议会内阁制。天皇为国家的象征，无权参与国政。国会是最高权力机构和唯一的立法机关，分众、参两院。内阁为最高行政机关，对国会负责，首相（亦称内阁总理大臣）由国会选举产生，天皇任命。

五 文化

（一）文学

日本的文学艺术在古代曾受到中国的影响，近代又受到西方文化的影响，但形成并保持了日本独特的民族性，是世界古老的文学之一。公元 8 世纪初，先后问世的《古事记》《日本书纪》和《万叶集》，标志了日本文学的创立。

11 世纪产生的长篇小说《源氏物语》是世界上最早的写实小说，达到了日本古典现实主义文学的高峰。这部日本巨著中广泛地运用了中国古典诗文，仅引用唐代诗人白居易的诗句就达 90 余处。书中时常出现《战国策》《史记》《汉书》等中国古籍中的史实，具有浓郁的中国古典文学气氛。第二次世界大战后，日本文学出现了传统文学的复兴，还出现了新戏做派作家和作品。1968 年川端康成以长篇小说《雪国》获得诺贝尔文学奖，他是日本历史上第一个获得诺贝尔文学奖的作家，其代表作还有《古都》《千只鹤》等。

日本独特的文学形式有和歌、俳句、川柳。和歌也称倭歌、大和歌，产生于平安时代，是日本诗歌体之一，因与盛行于日本的汉诗相对而得名，即"日本诗歌"之意。第一部和歌总集《万叶集》诞生于8世纪下半叶。从13世纪开始，和歌几乎都是短歌（即短诗），其特点依然是简洁、含蓄、淡雅。和歌的音数律和句式是"5·7·5·7·7"，共31音。俳句则是近现代诗体之一，产生于江户时代，由"5·7·5"共17音组成，创作时须遵守季语、切字等规则，主要作品有《荒野纪行》《鹿岛纪行》等。川柳，也称狂句，杂俳之一，源于江户时期，以幽默、讽刺手法描绘当时的社会矛盾和世态人情。后因柄井川柳评点尤精，世称"川柳点"，略称"川柳"。川柳与俳句同为"5·7·5"音数律的短诗，但无季语、切字等约束。

（二）艺术

"大和绘"出现于奈良、平安时代，是富有日本民族风格的绘画。"浮世绘"出现于江户时代，为庶民的绘画及版画。"能剧"是起源于14世纪的古典歌舞剧。"歌舞伎"出现于16世纪末，是反映宫廷及武士生活的历史剧目。"文乐"是形成于16世纪的木偶戏。

"书道"即书法，自古代随汉字由中国传入日本。

"茶道"即品茶之道，起源于15世纪，以专为茶道制作的具有观赏价值的茶具，品位极高的茶叶，主人的进茶方法及客人品茶的行为而被称道，是日本人接待宾客的一种特殊礼仪。

"花道"亦称"插花""生花"，起源于15世纪，即把剪下的树枝和花草经过艺术加工后插入花瓶等器皿中的方法和技术。古代随佛教从中国传入日本，江户时代被命名为花道。

（三）体育

日本传统体育运动有柔道、空手道、剑道、相扑等。其中相扑被称为"国技"，每年在东京及其他城市举行6次为期15天的相扑大赛。另一个被称作"国技"的是棒球。

六 民俗与节日

（一）饮食

作为近邻的日本，其饮食习惯与我们中国有很多相似之处，日本人喜欢吃豆腐及豆制品，主食为大米，辅以面食和杂粮，蔬菜水果多样。但也有自身的特点，其饮食结构已经部分西化，尤其在年轻一代中，动物性食品的摄入量高于我国。日本作为一个岛国，海产资源丰富，因此，在日本人的饮食中，海产鱼、虾、贝类等较多，而且都非常新鲜、干净，日本人常常生食。

日本人在饮食中兼收并蓄的特性和他们的思想观念有密切的关系。由于受中国"阴阳五行"说的影响，日本人认为，万事万物均以"平衡"为第一要义。由于各种食物均有"阴阳"之分，自古以来，日本人始终贯彻杂食的原则，以保证"阴阳"的平衡。正是受这种观念的影响，杂食成为日本饮食文化的一大特色。

日本料理非常讲究保持食物的原味，所以不提倡加入过多调料，以清淡为主。对菜肴的色面尤其有着很高的要求，不但使用各式各样非常精致的盛器来装食物，对食物的形状、排列、颜色搭配也都有很细腻的考虑。因为日本人很喜爱食用生鱼，所以盖着生鱼片的寿司是日本国内最流行的食物。日本的冷面是放在竹制盘上,用筷子夹起一口的数量放在冷汤里进食。有些餐馆没有附上汤匙,日本人习惯拿起来喝汤。

(二)服饰

日本传统服装为和服,由于设计漂亮,款式多样,和服一直深受日本人民的喜爱。虽然今天日本人的日常服装早已为西服所替代,但在婚庆、庆典、传统花道、茶道以及其他隆重社交场合,和服仍然是公认的必穿服装。

(三)礼仪与禁忌

1.礼仪

日本是一个注重礼仪的国家。在日常生活中,人们见面都互致问候、鞠躬。初次见面,向对方鞠躬90°,而不一定握手。日本人将送礼看作向对方表达心意的物质体现。礼不在厚,赠送得当便会给对方留下深刻的印象。送日本人礼品要选择适当,中国的文房四宝、名人字画、工艺品等较受欢迎,但字画的尺寸不宜过大。所送礼品的包装不能草率,即使是一盒茶叶也应精心打理。

2.禁忌

日本人忌讳数字中的"4"和"9",因为在日语中"9"的读音与"苦"相同,而"4"则与"死"同音。按日本的习俗,向个人赠礼须在私下进行,不宜当众送出。日本人禁忌绿色和紫色,不喜欢荷花,而喜欢樱花、乌龟和鸭子。

(四)重要节日

日本的节日包括元旦、成人节、建国纪念日、春分、绿之日、宪法纪念日、男孩节、天皇诞生日、儿童节、海之日、敬老日、秋分节、体育节、水节、圣诞节、樱花节、端午节、镰仓节、女孩节(偶人节)、盂兰盆会、"七五三"等等。

1.元旦

与中国不同,日本只过阳历新年。过年的时候,在门口挂上草绳,插上秸秆(称"注连绳"),门前摆松、竹、梅(称"门松",现已改用画片代替),取意吉利。除夕晚上全家团聚吃过年面,半夜听"除夕钟声"守岁,元旦早上还要吃年糕汤(称"杂煮")。

2.成人节

每年1月的第二个星期一是日本的成人节。在这一天,凡年满20岁的男女青年都要身穿传统服装,参加官方或民间团体为他们举办的成人仪式,表示庆祝。

3.建国纪念日

日本的建国纪念日为每年的2月11日。据日本神话,神武天皇于公元前660年2月11日这一天统一日本,建立了日本国。

七 旅游业

（一）旅游业概况

随着人民生活水平的大幅度提高，日本政府采取缩短法定劳动时间、实行5天工作制等政策，旅游观光便成了国民生活中不可缺少的活动。到20世纪70年代，日本旅游业迅速发展，已成为世界著名的旅游大国。到80年代，日本已成为世界重要的客源地之一。日本游客潮水般地涌出国门，飞往各旅游目的地。出国旅游前往最多的国家是美国，其次是中国、韩国。日本和中国经济合作密切，在文化和传统上也有着诸多相似之处，两国互为重要客源国。2016年日本接待外国游客为2403.9万人次，较2015年增加了430万人次以上，增幅达到21.8%。

（二）著名旅游城市和旅游景点

日本以一种独特的姿态糅合了东方传统与人性化的现代科技。东京银座、涩谷的滚滚人潮，秋叶原的电气二次元世界之外，是日本的另一面：富士山下的樱花、温泉、神社，普通社区每个角落的传统文化，用心的日本料理。游客可以乘着新干线去唐风的京都、关西风的大阪，也可以去冲绳的海滩，去北海道滑雪。

1. 东京

作为日本的首都，东京为我们演绎了一个国际大都市的诸多特点。时尚、繁华，却不失古朴传统；它是世界级的商业、金融中心，也是亚洲流行风潮的引领者，是一座艺术之城；而小巷深处热情亲切的居酒屋，洋溢平民气息的下町地区，动漫与高科技、各国文化的交融等，为东京增添了更加多元和包容的色彩。这里还有集中了世界名店的银座，银座大道后街有很多饭店、小吃店、酒吧、夜总会、茶座，旅游者可以坐在街心饮茶谈天。入夜后，路边大厦上的霓虹灯变幻多端，构成了迷人的银座夜景。这里有着充满奇趣幻想的迪士尼、樱花烂漫的上野公园、被誉为不夜城的新宿、保留了日本传统文化精华的浅草、年轻人新潮文化发源地涩谷、未来主义风格的台场，以及众多兼具自然风物和人文历史的公园绿地，天气好的时候还能远眺富士山的美景……东京并非千篇一律的乏味城市，每个人都能在这个"超级城市体"中找到自己的钟爱。此外，温泉也是来东京不可错过的项目，有赖于日本四通八达的新干线与电车系统，除了东京的大江户温泉之外，东京周边的伊豆、箱根都是著名的温泉之乡。东京的主要景点介绍如下。

1）富士山

富士山在日语中的意思是"火山"，海拔3776米，为日本第一高峰，距东京80千米。富士山北麓有富士五湖，湖光山色十分宜人；南麓是一片辽阔的高原牧场，绿草如茵，牛羊成群。

2）东京迪士尼乐园

离东京10千米处，是迪士尼公司在美国以外建造的第一个迪士尼乐园。

3）日本皇宫

日本皇宫为天皇的起居住所，位于东京中心千代田区，天正十八年（公元1590年）由德川幕府第一代将军德川家康修筑。占地23000平方米,包括正殿、长和殿、丰明殿和常御殿几个部分。

4)东京国立博物馆

东京国立博物馆是日本最大的博物馆,位于东京台东区上野公园北端,由一幢日本民族式双层楼房和左侧的东洋馆、右侧的表庆馆以及大门旁的法隆寺宝物馆构成,共有43个展厅,收藏了十几万件日本历史文物和美术珍品。

5)东京塔

东京塔是日本最高的独立铁塔,高333米,外形酷似埃菲尔铁塔。该塔是一座极大的电视及广播台的发射台,在高250米的地方,有一个玻璃展望台,东京、东京湾、伊豆、房总半岛尽入眼帘。

2.京都

京都位于东京西南500千米处,它仿效古代中国首都形式建造,是有名的历史之城。自公元794年平安京城始建于京都,直至1868年迁都到东京为止的1000多年间,京都一直是日本的首都。群山围绕的京都有较多的历史古迹和神话传说。到京都旅游的较佳时间是春秋两季。每当樱花开放时,去京都的岚山赏樱花的游人如织,京都几乎每天都有庆祝活动和例行节日,富有浓郁的地方乡土风情。经过多年历史的浸润,在今天,东京代表活力充沛的日本,京都代表古色古香、过去的日本;东京是日本的头脑,京都是日本的灵魂。京都的主要景点介绍如下。

1)京都皇宫

京都皇宫位于京都上京区,是日本的旧皇宫,又称故宫。从前它一直是历代天皇的住所,后又成了天皇的行宫。宫院内松柏相间,梅樱互映。

2)平安神宫

平安神宫于1895年为纪念桓武天皇迁都1100年而建,殿堂效仿平安朝皇宫正厅朝堂院建造。建筑宏伟壮丽,大殿为琉璃瓦所盖,远眺屋宇,金碧辉煌。

3)二条城

二条城初建于1603年。初为德川家康到京都的下榻处,后因德川庆喜在此处决议奉还大政而闻名。1886年成为天皇的行宫,1939年归属京都府。主要建筑有本丸御殿、二之丸御殿等。

4)金阁寺

金阁寺原为大臣西园寺恭经的别墅,后给足利义满(日本室町幕府第三代将军)。足利义满死后,根据其遗言改为禅寺,取名鹿苑寺。

5)大德寺

大德寺建于1319年。大灯国师为开山祖师,后经战乱被焚。著名的一休大师经过几十年的漂泊布教后,以80岁的高龄任大德寺的主持,重建了大德寺。

3.大阪

大阪是日本的第二大城市,位于本州西南部,市内河流纵横。自古以来这里就是古都奈良和京都的门户,几代天皇均在此建都。大阪的主要游览景点如下。

1）阪城公园

大阪城公园规模宏大，除了有地标建筑大阪城天守阁，还有植满樱花的西之丸庭园。春秋两季会举办花卉市集，经常举办音乐会和各种演出活动。公园附近还有大阪历史博物馆、大阪府警察本部、大阪城 Hall。

2）大阪海游馆

大阪海游馆是世界上规模较大的水族馆之一，因拥有巨大的鲸鲨而闻名，是亲子出游人气景点。参观者可先乘坐电梯升至最高的第 8 层，由上而下逐层游览，海游馆独特的触摸池可以让小朋友有机会亲近到平日难得一见的海洋生物。和其他海洋馆不同的是，海游馆里没有鲸鱼、海豚演出，但是特别的是冬季会有企鹅散步活动。海游馆旁边还有知名的大阪港帆船型游船圣玛利亚号，如果购买了大阪周游券，可以免费乘坐。

3）梅田蓝天大厦

梅田蓝天大厦是鸟瞰大阪全城、欣赏夕阳夜景的人气景点，环形展望台将 Tower East 和 Tower West 相连，为人们提供了 360 度的广阔视野。展望台内更是值得情侣们造访的约会场所，不仅供有祈求恋爱成就的神社，同时还设置了为恋人们准备的特别座位、同心锁等娱乐设施，情侣们可以漫步在屋顶室外铺设的荧光石地面，享受梦幻如银河的浪漫。地下层还有一条有着 20 世纪 20 年代大阪风格的泷见小路饮食街。大厦还是人气日剧《半泽直树》的外景地之一。

4. 名古屋

名古屋为爱知县首府，是仅次于东京、大阪和横滨的第四大城市，位于本州中西部，濒临伊势湾。由于该市介于首都东京和古都京都之间，故有"中京"之称。距东京 366 千米，面积为 376 平方千米。名古屋城市规划设计极好，整齐清洁、环境优美，又因古迹众多闻名。现在，名古屋因为其发达的工商业而举世闻名，纺织业和造船业也非常发达，陶瓷业是其传统工业，漆器和景泰蓝手工艺发达。名古屋是一个充满了活力的城市，它有众多的娱乐中心、购物中心、博物馆和会议中心，其主要景点如下。

1）热田神宫

热田神宫是日本较古老和地位较高的神宫之一，历史气息浓厚，以供奉日本三大神器之一的草薙剑而闻名，然而神器并不对外展出。二十五丁桥、佐久间灯笼等古迹分布于此，热田神宫最吸引游客之地则数宝物馆，藏有 2000 多件古董、艺术品和古典文献。

2）名古屋城

名古屋城和大阪城、熊本城并称为日本的三大名城，最初由德川家康修建，其中的天守阁是德川家三代世袭居住之地。名古屋城经二战损毁后重建，并增设了电梯，可直接前往顶部天守阁参观博物馆内的文物。城中最著名的是金鯱，作为防火的符咒被用来装饰大梁，后来成为城主权力的象征。春天樱花盛开，和城堡掩映成趣，是名古屋城最漂亮的时候。

3）名古屋电视塔

名古屋电视塔位于久屋大通公园中央，是日本最早完工的一座集约电波塔。2008 年 10 月被选定为恋人圣地，为此还设立了纪念碑，从高达 90 米的空中旋转楼阁内可以欣赏到 360 度名古屋夜景。

4）绿洲 21

绿洲 21 是注重环保观念的日本人造就的一个盛满水的玻璃屋，就像是一个棒球场一样大的鱼缸。它由 Hideki Casai 所设计建造而成,并获得 2003 年的 Solutia 奖(专门颁给以玻璃为设计素材的作者)。绿洲 21 在当地除了是一个夸耀炫丽的地标建筑物外,还充分展现环保的概念,最上层是"水之宇宙船",全由玻璃建造,是一个承接雨水的大容器,雨水可以让以下其他设施使用,充分展现自然能源循环使用的环保概念,旁边还设置了游客行走的走道,在此可以观赏特殊的景致;下一层是"绿色大地",在这充满绿意的公园里,可以悠闲地享受日光浴;再下一层是"公车总站和地下铁入口",从此层出站后可以先逛逛周边的商店街,中庭也会不定时举办音乐演奏会,让游客好好享受极富运输功能的娱乐中心;最下一层是"运动广场",透过太阳光的照射,可以节省照明的能源,充分达到环保的概念。

5.札幌

札幌是北海道的首府,四周多山,面积 1118 平方千米。该市在明治之前还是一片没有开发的原始森林,少有人迹,1871 年成为北海道行政中心后兴起,1922 年设市。在 100 多年内快速发展成为北海道的文化和政治中心,是日本的第五大城市。工业以食品、印刷、亚麻纺织、机械制造为主。市内有北海道大学、大通公园、植物园等。札幌的主要景点如下。

1)大通公园

大通公园位于札幌市中心,有札幌心脏之称,长约 1.5 公里。有许多城市雕塑、喷水池、丁香树和槐树,北面耸立着各种商社、金融机构大楼和北海道政府大楼,南面是大规模的地下商业街,也是该市的中心商业街,热闹非凡。大通公园已成为札幌观光的一张名片,作为大型活动的会场,其不但为札幌市民熟知,也闻名日本全国。

2)北海道大学

北海道大学是日本著名的国立大学,大花延龄草是学校的校花,也是校徽的主要图案。校园景色十分优美,有著名的白杨林林道,笔直耸立的白杨林是校内最著名的景致,还有美丽的银杏林道,一到秋天,满道的金黄,漫步其间,非常醉人。

3)白色恋人巧克力工厂

白色恋人巧克力工厂是白色恋人巧克力夹心饼干和冰淇淋的生产地和展示地,更是一座洋溢着英伦气息的欧式古典城堡。白色恋人象征着北海道长达半年的皑皑白雪和对爱人的期待,除了是著名巧克力甜点外,它的生产地更是一个魔幻神秘的代名词。其色彩鲜艳的砖墙、造型各异的尖顶、气势恢宏的城堡、古朴典雅的钟楼,每一处都突显庄重大方的气息。工厂内不仅有展示巧克力发展史和制作过程的巧克力博物馆,还有能够买到正宗的"白色恋人"的商铺,最令人惊喜的是可以亲身体验自制巧克力的过程与乐趣。在店员的指导下,就能制作出各式各样美味的巧克力甜点,作为传递爱意的礼物送给恋人最适宜。

4)薄野欢乐街

薄野属于札幌的一个区域,是北海道札幌市中央区著名的红灯区,与东京新宿的歌舞伎町及九州福冈的中洲一齐被列为"日本三大红灯区"(日本 3 大欢乐街),亚洲一些旅行团亦多称薄野为"薄野不夜天"。纸醉金迷是它的特点,霓虹闪烁是它的外表,吃喝玩乐是它的本质。

（三）购物

日本制造已经成为世界闻名的品牌，著名的日产礼品有照相机、摄影机、随身听、钟表等精密器材，还有和服、珍珠、陶器、竹编工艺品、版画、古玩等传统工艺品。购买免税品时需要出示护照证件。有名的免税店是东京的国际商场（International Arcade）和京都的手工艺品中心。

工作任务 2 韩　　国

任务导入

阅读某韩国首尔 5 天的行程安排（https://www.cits.cn/outboundgroup/04001580894.htm），分析旅行社销售人员应该如何向客人介绍目的地韩国并找出线路的核心亮点，更好地吸引客人的兴趣，让客人报名参团？

任务解析

（1）销售人员应该用比较简单的语言介绍韩国的概况、著名的旅游景点或旅游城市。

（2）仔细阅读该线路，找出行程安排中"游"和"娱"的亮点和特色，结合客人的具体情况进行推销。

① 该旅游线路中的"游"包含三清洞＋北村韩屋村、南山公园、首尔塔、景福宫。首尔是韩国的首都、著名的旅游城市，景福宫是首尔最具有代表性的旅游景点，有六百余年历史，这是朝鲜时期首尔的五大古宫之一，也是李氏王朝的正宫。三清洞＋北村韩屋村，是首尔最具代表性的传统居住地。穿梭在达 2.9 公里的三清路上，仿佛走近时光隧道，有时感受到古代文人的清幽气息，有时一个转身，便见到欧式建筑配合设计过的韩文字体招牌咖啡店，阳光洒进美式咖啡，可以发呆一整天。首尔塔，是首尔的新地标，更可以看到浪漫的韩剧《来自星星的你》的拍摄地"爱情锁墙"，这里也是情侣浪漫约会的必到圣地。

② 该旅游线路中的"娱"包含被誉为"韩国迪士尼"之称的乐天世界游乐园，分室内和室外，室内有各国风情的街道及各种游乐设施，在这里还可以欣赏精彩的演出和夜间镭射灯光秀；室外是属比较刺激的高空探险、魔幻岛探险等，还可以在湖边散步。

任务拓展

小王听朋友说近期韩国对外国客人购物有特惠活动，并通过网上了解到，该国家有着东方夏威夷之称，于是准备去韩国旅游 5 天，对于小王的韩国行，你有什么好的景点向他推荐？有没有需要提醒他注意的事项？

相关知识

一 概况

(一)自然地理概况

1.地理位置

韩国位于东亚朝鲜半岛南部,三面环海,西临黄海,东南临朝鲜海峡,东边临日本海,北面隔着三八线非军事区与朝鲜相邻。韩国总面积约 10 万平方公里(占朝鲜半岛总面积的 45%)。

2.气候

韩国北部属温带季风气候,南部属亚热带气候,海洋性特征显著。冬季漫长寒冷,夏季炎热潮湿,春秋两季相当短。冬季最低气温在零下 30℃以下,夏季最高气温可达 37℃。年平均降水量 1500 毫米左右,其中 6—8 月雨量较大,降雨量为全年的 70%。

3.地形地貌

韩国地势东高西低,山地多集中在北部和东部,除太白山脉外,多为中低山脉。平原多集中在河流谷地和沿海地带,主要河流有洛东江、汉江等。

(二)人文概况

1.国名、国旗、国徽、国歌、国花、国树、货币

国名:韩国全称为"大韩民国"(Republic of Korea),别称"南韩""南朝鲜"。

国旗:韩国国旗通称太极旗,呈长方形,长宽比例为 3∶2。韩国国旗的寓意体现了中国的《周易》思想,中央的太极象征宇宙,蓝色为阴,红色为阳。4 个角落的卦在左上方的是乾,右下为坤,右上为坎,左下为离,分别代表天、地、水、火。国旗底色为白色,象征韩国人民的纯洁和对和平的热爱。

国徽:韩国国徽中间为一朵盛开的木槿花。木槿花的底色白色象征着和平与纯洁,黄色象征着繁荣与昌盛。花朵的中央被一幅红蓝阴阳图代替,它不仅是韩国文化的一个传统象征,而且在此代表着国家行政与大自然规律的和谐。一条白色饰带环绕着木槿花,饰带上缝着国名"大韩民国"四个字。

国歌:《爱国歌》。

国花:木槿花。

国树:松树。

货币:韩元。

2.人口、民族

韩国人口总数约为5124.5万(2016年)。韩国属于单一民族国家,绝大多数人属于朝鲜民族,只有少数华裔和日裔等。

3.语言、宗教

韩国官方语言为韩语。佛教是其最流行的宗教,儒教作为一种处世哲学具有非常广泛的影响,部分人信奉基督教。

二 简史

公元1世纪后,朝鲜半岛形成高句丽、百济、新罗三个古国。公元7世纪中叶,新罗在半岛占据统治地位。公元10世纪初,高丽取代新罗。14世纪末,李氏王朝取代高丽,定国号为朝鲜。1910年8月沦为日本殖民地。1945年8月15日获得解放。同时,苏美两国军队以北纬38度线为界分别进驻北半部和南半部。1948年8月15日,大韩民国宣告成立,李承晚当选首任总统。韩国于1991年9月17日同朝鲜一起加入联合国。

三 经济发展状况

韩国经济是市场经济模式,是拥有完善市场经济制度的经合组织发达国家。韩国是亚洲四小龙之一,是世界上经济发展速度较快的国家之一,有"汉江奇迹"之誉。韩国经济是外向型经济,国际贸易在韩国GDP占有很大的比重。《韩欧自由贸易协定》与《韩美自由贸易协定》(KORUS FTA)的正式生效,使韩国成为全球第一个与欧盟和美国两大经济体签署自贸协定的国家。2014年9月23日,韩国与加拿大签署了《韩加自由贸易协定》,成为亚洲第一个与加拿大签署自贸协议的国家。钢铁、汽车、造船、电子、纺织等是韩国的支柱产业,其中造船和汽车制造等行业发展较好。韩国是世界造船大国,很长一段时间也是世界第一大造船国。全球船厂前十强中韩国占有七席,其中现代重工、三星重工、大宇造船海洋株式会社和STX造船海洋是世界前四大造船厂。韩国是世界电子产品的佼佼者,内存、液晶显示器及等离子显示屏等平面显示装置和移动电话都在世界市场中有较高地位。世界知名的韩国电子产品制造商有三星、LG、SK等,其中三星是全球最大的信息技术公司。韩国农业资源非常稀缺,现有耕地面积18356平方千米(18.4%是农耕地),是世界人均耕地面积最少的国家之一。韩国农产品因此较多依赖国外进口,除了大米和薯类能基本自给外,其他粮食85%需要进口。

四 政治

韩国实行立法、行政、司法三权分立的政体,行政权属于总统。总统是国家元首、政府首脑和武装部队最高司令,由全民直接选举产生,任期5年,不能连任。立法权属于国会,司法权属于大法院和大检察厅。

五 文化

(一)文学

韩国文学,顾名思义是指自新罗时期"乡歌"兴起以来的古典文学以及在朝鲜王朝封建社会的瓦解和西方新思想的传入的背景下形成的现代文学的总称。不同时期的代表作分别有《三国遗事》《龙飞御天歌》和《金鳌新话》。

按照年代划分,韩国文学可分为古典文学和现代文学。韩国的古典文学是在以韩国人民传统的民间信仰为背景的条件下发展起来的,但也受到了道教、儒教和佛教的影响,其中以佛教影响最大,其次则是朝鲜时代儒教的影响。作为韩国现代文学的形式,"唱歌"(新体歌)和"新体诗"被誉为新的诗歌形式。

(二)舞蹈

韩国的传统舞蹈最早始于史前时代的宗教仪式。当时各部落在神坛祭典时,常伴有集体歌舞,这样的歌舞随时代的变迁逐渐演变成固定的形式。三国时代的高句丽古墓上就出现了载有人们跳舞场面的壁画;而高丽时代(918—1392年)的大型燃灯会(一种佛教的法会)和八关会(向上帝忻愿太平盛世的活动)等国家举办的活动也包含跳舞的内容。到朝鲜时代(1392—1910年),舞蹈以初、中期的宫廷舞蹈,后期的民俗舞蹈为中心得到发展。宫廷舞蹈大部分是赞扬王室尊严、威严的。舞者的服饰以华丽、艺术为其特征。宫廷舞中较具代表性的是剑舞、鹤舞和处容舞。民俗舞蹈则随农业生产力的提高和工商业的发达在民间得到了很大发展,其不仅有直接表现老百姓生活、感情的内容,还包含对社会现实的批判。最具代表的是假面舞、山台假面剧、僧舞、巫俗舞、傀儡戏、太平舞、闲良舞,驱邪舞等。

六 民俗与节日

(一)饮食

韩食以泡菜文化为特色,一日三餐都离不开泡菜。韩国传统名菜烧肉、泡菜、冷面已经成了世界名菜。韩国有各种饮食,由于其过去处于农耕社会,因此从古代开始主食就以米为主。韩国饮食与各种蔬菜、肉类、鱼类共同组成。泡菜(发酵的辣白菜)、海鲜酱(盐渍海产品)、豆酱(发酵的黄豆)等各种发酵保存食品,以营养价值和特别的味道而闻名。同时也随季节的不同利用当时的食物做季节美食。

(二)服饰

韩服是韩国的传统服装,近代被洋服替代,一般只在节日和有特殊意义的日子里穿。女性的传统服装是短上衣和宽长的裙子,看上去很宽松;男性以裤子、短上衣、背心、马甲显出独特的风情。白色为基本色,根据季节、身份的不同,所选用的材料和色彩也不相同。在结婚等特别的仪式中,一般平民也穿戴华丽的衣裳和首饰。

(三)礼仪与禁忌

1.礼仪

韩国是个礼仪之国,韩国人讲究礼貌,待客热情。韩国人初次见面时,经常交换名片。韩国很多人养成了通报姓氏的习惯,并和"先生"等敬称联用。韩国一半以上居民姓金、李、朴。韩国人一般用咖啡、不含酒精的饮料或大麦茶招待客人,有时候还加上适量的糖和淡奶。韩国人注重服饰,男子穿西服、系领带。如果邀请去韩国人家里做客,按习惯要带一束鲜花或一份小礼物,用双手奉上,主人一般不会当着赠送者的面把礼物打开。进到室内,要把鞋子脱掉留在门口。韩国人不轻易流露自己的感情,公共场所不大声说笑。特别是女性在笑的时候还用手帕捂着嘴,防止出声失礼。在韩国,妇女十分尊重男子,双方见面的时候,女性总会先向男性行鞠躬礼、致意问候。男女同座的时候,往往也是男性在上座,女性在下座。韩国人崇尚儒教,尊重长老,长者进屋时大家都要起立,问他们高寿。和长者谈话时要摘去墨镜,韩国人见面礼节是鞠躬,晚辈、下级走路时遇到长辈或上级,应鞠躬、问候、站在一旁,让其先行,以示敬意。称呼用敬语,很少直呼其名。

2.禁忌

韩国人禁忌颇多。平时和韩国人交谈,最好是谈韩国悠久的历史和文化,少谈政治问题,特别是当地政治。韩国政府禁止人们谈论政治问题,所以,和韩国人谈政治会给他们带来麻烦。逢年过节相互见面时,不能说不吉利的话,更不能生气、吵架。农历正月头三天不能倒垃圾、扫地,更不能杀鸡宰猪。寒食节忌生火。渔民吃鱼不许翻面,因忌翻船。忌到别人家里剪指甲,否则两家死后结怨。吃饭时忌戴帽子,否则终身受穷。睡觉时忌枕书,否则读无成。用餐时,不能随便出声说话,如不遵守这一进餐礼节,会引起人们的反感。韩国人很爱面子,所以,要尊重韩国人,不能当面出言指责他们。不能使用"不"字来拒绝韩国人,可以委婉地表示你的不同意见。韩国人同第一次见面的客人之间交换礼品是很常见的事情。为了保全韩国人的面子,要让对方先送礼,然后你再回送。送给韩国人的礼品可以是鲜花和一些小礼品,或者是具有中国特色的礼品。不要送食物做礼物,因为它们可能不适合韩国人的口味。在送礼时,还要注意礼品上不能有韩国制造或日本制造的标志。韩国人一般不当别人的面打开礼物。韩国人忌讳的数字是"4","4"在朝鲜语中的发音、拼音与"死"字完全相同,是不吉利的数字。所以,韩国楼房没有四号楼、旅馆不称第四层、宴会中没有第四桌、喝酒绝不肯喝四杯,等等。韩国人姓"李"的很多,但绝不能说"你是姓十八子李"之类的话。因为在韩语中"十八子"与一个不雅词相近。特别是不能在女子面前说此话,否则会被认为有意侮辱人。

(四)重要节日

韩国主要节庆有除夕、光复节、佛诞日、端午节、儿童节、七夕、秋夕等。

1.除夕

除夕即农历新年。一般休3天假。过年的时候食用自制的打糕、米酒和"德固"饼汤。男女老幼举家到户外开展各种游戏活动。新年到了,要全家团聚在一起,行新年祭祖之礼。

2.光复节

每年的八月十五日是韩国的光复节。1945 年的 8 月 15 日,韩国推翻了日本的殖民统治。

3.佛诞日

农历四月初八是佛教释迦牟尼的诞生日,这一天被称为佛诞日或佛浴日,许多佛教信徒在全国各地的寺庙中庆祝、祈求,同时信徒会悬挂许多灯笼。

4.端午节

农历五月五日为韩国的端午节,这天除了摔跤等活动外,尚有专为女子而办的荡秋千活动。

5.儿童节

阳历五月五日为韩国的儿童节,为了鼓励儿童强健成长,这一天通常举办运动会或游艺节目。

6.七夕

韩国的七夕为农历七月七日,跟中国一样,韩国人信奉七夕有关牛郎和织女的传说。有些家庭在这一天也向着北斗七星祭拜,为不孕的妇女求子。

7.秋夕

每年的农历八月十五,即韩国的中秋节,也称为"秋夕"。秋夕是韩国最重要的传统节日之一,秋夕的时候,一家人要聚在一起进行祖祭。

七、旅游业

(一)旅游业概况

韩国在亚洲是旅游业比较发达的国家之一,从 20 世纪 60 年代开始,便大力发展旅游业,经过几十年的发展,旅游业已成为韩国国民经济中的支柱产业。作为中国的邻邦之国,韩国一直是我们中国人旅游目的地的首选之一,尤其在最近几年尤为明显。2013 年,中国有 432 万游客赴韩国旅游,成为韩国入境游客中的第一。2014 年,中国赴韩旅游人次达到 610 万,中韩互为第一大入境客源国。2016 年 1 月至 12 月,韩国入境外国人为 1741.8 万余人,其中中国游客人数最多,为 826.8 多万人,占 47.5%,为韩国旅游业的半壁江山。2017 年 3 月以来,由于受到"萨德"事件的影响,中国赴韩旅游人数锐减。

(二)著名旅游城市和旅游景点

韩国主要旅游景点有首尔景福宫、德寿宫、昌庆宫、昌德宫、国立博物馆、国立国乐院、世宗文化会馆、湖岩美术馆、南山塔、国立现代美术馆、江华岛、民俗村、板门店、庆州、济州岛、雪岳山等。韩国第一大岛济州岛是著名的旅游胜地,岛上有瀑布、海滩、浴场、绿树红花等自然风光,韩国最高峰——海拔1950米的汉拿山也屹立于此。

截至2014年6月,韩国拥有10处世界文化遗产和1处世界自然遗产,被收录进世界遗产的韩国文化遗产包括首尔宗庙(1995年),海印寺(1995年),佛国寺和石窟庵(1995年),水原华城(1997年),昌德宫(1997年),庆州历史遗址区(2000年),高敞、和顺、江华支石墓遗址(2000年),朝鲜王陵40座(2009年),安东河回村(2010年),南汉河山城(2014年)。济州火山岛和熔岩洞窟于2007年被登载入世界自然遗产名录。

1. 首尔

首尔位于朝鲜半岛中部,有600多年的历史,是韩国的首都,是韩国政治、经济、文化和教育中心。首尔既是一座现代化的大都市,又是一座历史悠久的文化古城。首尔的主要景点如下。

1) 景福宫

景福宫位于钟路区世宗路1号,是1395年由创建朝鲜王朝的李成桂所建筑的第一处正宫,占地12.6万坪(1坪约合3.3平方米),200栋以上的殿阁烘托出极尽富贵荣华的气派。

2) 昌德宫与昌庆宫

昌德宫与昌庆宫位于钟路区卧龙洞1号,1405年建,为朝鲜王朝的离宫,在壬辰倭乱时全毁,1609年重建后,为王朝的正宫,是朝鲜故宫中维护得最好的建筑,保持着王朝的旧日格调。

2. 济州岛

济州岛以"幻想之岛""神话之岛"闻名,是韩国最大的岛屿,面积1825平方千米,距朝鲜半岛南端约100千米,岛中部有韩国最高峰汉拿山,海拔1950米。因受流经近海的暖流影响,济州岛具有亚热带气候的特征,这里是韩国重要的观光度假胜地。济州岛的主要景点如下。

1) 龙头岩

从济州市中央路步行约15分钟可到龙头岩。相传是龙因触怒天神而化为的岩石,实际上是汉拿山火山口喷出的熔岩在海上凝结形成龙头模样的岩石。

2) 万丈窟

从济州市乘车约50分钟可到万丈窟。其为汉拿山喷出的熔岩而形成的熔岩洞窟,总长度为13.4千米,规模居世界第一,但开放给旅游者观赏的范围大约只有1千米。

3) 正房瀑布

正房瀑布位于西归浦市,从市中心步行约10分钟可到。直泻海洋的两股瀑布高23米,与海岸的悬崖峭壁构成雄伟景观。

4) 城山日出峰

城山日出峰为360个子火山之一,号称世界上最大的突出于海岸的火山口。山顶为一片开阔的牧场,由此地观看日出,美不胜收。

5) 汉拿山

汉拿山海拔高度为1950米,是韩国第一高峰。山上生长着亚热带、寒带的1800余种植物与野生昆虫,春天的杜鹃花、夏天的高山植物、秋天的红叶和冬天的雪景组成汉拿山的四季图画。

3.釜山

釜山是韩国第二大城市,位于韩国的东南部,是韩国最主要的天然港口和连接日本和济州岛的航运码头。釜山的主要景点如下。

1)釜谷温泉

釜谷温泉水温高达70℃,就设备与规模而言,堪称韩国温泉之冠,是一个综合休闲地,设有室内游泳池、动植物园,还可举行大饭店的舞台表演等,来此的游客络绎不绝。

2)海云台

海云台的温泉非常出名,水温在45℃至50℃之间,含有微量元素氡,对肠胃病、妇科病、皮肤病有特殊疗效。海云台浴场沙净如玉,海水清浅,气候宜人,是理想的海滨浴场。

3)太宗台

太宗台位于影岛南端,据说三国统一后,新罗太宗武列王曾游览于此,因而得名。附近的松林、山茶树茂密丛生;悬崖峭壁连绵不绝,与蔚蓝大海中的釜山的象征——五六岛构成一幅美景。

4.庆州

庆州位于韩国东南部,曾是新罗王朝的首都,也是韩国古代文明的摇篮,是一座恬静的城市。庆州拥有多处文化遗产,城区到处可见新罗时代的遗迹,有"庆州历史遗迹区"之盛名,也被称为"没有屋顶的博物馆"。1995年佛国寺和石窟庵被指定为联合国文化遗产,近年来,南山和皇龙寺等5个区域又被指定为"庆州历史遗迹地区"。庆州的主要景点如下。

1)佛国寺

佛国寺和石窟庵坐落在吐含山山腰处,是灿烂的新罗佛教文化的核心。新罗法兴王22年,为维护国家安定和百姓平安,建造了佛国寺。在佛国寺里,沿着山脊往上走约3千米,就能看到石窟庵,里面有面朝东海的东方最大的如来坐像。佛国寺和石窟庵于1995年12月6日,与海印寺八万大藏经和宗庙一起,被指定为世界文化遗产。

2)国立庆州博物馆

国立庆州博物馆仿照新罗石塔而建,有两层高,共收藏约2.9万件藏品,展出新罗时代的首都庆州地区的文化遗产。展馆大致分4个部分,本馆,第1、2别馆和室外展示场。

3)石窟庵

石窟庵作为韩国第24号国宝,始建于新罗景德王10年,由当时的宰相金大城主持修建。石窟庵1995年被联合国教科文组织指定为世界文化遗产。石窟庵主室呈圆形,内有本尊像等菩萨及弟子的像。

4)庆州良洞村

良洞民俗村是朝鲜时代传统文化与自然相结合的典范,是韩国规模最大的村落,由月城孙氏和骊江李氏建立。村庄具有规模宏大、保存状态良好、传统色彩浓重、自然环境优秀等特点。1993年,英国的查尔斯王子曾来访于此。2010年7月31日,安东河回村和庆州良洞村,作为韩国历史村落被世界教科文组织指定为世界遗产。

5.江原道

江原道是韩国东北部山地沿海省份,自古以名山胜水著称,较出名的有雪岳山、滑雪场和温泉度假区。电视剧《冬季恋歌》《蓝色生死恋》等都在这里取景。

(三)购物

韩国的电子产品、服饰、高丽人参、珠宝都是游客争相购买的商品,在标有"Tax Free shopping"标志的商店里购物,可以得到返还增值税服务,但必须从购买之日起3个月之内出境并购买一定金额(最低购买价格)以上的商品。在标有全球通用的免税购物标志的商店里购物后,应索要免税购物发票。首都首尔是游客购物的理想天地,可以在市中心的新世界、乐天、美都波、东邦广场等大型百货商场购买免税商品,首尔的免税商品均为统一的价格。

项目二
东南亚地区

◇ 知识目标

1. 了解越南、泰国、新加坡、印度尼西亚、马来西亚五国的地理位置、气候等自然环境和人口、历史、民俗、经济发展状况等人文概况。
2. 熟悉以上五国主要的旅游城市、旅游景区的概况。
3. 掌握以上五国主要旅游线路的概况及特色。

◇ 能力目标

1. 能简单介绍以上五国的自然与人文概况。
2. 能对目前旅行社推出的东南亚旅游线路进行推广宣传。
3. 能为客人提供东南亚旅游咨询服务。

◇ 素质目标

1. 培养学生的人文素养。
2. 培养学生的阅读能力、文字表达能力。
3. 培养学生的线路分析、营销等综合职业素养。

工作任务1　越　　南

任务导入

请网上搜索并观看"进击的河内"旅游视频,回答以下问题。
(1)根据视频中的自然景观判断越南属于什么气候?
(2)"70后""80后"对越南为什么会有不同的印象?
(3)简单介绍越南的国粹、国服。

任务解析

1.自然景观中与气候关系最密切的是植物,本视频片头中出现了大量的椰子树,椰子树属于热带地区的标志性植物(如我国的海南岛),可以判断出越南属于热带气候。

2."70后"对越南的首要印象为战争,因为第二次世界大战之后,越南经历了九年抗法战争、十多年的抗美战争和中越关系的变化。20世纪80年代到90年代,我国拍摄了一系列对越自卫反击战的老电影,如《自豪吧母亲》《铁甲008》《长排山之战》《新兵马强》《花枝俏》《年轻的朋友》《高山下的花环》《雷场相思树》《闪电行动》《蛇谷奇兵》等。2017年,电影《芳华》中6分钟的战争场面就是对中越战争场景的再现。"80后"眼中的越南印象是忧郁、浪漫、典雅,"80后"主要通过越南电影了解越南,值得推荐的越南电影有《青木瓜之味》《恋恋三季》《三轮车夫》《天与地》等。

3.越南的国粹和国服

越南的国粹:水上木偶戏。

1)水上木偶戏的表演方式

越南水上木偶戏(又有"水木偶""水傀儡"等称谓)的表演方式是在水池上搭起舞台,由隐藏在后台的演员用长线或竹竿操纵木偶,使之演出各式各样的动作及戏份。

2)水上木偶戏的发展历史

水上木偶戏为一种越南传统的文艺表演,约有一千年历史,源于红河三角洲,因当地遍布湖泊、池塘、水田,在农闲或河水泛滥时,农民们便在水中搭棚,挥动木偶作为娱乐。在李朝(1009—1225年)时,水上木偶戏已能做出精湛、生动的表演,并成为帝王的御前节目。水上木偶戏在18世纪达到高峰,但到19世纪中后期,法国入侵越南时,水上木偶戏曾一度衰落。到1954年以后,水上木偶戏在北越渐见复兴。如今,水上木偶戏受到重视,河内大学影剧学系于2007年将之列入正式课程。较为著名的表演机构,有河内的升龙剧院及胡志明市的金龙水上木偶剧院。在国际上,水上木偶戏亦发挥了增进越南外交和对外文化交流的作用。1984年,水上木偶戏首次在法国巡回演出,其后在多个国家和地区上演。

越南的国服:奥黛。

奥黛是越南女性独特的传统服饰,通常以丝绸类质料轻盈软薄的布料裁剪,款式类似中国旗袍,但衣裤自腰以下开高衩,配上同花式或白色布料的宽松长裤,不论蹲、坐、骑车都很方便。

任务拓展

赵丽丽是一名某职业学院旅游管理专业大三的学生,有一天,她接到表哥的电话,表哥夫妻俩均为"90后",热爱旅游,经济条件比较好,他们打算将越南定为蜜月旅行目的地,希望在越南进行深度旅游。表哥请小赵为其设计一条合适的旅游线路。请你以赵丽丽的身份为其表哥设计一条旅游线路,并说明设计理由。

相关知识

一 概况

(一)自然地理概况

1.地理位置

越南位于中南半岛东部,北与中国广西、云南接壤,西与老挝、柬埔寨交界,东面和南面临南海,面积约33万平方公里,海岸线长3260多公里。

2.气候

越南全国地处北回归线以南,高温多雨,属热带季风气候,年平均气温24℃左右,年平均降雨量为1500—2000毫米。北方分春、夏、秋、冬四季,南方雨、旱两季分明,大部分地区5—10月为雨季,11—次年4月为旱季。

3.地形地貌

越南地形狭长,南北长1600多公里,东西最窄处仅50公里。越南地势西高东低,境内四分之三为山地和高原。北部和西北部为高山和高原。中部长山山脉纵贯南北。主要河流有北部的红河和南部的湄公河。红河和湄公河三角洲地区为平原。

(二)人文概况

1.国名、国旗、国徽、国歌、国花、货币

国名:越南全称为"越南社会主义共和国",古称交趾、安南、大越、大南、南国,后改称越南。

国旗:越南国旗为长方形,其长与宽之比为3∶2,红底中间有五角金星,即通常说的金星红旗。红色象征革命和胜利,五角金星象征越南劳动党对国家的领导,五星的五个角分别代

表工人、农民、士兵、知识分子和青年。

国徽：越南国徽呈圆形，红色的圆面上方镶嵌着一颗金黄色的五角星；下端有一个金黄色的齿轮，象征工业；圆面周围对称地环绕着两捆由红色饰带束扎的稻穗，象征农业；金色齿轮下方的饰带，用越文写着"越南社会主义共和国"。国徽图案是1956年选定的。

国歌：《进军歌》。

国花：越南民间把莲花作为国花，以它作为力量、吉祥、平安、光明的象征，还把莲花比喻英雄和神佛。

货币：越南盾。

2.人口、民族

2016年，越南人口约9270万。全国有54个民族，主体种族越族（中国称为京族）占总人口的87%，大量聚集在冲积三角洲和沿海平原地区。少数民族中汉族（华族）、岱依族、泰族、芒族、高棉族、侬族人口均超过50万。少数种族（除汉族之外）多居住在占越南国土面积三分之二的高地。汉族是越南最大的少数民族，总数约100万（占全国总人口的1.5%），其中半数集中在胡志明市（占全市总人口的12%）。

3.语言、宗教

越南主要语言为越南语（官方语言、通用语言、主要民族语言均为越南语）。越南主要的宗教有佛教、天主教、和好教与高台教。

二 简史

越南历史源远流长，考古遗址可证，距今40万年的远古时代，越南土地上已发现有人类生活的痕迹。据传说，越南第一个国家文朗国（后改名为瓯雒国）是在青铜器时代建立的，以东山文化（最早发现于清化省东山村遗址而得名）为代表，出土文物中最著名的是铜鼓。据传说，文朗国沿袭了几十个世纪，形成18代雄王当权的雄王时代。此后，越南历史经历了北属时期（附属中国封建王朝直接统治）、封建时期、法属时期、战争时期。1973年1月，越美在巴黎签订关于在越南结束战争、恢复和平的协定，美军开始从南方撤走。1975年5月南方全部解放，1976年4月选出统一的国会，7月宣布全国统一，定国名为越南社会主义共和国。从此，越南进入统一与改革时期。

三 经济发展状况

越南是发展中国家，主要工业部门有煤炭、电力、冶金、纺织等。经济以农业为主，农业人口约占总人口的80%，农业产值占国内生产总值的30%以上。越南盛产稻米、热带经济作物和热带水果，粮食作物包括稻米、玉米、马铃薯、番薯和木薯等，经济作物主要有水果、咖啡、橡胶、腰果、茶叶、花生、蚕丝等。越南矿产资源丰富，种类多样，主要有煤、铁、铝、锰、铬、锡、磷等。越南森林、水利和近海渔业资源丰富，耕地及林地占总面积的60%。

越南和世界上150多个国家和地区有贸易关系,经济持续以较快速度增长。大米、咖啡出口跃居世界第二、三位。

四 政治

越南国会是国家最高权力机关和唯一的立法机关,国会常务委员会是国会常设机构,国家主席为国家元首,政府是国家最高行政机关。

五 文化

(一)文学

越南在公元10世纪时期只有口头文学在流传,直到李公蕴建朝时越南才开始有书面文学,但这个时期的文学与中国文学有着深刻的关系,到19世纪末,越南国语文学开始成形,此后,越南文学的形式逐渐多样化。越南独立后,文学获得了较快的发展。主要文学作品有《高谅记事》《阿陆哥》《口碑》《天越来越亮》《苗族姑娘》《西北的故事》等。

(二)艺术

越南舞台传统艺术有"嘲戏""喽戏"。水上木偶戏也是自李朝年代流行的特色传统艺术类型。越南传统舞台艺术与各种歌舞乐综合在一起。越南舞很少有猛烈的动作,以婉转弯曲,脚小缩,手划舞为主。

六 民俗与节日

(一)饮食

越南人饮食习惯与我国广东、广西和云南的一些民族相似。吃饭用筷子,喜吃清淡、冷酸辣食物。蔬菜水果种类繁多,清新爽口。爱喝椰汁,鱼露是越南餐桌不可或缺的佐料。越南的京人、岱人、泰人、埃迪人都有一种嚼食槟榔的爱好。嚼槟榔、染牙是京族的古风。

(二)服饰

越南女子习惯在正式场合穿着国服"长衫"(奥黛)。奥黛是越南女性独特的传统服饰,通常以丝绸类质料轻盈软薄的布料裁剪,款式类似中国旗袍,但衣裤自腰以下开高衩,配上同花式或白色布料的宽松长裤,不论蹲、坐、骑车都很方便。

(三)礼仪与禁忌

1.礼仪

越南民风淳朴,人民文明礼貌。见面时习惯打招呼问好,或点头致意,或行握手礼,或按法式礼节相互拥抱,多以兄弟姐妹相称。越南受汉文化影响颇深,多信奉佛教。越南人供奉祖先,普遍信奉城隍、财神。一般百姓家里都供有供桌、香案,逢年过节在家中祭拜。

2.禁忌

越南人喜爱红色,视红色为吉祥喜庆的颜色。他们非常喜欢狗,认为狗忠实勇敢。还喜爱桃花,认为桃花鲜艳美丽,是吉祥之花。

越南人的禁忌很多,主要有年初或月初说话,忌讳说可能带来坏运气的词,忌发脾气,忌说粗话。年初或月初忌穿白色、蓝靛色衣服,白色、蓝靛色是丧服的颜色。忌讳说小孩胖。喝酒忌讳把酒杯扣过来或把酒瓶倒过来。在庙里忌讳吃狗肉。经商忌讳顾客还价一次,怕因此货卖不出去;忌讳说猴、绵羊、虎、豹,怕货卖不掉。照相时忌讳三个人合影,据说中间的人将遭遇不吉利。忌讳被人摸头顶,席地而坐时不能把脚对着别人。

(四)重要节日

越南也使用阳历和农历,除了国家法定的节日如新年、国际劳动节、国庆节等外,越南也过端午节、中元节、中秋节、重阳节、春节等。与中国人一样,农历的春节是一年中最大的节日。

1.春节

越南的春节在越历正月初一开始,这是越南民间最重要的节日。按照越南的传统习俗,从腊月二十三日的"送灶王节"开始,家家准备年货。春节期间人们换上节日盛装,男穿西服,女着长袍。过春节,和家人一起吃团圆饭,燃放烟花炮仗,祭祀祖宗,串亲访友,互相拜年。

2.端午节

越南的端午节是在越历五月初五,又称正阳节。端午节有吃粽子的习俗,还有端午驱虫习俗。节日清晨,父母为子女准备糯米酒酿、黄姜糯米饭及桃、李、柠檬等几种酸味食品和水果。

3.哈节

哈节是越南京人独特的传统节日,其隆重程度仅次于春节。"哈"在京语中是"唱歌"的意思,"哈节"直译就是唱歌的节日。节日的活动内容以唱歌为主。

4.盘古节

盘古节是越南京族的传统节日,时间在越历腊月下旬。在这个时候家家户户都杀鸡宰猪,以做供品,祭祀开天辟地的始祖盘古,祈求始祖神的保佑。仪式隆重,人们怀着虔诚的心情进行祈祷,气氛庄严肃穆。

七 旅游业

（一）旅游业概况

越南自1986年改革开放以来，旅游业飞速发展，成为越南主要经济增长点和进一步融入世界的桥梁。近年来，越南政府对本国旅游资源大力开发，越南旅游业取得了突破性的发展。接待国际游客量从2000年的200万人次提升为2016年的超1000万人次，其中，中国、韩国、日本、美国、俄罗斯是越南重要的客源市场；国内游客人数从2000年的1120万人次猛增到2016年的6200万人次。旅游业成了国民经济的重要组成部分。

（二）著名旅游城市和旅游景点

越南旅游资源丰富，5处风景名胜被联合国教科文组织列为世界文化和自然遗产。越南著名的旅游城市和旅游景区有河内、胡志明市、海防、下龙湾、岘港、会安、大勒、芽庄等。

1.河内

河内是越南的首都、越南第二大城市，是全国政治、经济和文化中心。河内位于越南北部的红河平原，意思是"怀抱于红河大堤之内"，面积3324.92平方公里。河内历史悠久，被誉为"千年文物之地"。河内属热带季风气候，有"万花春城"之称。河内市主要景点有巴亭广场、河内西湖、还剑湖、文庙、胡志明博物馆、越南军事博物馆、胡志明陵、主席府、胡志明故居等。

2.胡志明市

胡志明市为越南最大的港口城市和经济中心，面积约2090平方公里。市内第五郡（原堤岸市）是华人聚居区。主要景点有统一宫、美军罪恶馆、古芝地道等。

3.海防

海防是越南北方最大的港口城市和极为重要的海上门户，位于东南方向的涂山半岛，长约4000米，早在法国殖民统治时期就是著名的海滨游览疗养胜地，风景迷人，是北部湾的一颗明珠。

4.下龙湾

下龙湾位于越南广宁省境内，是北部湾的一部分，长约40公里，总面积约1500平方公里。下龙湾青天碧水，景色秀丽；风平浪静，波澜不惊；四季分明，气候凉爽。海上散落着一千多个岛屿，有的清秀俊丽，有的雄伟壮观，千姿百态，各不相同。联合国教科文组织于1994年将下龙湾列入世界遗产名录。

5.岘港与会安

岘港位于越南中部、古都顺化的附近，属中南沿海地区，位列越南第四大城市，次于胡志明市、河内和海防。境内著名景点有五行山、海云峰、山茶半岛、殿海古城、会安古城、迦南岛等。

会安位于越南中部、距岘港 30 公里处海边,早在 17 世纪,便与马六甲成为东南亚最重要的商埠,也是越南最早的华埠。17 世纪时就有不少从商的华人到此落地生根,几百年来华人在此繁衍生息,形成一个繁荣昌盛的华人社区,华人会馆非常多,有中华会馆、潮州会馆、福建会馆、广肇会馆、琼府会馆,还有关帝庙、佛寺、各姓宗祠等,会馆建筑雄伟壮丽,金碧辉煌,保持着传统的中华建筑风貌。1999 年联合国教科文组织将会安古城评为文化遗产,列入《世界遗产名录》。2016 年 3 月 22 日,全球最大旅游平台 TripAdvisor 揭晓"2016 年旅行者之选——全球最佳目的地"榜单,会安位列亚洲第 10 名。

6.大勒

"大勒"是土语"水都"之意。大勒位于越南中南部西原高原区,海拔 1475 米,全年气温在 15—24℃,该地是法国殖民统治时期开发的避暑胜地,风景优美,有如欧洲风情画。主要景点有春香湖、泉林湖、情人谷、千鲤瀑布等。

7.芽庄

芽庄是越南景色较美丽的海滨城市之一,海滩绵延数里,沙质洁白、细腻,海水清澈,极适于海浴游泳和日光浴。游客可乘船出海,也可乘船游江,观赏沿途风景民俗,还可享受温泉地泥浴。芽庄人民主要以海为生,水产品丰富。主要景点有海洋生物研究馆、占婆庙等。

(三)购物

越南是一个传统的农业国,农林特产丰富,越南咖啡、橡胶、腰果、越南铁木等享誉世界。受到旅游者青睐的特产及工艺品有椰子糖、咖啡、鱼露、综合果蔬干、越南沉香、手工灯笼、特色绘画、名贵木雕、越南香水、富有民族韵味的越南国服和各类精美的漆器等。

工作任务 2 泰 国

任务导入

阅读"泰国曼谷+芭提雅 6 天惠享之旅"的行程安排(https://www.cits.cn/outboundgroup/04001464931.htm),分析旅行社销售人员应该如何向客人介绍目的国泰国并针对该线路中"游"和"娱"的设计来推销此线路?

任务解析

旅行社销售人员可以分三步完成该任务:
(1)先用比较简单的语言介绍泰国的概况、著名的旅游景点或旅游城市。
(2)仔细阅读该旅游线路,找出行程中"游"和"娱"的亮点和特色。
① 该旅游线路中的"游"包含曼谷(大皇宫、玉佛寺、湄南河)、芭提雅(珊瑚岛、金沙岛、热带水果园)等。曼谷是泰国的首都、著名的旅游城市;大皇宫、玉佛寺是曼谷最具有代表性的旅游景点;湄南河是泰国最大的河流,泰语中意为"河流之母";芭提雅是东南亚著名的海

滨旅游胜地,有"东方夏威夷""亚洲度假之后"的美誉。

②该旅游线路中的"娱"包含曼谷(人妖歌舞剧表演)、芭提雅(丛林骑大象、正宗泰式古法按摩),人妖表演是泰国特有的一种文化现象,泰国属于热带气候,骑大象、吃热带水果是体验泰国热带风情的经典项目。

(3)结合客人的具体情况进行推销。旅行社销售人员可将所接待的客人进行分类,然后针对游客的旅游消费需求进行针对性的销售,如老年旅游者注重行程的舒适程度;家庭亲子旅游注重迎合孩子的喜好,主题公园、博物馆、异域风情等都是吸引家庭亲子游的重要元素;蜜月度假旅游者注重行程的舒适程度,浪漫的海滨旅游胜地往往是他们的首选;青年旅游者爱好时尚;中年旅游者经济条件较好。其均有较强的购物需求等等。

任务拓展

根据以上网址"泰国曼谷+芭提雅6天惠享之旅"后附的泰国旅游温馨提示资料,完成以下任务:

小王是湖南某国际旅行社的一名领队,2018年"三八"节期间将带领某公司女员工去泰国旅游,按照公司惯例,领队将提前一个星期召开行前说明会。请问:小王的行前说明会应该着重注意哪几个方面的问题?

相关知识

一 概况

(一)自然地理概况

1.地理位置

泰国位于中南半岛的中南部,总面积为51.4万平方公里,平面形状像一只大象的头。东南临泰国湾(太平洋),西南濒安达曼海(印度洋),西部和西北与缅甸为邻,东北与老挝交界,东连柬埔寨,南部与马来西亚接壤。

2.气候

泰国地处热带,绝大部分地区属热带季风气候,年平均气温为22—28℃,年降水量为1000—2000毫米。全年可分为热季(3—6月)、雨季(7—10月)和凉季(11—次年2月)三季。凉季天气凉爽干燥,是开展旅游活动的好时节。

3.地形地貌

泰国地势北高南低,大体可分为四个部分:西北部为山区丛林地带,盛产柚木、红木、紫檀;东北部为高原地带,以出产锡矿、天然宝石著名;中部为著名的湄南河冲积平原,盛产大米和水果,是泰国主要的稻米产区,这里既是泰国的心脏地带,也是人口最密集的地区,首都曼谷便位于此部;西南部为丘陵地带,是橡胶和锡矿的主要产地,并有许多环境优美的海滨沙滩。湄南河是泰国最大的河流,泰语中意为"河流之母"。

(二)人文概况

1.国名、国旗、国徽、国歌、国花、国树、货币

国名:泰国全称为"泰王国",有"自由之国"之意。泰国别称"千佛之国""黄袍之国""大象之邦"。

国旗:泰国国旗呈长方形,长与宽之比为3∶2。由红、白、蓝三色的五个横长方形平行排列构成。上下方为红色,蓝色居中,蓝色上下方为白色。蓝色宽度等于两个红色或两个白色长方形的宽度。红色代表和象征各族人民的力量与献身精神。泰国以佛教为国教,白色代表宗教,象征宗教的纯洁。泰国是君主立宪政体国家,国王是至高无上的,蓝色代表王室。蓝色居中象征王室在各族人民和纯洁的宗教之中。

国徽:泰国国徽图案是一只大鹏鸟,鸟背上蹲坐着那莱王。传说中大鹏鸟是一种带有双翼的神灵,那莱王是传说中的守护神。

国歌:《泰王国歌》。

国花:金链花。

国树:桂树。

货币:泰铢。

2.人口、民族

2016年,泰国有6800多万人口。全国有30多个民族,其中以泰族和老挝族人口最多,分别占总人口的40%和35%,此外还有马来族、高棉族和华人。泰国政府规定,华侨在泰生下的子女到第三代就算泰族人。

3.语言、宗教

泰语为泰国国语,英文也被广泛使用,尤其是在曼谷和主要的旅游城市。潮州话、海南话、广东话在泰籍华人中使用比较普遍。此外还有马来语和高棉语。

泰国宗教主要有佛教、伊斯兰教、天主教和印度教。泰国宪法虽未规定佛教是国教,但佛教实际上享有国教的地位与尊荣,对当地政治、经济、社会生活和文化艺术等领域有重大影响。泰国素有"黄袍佛国""千佛之国"之美称,全国95%的人信奉佛教(主要为小乘教)。伊斯兰教是泰国的第二大宗教。马来人和外国穆斯林后裔主要信奉伊斯兰教。

二 简史

泰国已有700多年的历史和文化,原名暹罗。公元1238年建立了素可泰王朝,开始形成较为统一的国家。先后经历了素可泰王朝、大城王朝、吞武里王朝和曼谷王朝。从16世纪开始,先后遭到葡萄牙、荷兰、英国和法国等殖民主义者的入侵。19世纪末,曼谷王朝五世王大量吸收西方经验进行社会改革。1896年,英、法签订条约,规定暹罗为英属

缅甸和法属印度支那之间的缓冲国,从而使暹罗成为东南亚唯一没有沦为殖民地的国家。1932年6月,人民党发动政变,建立君主立宪政体。1938年,銮披汶执政,1939年6月更名为泰国,意为"自由之地"。1941年,泰国被日本占领,1945年恢复暹罗国名,1949年5月又改称泰国。

三 经济发展状况

泰国现为中等收入的发展中国家,实行自由经济政策,其经济属外向型经济。泰国自然资源丰富,主要有钾盐、锡、褐煤、油页岩、天然气等。钾盐储量约4367万吨,居世界首位。

随着全球制造业形势的改变,泰国成为新兴的制造业强国。制造业主要门类有采矿、纺织、电子、塑料、食品加工、玩具、汽车装配、建材、石油化工等。2014年,世界银行指出,以美元计算,泰国制造业产值全球排名第18。2016年,泰国制造业产值的全球排名为第14位,预料该排名至少维持到2020年。

农业是泰国的支柱产业,农产品是外贸出口的主要商品之一,主要农产品包括大米、橡胶、木薯、玉米、甘蔗、热带水果等。泰国是世界著名的大米生产国和出口国,21世纪以来曾常年位列世界第一大米出口国。泰国也是世界第一大橡胶生产国和出口国、世界第三大木薯生产国(仅次于尼日利亚和巴西)和第一大出口国。泰国盛产水果,有"水果王国"之称,被誉为"果中之王"和"果中之后"的榴莲和山竹等热带水果名扬天下。泰国捕鱼业发达,已成为世界第七大捕鱼国,在亚洲仅次于日本和中国,为世界第一大产虾国。

四 政治

泰国国家政体为君主立宪制,国王为国家元首,总理是政府首脑。内阁由总理、副总理和各部部长组成,对国会负责。最高立法机构称国会,由上议院、下议院两院组成。泰国政党众多,主要有泰国民族党、社会行动党、民主党、公民党、群众党、联合民主党、统一党、新希望党、正义力量党等。现任国王玛哈·哇集拉隆功为泰国前国王普密蓬·阿杜德和诗丽吉王后唯一的儿子。

五 文化

(一)文学

泰国文学最早产生于13世纪末素可泰王朝时期,当时基本上是宗教文学和宫廷文学。《三界经》是优秀的佛教文学的作品。曼谷王朝时期,国王拉玛二世创作的诗剧《伊瑙》和宫廷诗人编写的长篇叙事诗《昆冒与昆平》,在泰国文学史上占有重要地位。20世纪20年代末是泰国新兴文学开始兴起的时期。1932年革命后,文坛出现了一批年轻的新人,其中西巫拉帕(1905—1974年)被看作泰国新文学的奠基人,其代表作是《男子汉》和《向前看》。

(二)舞蹈

泰国以优美典雅的古典舞和丰富多彩的民间舞蹈著称于世。古典舞蹈分为"宫内"和"宫外"。宫内舞的演出对象是国王和宫廷,典雅细腻,有严格的规范和程式。宫外舞以平民百姓为观众,比较自由风趣。民间舞蹈有"婚礼舞""农民舞""丰收舞""祝福舞""指甲舞""蜡烛舞"等。泰国还流行群众性集体舞。

(三)泰拳

泰拳,即泰国拳术,已有500年的历史,已故泰拳宗师阿赞桀言:"泰拳乃泰国民族独有之瑰宝。"传说在古代,泰国和缅甸发生战争,泰国战败,国王被俘,缅甸王听说泰国国王是搏击高手,便派缅甸拳师与他比赛,并许诺如果缅甸高手战败,就释放泰国国王。果然,泰国国王完胜,缅甸王只好把泰王释放回国。之后,泰国国王把自己多年的搏击经验编成一套拳法,传授给将士,这套拳法则是泰拳。泰拳是一门传奇的格斗技艺,是一项以力量与敏捷著称的运动。其特点是可以在极短的距离下,利用手肘、膝盖等部位进行攻击,是一种非常狠辣的武术,杀伤力大。泰国拳风鼎盛,俗话说:"十个男人,九个打拳。"可见拳斗在泰国普遍流行的程度。每当有寺庙盛会或重大庆典,拳赛不仅为必备的节目,而且常被列为大会的戏轴。泰人以打拳、观拳、赌拳为乐。

六 民俗与节日

(一)饮食

泰国人以大米为主食,菜肴以酸甜辣为特色,烹饪以煎炸炒为主要方式。辣椒是泰国人餐桌上的必备品,泰国人最喜欢的食物是用大米、肉片或鱼片和清茶调以辣酱做成的咖喱饭,常食鸡粥、甜包、猪油糕等,不吃海参、牛肉。因三面环海,泰国海鲜产品丰富,海味成一大特色,日常以鱼虾为小菜。农村过去用手抓饭,现多用匙勺,城市居民多数会用筷子,但用刀叉等更为普遍。在泰国餐桌上,汤是不能缺少的,汤分为清淡的肉和菜汤、稀米汤、冬荫功汤三类。泰国人不喝热茶,习惯在茶里放冰块。

(二)服饰

泰国人着装考究,衣服穿着前均要熨烫。正式场合和庄重的仪式,男士穿西装或民族服装,妇女穿过膝裙服,一般不着长裤。政府官员出席有王室成员主持或出席的活动时,需着白色文官服。

(三)礼仪与禁忌

1.礼仪

泰国是一个礼仪之邦,被誉为"微笑国度"。泰国人性情温和,注重礼仪,尊重长辈。泰国人见面时行合掌礼,头稍稍低下,互致问候。合十双手的位置很有讲究:小辈对长辈,双手合十于前额;平辈相见,双手略为举起至鼻子高度;长辈对小辈,只要举到胸部高度即可。泰国人也行握手礼,但只在政府官员与知识分子中流行。觐见王室成员时一般鞠躬致敬。见僧侣一般合十行礼。

泰国人的坐姿也很讲究,尤其有长辈在座的场合下,小辈为了表示对他们的礼貌,两手掌相叠,放在腿上,上身微躬而坐。若是有尊者或达官贵人在座,小辈的上身还要下躬,两肘放在大腿上,两手掌相叠于膝盖稍上处。长辈在座时,晚辈或下级必须绕道或弯腰穿行。到寺庙烧香拜佛或参观时,须衣冠整洁、脱鞋。

多数泰国人不愿意与他们不熟悉的人进行商业往来,因此最好通过对双方都比较熟悉的组织或个人进行介绍和引见。和泰国人交往时可以送些小的纪念品,礼物应事先包装好。与泰国人交谈要回避政治、王室等话题,不要赞美别人的婴儿(以免引起恶鬼的注意),但可询问个人情况。在社交聚会上,男子不应同已婚女子交谈过久。对于特邀来的贵宾,主人亲自给客人戴上鲜花编成的花环,客人不可随意扔掉,最好回到下榻处再取下,以示对东道主的尊敬。

2.禁忌

泰国人非常尊重国王和王室成员。不要随便谈论或议论王室。遇有王室成员出席的场合,态度要恭敬。佛教是泰国的国教,因此佛像无论大小都要尊敬,切勿攀爬。对僧侣应礼让,但不要直接给钱。女性不能碰触僧侣,如需奉送物品,应请男士代劳,或直接放在桌上。到寺庙参观着装应整齐,不要穿短裤、短裙和无袖上装,进入主殿要脱鞋。泰国人视头部为神圣之地,因此不要随便触摸别人的头部,小孩子的头也不能摸。不要用脚指人或物,特别是脚底不要直冲着佛像。也不要用脚开门关门。递东西时用右手,不宜用左手。公共场合男女不应过分亲热。泰国人大多彬彬有礼,很难看到有人大声喧哗或者吵架,因此说话时应压低嗓门,无论发生了什么,不要当众发脾气。泰国禁赌,即使在酒店房间里也不要打牌或打麻将。泰国人非常爱清洁,随地吐痰、扔东西被认为是非常缺乏教养的行为。泰国人还非常注重卫生间的整洁,因此无论外出还是在酒店,都应注意保持清洁。

(四)重要节日

泰国节日很多,通常有年节、宗教性节日、生产性节日、国家纪念日和其他节日。年节以元旦为开始;春节是泰国华人过的节;宗教性节日有万佛节、佛诞节、三宝节;生产性节日有春耕节、水灯节等;国家纪念日中以王朝纪念日为多,阴历十二月十日是宪法纪念日。

1.宋干节

宋干节俗称"泼水节",时间为每年公历 4 月 13—15 日,是泰国的新年。4 月 13 日意味着一年的终结,4 月 14 日是准备的一天,家人聚在一起,帮忙准备第二天早上献给僧侣的物品,第 3 天标志着泰国新年的开始,是节日的高潮。这天,善男信女手持鲜花、食物去寺庙斋僧,聆听和尚美好祝福,并接受桃花瓣香水的淋洒,之后人们互相泼水祝福。

2.水灯节

水灯节时间为泰历 12 月 15 日,是泰国民间最热闹、最富有诗意的传统节日。源于佛教徒以点灯表示敬奉伫立天上的佛骨塔,后演变为在河里放水灯。现在每当这一天的夜幕降临时,湄南河两岸成千上万男女老幼将用芭蕉叶或芭蕉树皮做成的水灯放进河里,以祈求风调雨顺。

七 旅游业

（一）旅游业概况

泰国的旅游业始于20世纪50年代，近年来旅游业发展很快，已成为泰国外汇的主要来源之一。据世界旅游组织统计，旅游业及其带动的相关产业占泰国GDP的近五分之一。2017年赴泰旅游的外国游客总数超过3500万人次，较2016年同期增长8.77%，其中中国游客量超过980万人次，占比最高。

（二）著名旅游城市和旅游景点

泰国以具有惊世的佛教建筑、神奇的历史古城、辽阔的海滩和绮丽的热带风光闻名于世，素有"中南半岛上的明珠"之称。泰国全国有3万多座古老的寺庙和宫殿，被称为"千佛之国"，为旅游业增添了神秘绚丽的色彩。

1. 曼谷

泰国首都曼谷位于湄南河畔，为泰国最大的城市，是全国政治、经济、文化和交通中心，也是联合国亚太经社委员会总部、世界银行、世界卫生组织等20多个国际机构的区域办事处所在地。曼谷始建于17世纪，1782年泰国国王拉玛一世迁都于此，曼谷就成了汇集泰国新旧生活方式的万花筒，有"天使之城""微笑之都""千面风情之都"的美誉。曼谷佛教历史悠久，寺庙林立，市内有400多座大小寺庙，有"佛庙之都"之称。其中以大王宫、玉佛寺、卧佛寺、郑王庙最为著名。

大王宫和玉佛寺位于湄南河畔。始建于1782年，是泰国曼谷王朝一世王到八世王的王宫。1946年，泰国王拉玛九世即位后搬迁至新建王宫居住。大王宫现对外开放，是泰国著名的旅游景点，但仍用于举行加冕典礼、宫廷庆祝等仪式活动。大王宫四周筑有白色宫墙，高约5米，总长1900米，主要建筑包括阿玛林宫、节基宫、律实宫和玉佛寺等。玉佛寺位于大王宫东北角，因供奉稀世之宝玉佛而闻名。玉佛高66厘米，宽48厘米，由一块整玉雕琢而成。玉佛寺是王室举行佛教仪式的地方，也是泰国唯一一座没有僧侣居住的佛寺。

2. 清迈

清迈位于泰国北部的湄南河支流滨河河畔，是泰国第二大城市，也是泰国北部政治、经济、文化中心，其发达程度仅次于首都曼谷。1296年，清迈成为泰国历史上第一个独立国家蓝纳泰王朝的首都，以其丰富且完整的文化古迹闻名，除了原有的古城址、护城河、古旧佛寺、纪念碑之外，还有泰北的艺术宝藏和建筑物、庙宇，兼容并蓄地保留了缅甸与泰国的风格。清迈地处海拔300米的丘陵地上，空气清新，气候凉爽，风景秀丽，遍植花草，尤以玫瑰花最为著名，有"北国玫瑰"的雅称，是著名的避暑胜地。城内有许多年代久远的佛教寺庙，是每年泼水节和水灯节的主要观光地。

3.素可泰

素可泰是泰国首个王朝素可泰王朝的首都,位于泰国中央平原,曼谷以北427公里,意为"快乐的开始"。这里诞生了泰国文字、泰国第一部文学作品和第一部历史记录,被誉为"泰国文明的摇篮"。素可泰古城遗址保存有大量佛教建筑和佛像,但因为战争原因以及年久失修,许多建筑物遭到损坏。联合国教科文组织与当地政府通力合作,对该地区古迹进行保护修缮,并建立"历史公园"供游人参观。素可泰古城遗迹于1991年被联合国教科文组织列入世界文化遗产名录。

4.芭提雅

芭提雅位于曼谷东南约150公里春武里府,濒临曼谷湾。20世纪60年代以前,它还是一个默默无闻的小渔村,随着芭提雅成为越战美军士兵的疗养地,当地度假旅游业开始迅速发展,如今已成为东南亚著名的海滨旅游度假胜地。芭提雅酒店业、旅游业、餐饮业发达,风光旖旎,夜生活丰富,别具东南亚热带风情。潜水、钓鱼、高尔夫球等各类休闲、娱乐、运动活动丰富多彩,深受游客青睐,有"东方夏威夷""亚洲度假之后"的美誉。

5.普吉岛

普吉岛位于首都曼谷以南862公里,面积约543平方公里,是泰国最大的海岛,共有39个离岛,是世界级的旅游度假胜地,被称为安达曼海的"珍珠"。围绕着她的是安达曼海温暖的海水、美丽的海滩、奇形怪状的小岛、钟乳石洞、天然洞窟等自然景观,沿岸海水清澈湛蓝,海底世界美不胜收。

(三)购物

泰国各种民间工艺品丰富多彩,富有民族传统特色。产品包括各种佛饰品、丝绸、黑金器具、青铜制品、陶器和青瓷、锡器、宝石、加工过的珠宝等。泰国盛产红宝石、蓝宝石和绿松石。目前,比较受我国游客欢迎的泰国商品有小黄瓜系列产品、卧佛牌青草药膏、蜈蚣丸、soffell驱蚊液、虎标牌酸痛软膏、NaRaYa曼谷包、泰式香料、Bee fruits水果脆片、金枕榴莲干、乳胶枕等。

在泰国,标有"VAT Refund For Tourists"字样的商场表示可以退税,每个商场的退税政策不一样,而且会有时间限制,一般都是只能当天在对应的商场退税。

工作任务3　新　加　坡

任务导入

阅读"新加坡纯玩5天半自由行"的行程安排(https://www.thyoo.com/travel/16707.html),分析旅行社销售人员如何结合新加坡华人多、语言沟通便捷、经济属于亚洲四小龙等特点,更好地向客人介绍线路?

任务解析

(1) 新加坡与韩国、中国香港、中国台湾合称为亚洲四小龙，改革开放以来，中国与新加坡经济往来密切。新加坡华人众多，经济发达，是我国出境游市场起步之后客人前往旅游最热门的国家之一。销售人员应该用比较简单的语言介绍新加坡的概况、著名的旅游景点或旅游城市。

(2) 仔细阅读该线路，找出行程安排中"游"和"娱"的亮点和特色，结合客人的具体情况进行推销。

① 该旅游线路中的"游"包含老巴刹、鱼尾狮公园、克拉码头、花芭山、新加坡动物园、滨海南花园等。

② 该旅游线路中的"娱"包含新加坡S.E.A海洋馆、新加坡环球影城等。新加坡由于面积仅有719平方公里，所以没有省市县镇等行政单位之分，整个国家也即是一座城市，有"花园城市"的美誉，又是该国的经济、政治和文化中心。珊顿道是金融区里的主要道路，两旁都是摩天大楼。而毗邻的吉宝港口是世界上较繁忙的港口之一。新加坡河从市区穿过，河岸两侧是移民最先迁入的地方，是商业最先繁荣的地带，也是老新加坡的经济动脉。在河口上矗立着一座乳白石的"鱼尾狮"雕像，即是新加坡的精神象征和标志。

任务拓展

小李想利用暑假期间到新加坡进行自由行旅行，由于是首次出境前往新加坡，小李对出入境新加坡的注意事项并不了解，如果你是小李的朋友，你应该怎样向小李解答？

相关知识

一 概况

(一) 自然地理概况

1. 地理位置

新加坡是东南亚的一个岛国，国土总面积为719平方公里，新加坡北隔柔佛海峡与马来西亚为邻，南隔新加坡海峡与印度尼西亚相望，毗邻马六甲海峡南口，国土除新加坡岛之外，还包括周围数岛。

2. 气候

新加坡地处热带，长年受赤道低压带控制，为赤道多雨气候，气温年温差和日温差小。

平均温度在23至34℃之间,年均降雨量在2400毫米左右,湿度介于65%到90%之间。11月—次年1至3月左右为雨季,受较潮湿的东北季候风影响,天气不稳定,通常在下午会有雷阵雨,平均低温徘徊在24℃至25℃。6—9月则吹西南风最为干燥。在季候风交替月,即4—5月,以及10—11月地面的风弱多变阳光酷热,岛内的最高温度可以达到35℃。

3.地形地貌

新加坡地势起伏和缓,其西部和中部地区由丘陵地构成,大多数被树林覆盖,东部以及沿海地带都是平原,最高的山是武吉知马山,高163米。

(二)人文概况

1.国名、国旗、国徽、国歌、国花、货币

国名:新加坡是一个城市国家,原意为狮城。公元14世纪,苏门答腊的"室利佛逝王国"王子乘船前往小岛环游,看见岸边有一头异兽,当地人告知为狮子,他认为这是一个吉兆,于是决定建设这个地方。新加坡"Singapura"是梵语"狮城"之谐音,狮子具有勇猛、雄健的特征。还有因其小而将之称为"星洲""星岛"。

国旗:新加坡国旗又称星月旗,于1965年8月9日正式成为新加坡共和国的国旗。1959年,当时新加坡在大英帝国统治下组成自治政府,星月旗随后成为自治政府的官方旗帜,1965年新加坡独立后它被选为国旗。新加坡国旗由红、白两个平行相等的长方形组成,长与宽之比为3∶2,左上角有一弯白色新月以及五颗白色五角星。红色代表了平等与友谊,白色象征着纯洁与美德。新月表示新加坡是一个新建立的国家,而五颗五角星代表了国家的五大理想:民主、和平、进步、公正、平等。

国徽:由盾徽、狮子、老虎等图案组成。红色的盾面上镶有白色的新月和五角星,其寓意与国旗相同。红盾左侧是一头狮子,这是新加坡的象征,新加坡在马来语中是"狮子城"的意思;右侧是一只老虎,象征新加坡与马来西亚之间历史上的联系。红盾下方为金色的棕榈枝叶,底部的蓝色饰带上用马来文写着"前进吧,新加坡!"

国歌:《前进吧,新加坡》。

国花:胡姬花。

货币:新币。

2.人口、民族

新加坡拥有人口560.7万(2016年),新加坡公民主要以4大族群来区分:华人占了人口的74.2%,还有马来族(13.3%)、印度裔(9.1%)和欧亚裔/混血(3.4%)等公民。大多数新加坡华人的祖先源自中国南方,尤其是福建、广东和海南省,其中4成是闽南人,其次为潮汕人、广府人、莆仙人(莆田人)、海南人、福州人、客家人,还有峇峇娘惹等。

3.语言、宗教

新加坡是一个多语言的国家,拥有4种官方语言,即英语、马来语、华语和泰米尔语。马来语为新加坡的国语,英语为通行语和教学语。

新加坡为多宗教国。佛教是全国第一大宗教，教徒约占总人口的33%；基督教徒（新教和天主教）占总人口的18%；伊斯兰教教徒占总人口的15%，教徒约有65万人。马来人或巴基斯坦血统的信徒基本上属于伊斯兰教的逊尼派，另外也有少部分的印度人和华人信奉回教；新加坡印度教的信徒约10万人，占总人口的5%；新加坡锡克教教徒合计只有2万余人。

二 简史

14世纪，新加坡属于拜里米苏拉建立的马六甲苏丹王朝。19世纪初被英国占为殖民地。1942年2月15日，新加坡被日军占领。1965年，新加坡正式独立。

三 经济发展状况

新加坡是亚洲发达的资本主义国家，被誉为"亚洲四小龙"之一，其经济模式被称作"国家资本主义"。新加坡属外贸驱动型经济，以电子、石油化工、金融、航运、服务业为主，高度依赖美、日、欧和周边市场，外贸总额是其GDP的四倍。经济长期高速增长，1960—1984年间GDP年均增长9%。1997年受到亚洲金融危机冲击，但并不严重。2001年受全球经济放缓影响，经济出现2%的负增长，陷入独立之后最严重的衰退。为刺激经济发展，政府提出"打造新的新加坡"，努力向知识经济转型，并成立经济重组委员会，全面检讨经济发展政策，积极与世界主要经济体商签自由贸易协定。根据2018年的全球金融中心指数（GFCI）排名报告，新加坡是全球第四大国际金融中心。

四 政治

根据《新加坡宪法》，新加坡实行议会共和制。总统为国家名义元首，由全民选举产生，任期6年。总统委任议会多数党领袖为总理。总统和议会共同行使立法权。议会称国会，实行一院制。议员由公民投票选举产生，任期5年，占国会议席多数的政党组建政府。新加坡是一个多元文化的移民国家，促进种族和谐是政府治国的核心政策，新加坡以稳定的政局、廉洁高效的政府而著称，是全球最国际化的国家之一。

五 文化

（一）文学

新加坡的官方语言有华文、英文、马来文和泰米尔文四种，所以新加坡有四种语言的文学作品，作家也由多元族群组成。新加坡过去的文学主要是马来古典文学。由于新加坡居民大多数是华人，因而受中国文学的影响比较深远。1919年中国发生"五四运动"后，新加坡的华文报章也很快用白话文体写作文学作品。第二次世界大战后，新加坡文学发展的主要倾向是现实主义，并强调地方色彩和题材多样化。这时期涌现了一批比较优秀的文学作品，其中有不少是反映底层社会的贫困，对不合理的社会现象进行揭露。过去被称为"文化沙漠"的新加坡,现在朝气蓬勃地向多元文化迈进。

（二）舞蹈

新加坡式的多民族舞蹈是指华族、马来族、印族的舞蹈人员在一个节目里同时出现,通过表演,表达民族和谐共处的主题的舞蹈。但新加坡舞蹈中的多元文化主义有三个层面。一是指多民族舞蹈;二是指舞蹈编导与舞蹈人员学习他民族舞蹈,如马来人学习华族舞蹈,华人学习印度舞,印度人学习马来舞;三是指舞蹈家们采用他民族的题材进行创作,或歌颂民族团结的题材,前者如将《梁山伯与祝英台》改编为印度舞剧,后者如《一个村庄的故事》。

六 民俗与节日

（一）饮食

新加坡的饮食是一个综合体,同香港相似,都融合了中西方的文化,在饮食、生活习惯、文化方面表现得非常突出。在这里,人们可以品尝到来自世界各地的美食。在新加坡这个多元民族的大都会里,汇集了来自四面八方的菜色,包括中国菜、马来菜、泰国菜、印度菜、西餐和快餐等等。这里的中餐主要以福建、广东和海南等地的特色菜为主,其中也融入了马来饮食的特色,比如咖喱鸡和咖喱鱼头等菜可谓别具特色的"中餐"。他们非常喜欢吃辣,新加坡人在吃饭时,不管吃什么都要配一碟泡辣椒来沾菜吃,所谓泡辣椒就是干辣椒泡在酱油里吃。他们的中餐可以说是"新加坡特色的中餐",除此之外,随着越来越多的中国大陆移民的涌入,现在也可以在新加坡吃到中国各地的食物,如四川火锅、北方饺子、上海菜等等。印度菜和马来西亚菜别具一格,虽然有时候这些菜给人的感觉会有些奇怪,但是品尝之后,就不难感觉到其中独特的滋味了。具有代表性的可以推崇马来人做的沙爹,这是一种类似刷上咖喱酱的烤羊肉串,还有马来炒饭,以及印度人的煎饼和羊肉汤都是相当不错的美食。因为天气炎热的缘故,吃饭时一般都会喝点饮料。

（二）服饰

新加坡确立的传统服饰是娘惹装,代表马来人与华人的结合,体现了这个国家对各种文化和种族的包容与结合,展现了新加坡这个国家的特色。娘惹服饰在马来传统服装的基础上,改成西洋风格的低胸衬肩,再加上中国传统的花边修饰。娘惹装多为轻纱制作,颜色不仅有中国传统的大红、粉红,还有马来人的吉祥色土耳其绿。而点缀的图案多为中国传统的花鸟鱼虫或龙凤呈祥。娘惹鞋就是娘惹们利用闲暇时间手工制作的串珠鞋,将彩色的小珠子用线钉在鞋面上,图案十分精致,工艺也极其复杂,是新加坡最具文化代表的商品。

（三）礼仪与禁忌

1. 礼仪

新加坡人举止文明,处处体现着对他人的尊重。他们坐着时,端正规矩,不将双脚分开,如果交叉双脚,只是把一只腿的膝盖直接叠在另一只腿的膝盖上。他们站立时,体态端正,而不把双手放在臀部,因为那是发怒的表现。在社交场合,新加坡人与客人相见时,一般都施握手礼。男女之间可以握手,但对男子来说,比较恰当的方式是等妇女先伸出手来,再行握手。马来人则是先用双手互相接触,再把手收回放到自己胸前。在新加坡人眼中,男婚女嫁是件大事,不论华人还是马来人都很重视。马来人的婚事要经过求亲、送订婚礼物、订立婚约等程序。新加坡的华人讲求孝道,如有老人行将去世,其子孙必须回家中守在床前。丧礼一般都很隆重。新加坡的气候受海洋和纬度的影响,气温高,湿度大,因此夏季穿轻质料子的服装最为适宜。工作时人们普遍穿便服,下班后可穿T恤衫和细斜纹布裤,仅在正式的宴会上才必须穿西装,系领带,女士们则要穿晚礼服,也令主人家觉得受到尊重。

2.禁忌

由于长期受英国的影响,新加坡已经西方化,人们见面和分手时都要握手。首次不要贸然登门拜访主人,应预先约好时间。在介绍时,通常应称呼人家"某先生""某太太""某小姐",这适用于新加坡所有的民族。如果你参加社交聚会,人们要把你介绍给每个人,但介绍得很快,当从他们面前走过时,不用和他们握手。在新加坡,人们很不赞成吸烟。在电梯里、公共交通工具上、影院内,特别是政府办公大楼内,法律规定严禁吸烟,违者罚款。要吸烟最好征得对方同意。当地人一般不会邀请初次见面的客人吃饭,然而主人对来访者有所了解后,便可举行正式宴会,并在席间洽谈业务。同样,来访者也不应急于请客,经常不断的会见将使双方更为接近,到那时互相宴请也为时不晚。与印度人或马来人吃饭时,注意不要用左手。无论去什么地方,没有必要携带礼物,在新加坡商人之间没有赠送礼物的习惯。有时新加坡主人会邀请外国人到自己家里吃饭,客人如能带一份礼物(一盒巧克力或一束鲜花),女主人将会很高兴。新加坡人认为当着送礼人的面打开礼品的做法是不礼貌的,因此,当你告辞时见到礼物仍原封不动地搁在一边,千万别见怪。在社交性的谈话中,切忌议论政治得失、种族摩擦、宗教是非和配偶情况等,但可交流旅行方面的经验,也可谈论所到过的国家的各种见闻。新加坡严忌说"恭喜发财",他们将"财"理解为"不义之财"或"为富不仁",说"恭喜发财"被认为是对别人的侮辱和嘲骂。禁忌用食指指人,用紧握的拳头打在另一只张开的掌心上,或紧握拳头,把拇指插入食指和中指之间,均被认为是极端无礼的动作。双手不要随便叉腰,因为那是生气的表示。新加坡人认为4、6、7、13、37和69是消极的数字,他们最讨厌7,平时尽量避免这个数字。新加坡人视黑色为倒霉、厄运之色,紫色也不受欢迎。他们偏爱红色,视红色为庄严、热烈、刺激、兴奋、勇敢和宽宏之象征。他们也喜欢蓝色和绿色。新加坡禁止在商品包装上使用如来佛的图像,也不准使用宗教用语。忌讳猪、乌龟的图案。

(四)重要节日

新加坡节日有很多,主要节庆有新年、印度族丰收节、印度族大宝森节、伊斯兰教斋戒月及开斋节、耶稣受难日、哈芝节、卫塞节、端午节、新加坡美食节、国庆节、中秋节、圣诞节等。

1.哈芝节

哈芝节是回教徒前往回教圣地朝圣后隔天所举行的重要宗教仪式,又称宰牲节、古尔邦节,节日定在回历十二月的第十天,庆祝仪式主要是宰杀牛羊,感谢真主。这个时候,新加坡国家会放假1天。

2.耶稣受难日

耶稣受难日为复活节前一个星期五(3月25日),是基督教节日。由于新加坡曾经是英国的殖民地,英式思想和理念延续至今,所以这个节日自然也是一个非常大的节日。

七 旅游业

(一)旅游业概况

目前,新加坡旅游业已经成为其经济发展的支柱产业。新加坡的旅游业之所以能在较短期间内取得如此瞩目的成就,与政府的重视和扶持是分不开的,当然,也与本国相关部门因地制宜,发展会展旅游分不开。各旅游公司提供优质的旅游服务以及进行周全的宣传,基础设施的完善,通信业的发达,完善的法制建设系统等紧密相连。2016年,新加坡旅游业在全球市场取得了丰硕成果:在入境旅客方面,2016年前往新加坡的外国游客高达1640万人次;在旅游收益方面,2016年新加坡旅游收益约248亿新币(约合人民币1221亿元),入境游客人数和旅游收益均创历史新高。根据2017年2月公布的数据显示,中国大陆继续稳坐新加坡第二大客源国的位置,所创旅游收益连续两年蝉联第一。

(二)著名旅游城市和旅游景点

新加坡是一个城市国家,新加坡市(Singapore City)是新加坡共和国的首都,被誉为"世界花园城市"和东南亚的"卫生模范"。在新加坡河口上,滨海桥附近,矗立一座乳白石的"狮头鱼尾"雕像,它是新加坡的象征和标志。

市内设立了鱼尾狮公园、新加坡国家博物馆、亚洲文明博物馆、牛车水(新加坡唐人街)、乌节路(购物区)、新加坡金沙娱乐城、克拉码头、驳船码头和新加坡和平纪念碑等旅游景点,还建有天福宫、粤海清庙、苏丹伊斯兰教堂等寺庙,是新加坡开埠了近两百年来最早建成的几座庙宇。

1.圣淘沙公园

圣淘沙公园是新加坡最为迷人的度假小岛,占地500公顷,有着多姿多彩的娱乐设施和休闲活动区域,被誉为欢乐宝石。岛的南岸有长度超过2公里的海滩,西面安置着二战英军留下的西罗索炮台、两个高尔夫球场及7间酒店。当中包括圣淘沙名胜世界、新加坡环球影城、蝴蝶馆、海豚世界、昆虫王国等。

2.鱼尾狮公园

鱼尾狮塑像的设计灵感来自《马来纪年》的记载。公元14世纪时一位印尼巨港王子乘船至此,他一登陆就看到一只神奇的野兽,随从告诉他那是一只狮子。于是他为这座岛取名狮子城。至于塑像的鱼尾造型,浮泳于层层海浪间既代表新加坡从渔港变成商港的特性,同时也象征南来谋生求存、刻苦耐劳的祖祖辈辈们。每年来自世界各地的游客,专程造访市区的鱼尾狮公园与鱼尾狮拍照留念。

3.克拉码头

克拉码头位于新加坡河河畔,克拉码头昔日是一个繁忙的货物起卸岸及贸易中心,今日在改造计划下,悉数变为餐馆及酒吧。原来的60家仓库和商店经发展已成为200家商店、餐厅、酒吧和娱乐场所。驳船码头在克拉码头的下游,旧时的仓库已经改头换面,这里至少有35家风格各异的酒吧和餐厅,也是市区沿河较具吸引力的娱乐场所之一。

4.新加坡环球影城

该景点坐落于圣淘沙岛,拥有东南亚独一无二的环球影城主题公园、全球最大的海洋生物园、赌城、各类娱乐演出以及六家风格各异的星级酒店等。影城内包含了7个主题区,分别为好莱坞、纽约、科幻城市、古埃及、迷失世界、遥远王国及马达加斯加,都是以好莱坞卖座电影设计出的精彩游乐项目。其中包括变形金刚3D对决之终极战斗、史瑞克4D影院、马达加斯加、木箱漂流记、侏罗纪河流探险等。

5.新加坡植物园

新加坡植物园坐落于克伦尼路,占地74万平方米,以研究和收集热带植物、园艺花卉而著称。园内有2万多种亚热带、热带的奇异花卉和珍贵的树木,可分为热带、亚热带常绿乔木、水生植物、寄生植物和沙漠植物等。植物园也有专门种植胡姬花的花圃和研究所,里面有四百多个纯种和两千多个配种的胡姬花,总数达6万多株,主要有蝴蝶兰、兜兰、石斛兰等姿彩夺目的"兰花家族",令人目不暇接。

6.新加坡金沙娱乐城

位于滨海湾的新加坡金沙娱乐城设有赌场、歌剧院、艺术科学博物馆、会议中心与展览设施、零售商和多样化的餐馆等,共有6大建筑系列。在高达55层楼的酒店内,拥有2561个房间。为酒店冠上荣耀之光的,是位于第57楼的金沙空中花园,这座占地一公顷的空中绿洲汇集葱茏的绿荫、雅致的花园,甚至一座无边泳池。站在这里,就如同登临世界之巅。

(三)购物

新加坡绝对是一个购物圣地,因为新加坡的入口关税较低,所以在新加坡购买各种世界名牌商品都比较划算,如化妆品、手表、首饰以及电子产品。新加坡的大型购物中心主要集中在新加坡河北岸的乌节路、政府大厦与滨海广场周围,例如先得坊购物中心、麒麟大厦、远东广场、义安城购物中心等是购买名牌服饰、高级化妆品、珠宝等商品的绝佳地;精品小店分布在各处,如武吉士街、小印度、车牛水、荷兰村等地,在这些地方,你可以十分方便快捷地购买到新加坡甚至整个东南亚出产的丝绸、中药、蜡染等各种纪念品。在新加坡购物,消费可获得7%的商品及服务税(GST)退税。可寻找贴有"退税"标识的商家或者在同一店铺消费满100新元以上并于购买之日两个月内离境即可享受退税。对于带往新加坡境外的商品,可在特定商家、樟宜国际机场或特定机场予以退税。在离境时向海关出示支票和商品,在机场Global Refund柜台退税,退款方式可选现金、邮寄支票、退入指定信用卡或转换成机场购物礼券,退税须支付一定手续费。如果商店有新加坡旅游局颁发的"品质、价格、服务皆有信用"的红底金色的鱼尾狮标志,代表这家商店的商品价格和质量皆值得信赖。

工作任务 4　印度尼西亚

任务导入

某旅行社计调给导游员小宋安排了一个巴厘岛六天五晚的散客拼团,该团队成员多数为年轻人,均为第一次出境旅游。作为出境领队,小宋应该如何召开行前说明会?

任务解析

此次游览印尼的团队游客大多数是第一次出境,对出入境的相关知识可能缺乏了解。作为出境领队,小宋要带好这个旅游团,应该认真听取计调对旅游团行程操作及费用的介绍,对不清楚的问题进行针对性提问并做好记录,必须熟知该团队的接待计划,并在行前说明会上做好强调工作。在召开行前说明会时,小宋需要介绍和强调如下内容。

1.巴厘岛的美誉

简单介绍目的地巴厘岛是印尼最美岛屿,有"诗之岛""天堂岛"等诸多美誉。其独特的舞蹈戏剧和宗教、无与伦比的白色沙滩、碧蓝清澈的海水、赏心悦目的椰林、热带雨林的暖风以及色彩丰富的食物、木雕、蜡染、油画和纺织,都让世界各地游客神往和沉醉。

2.行程安排和物品准备

一般的巴厘岛六天五晚行程,会安排一到两天的自由活动时间,行程中会有一些自费项目和自愿购物的推荐。小宋应该在行前说明会中强调,让游客对团费及相应服务心中有数。另外,团费中如未包含境外付给导游和司机的小费以及离境税等杂费,则需要提醒游客注意出团通知书上标明的约定收取时间。

因巴厘岛酒店不提供洗漱用品和洗澡毛巾,需请客人自备。要建议客人自带凉鞋或拖鞋、夏季服装、防晒用品、防蚊水以及雨伞和薄风衣。

3.出入境注意事项

因客人是散拼团,要提醒客人自带身份证件尤其要保管好护照。因团队游客都是第一次出境,小宋需要重点强调出入境注意事项,包括印尼政府对液体类、喷雾类、啫喱类物品以及药物用品的安全检测要求。要强调游客行李托运不要放贵重物品以防被窃,贵重物品出境需申报,入境国内检查严格,查处后有权根据商品价格要求缴纳关税,燕窝、动物源性中药材、转基因生物材料等严禁携带或邮寄入境,要谨慎购买。

4.巴厘岛游览须知

小宋在行前说明会上还需强调,巴厘岛的水质不是很好,甚至常有霍乱或其他病菌,建议平时喝瓶装水。

在巴厘岛游览时,要尊重当地习俗。巴厘岛是印度尼西亚唯一信奉印度教的地区,岛上80%的人信奉印度教。不可随意相信当地人建议的出海游、按摩及SPA等项目活动,因是不正规销售,没有公司的担保和保障。

任务拓展

(1)请根据相关知识,设计一条印尼五天海岛游线路。

(2)客人张先生一家四口打算八月份前往印尼自由行,四月份他们办理了护照,通过上网搜索了解到印尼可以办落地签证,为了核实消息的可靠性,张先生到旅行社询问工作人员相关签证须知,如果你是旅行社工作人员,你应该怎样解答张先生的问题?

相关知识

一 概况

(一)自然地理概况

1.地理位置

印度尼西亚位于亚洲东南部,其70%以上领地位于南半球,是世界上最大的群岛国家,由太平洋和印度洋之间约17508个大小岛屿组成。陆地面积约190.4万平方千米,海洋面积约316.6万平方千米(不包括专属经济区),海岸线总长54716千米。与巴布亚新几内亚、马来西亚接壤,与泰国、新加坡、菲律宾、澳大利亚等国隔海相望。印尼是一个火山之国,全国共有火山400多座,其中活火山100多座。

2.气候

印度尼西亚属典型的热带雨林气候,年平均温度25—27℃,无四季分别。北部受北半球季风影响,7—9月降水量丰富,南部受南半球季风影响,12月、1月、2月降水量丰富,年降水量1600—2200毫米。

3.地形地貌

印尼岛屿分布较为分散,主要有加里曼丹岛、苏门答腊岛、伊里安岛、苏拉威西岛和爪哇岛。各岛内部多崎岖山地和丘陵,仅沿海有狭窄平原,并有浅海和珊瑚环绕。

印尼河流众多,水量丰沛,但都比较小。较大的河流有爪哇岛的梭罗河以及加里曼丹岛的巴里托河、卡普阿斯河、马哈坎河,其中梭罗河全长560公里。较大的湖泊有多巴湖、马宁焦湖、车卡拉湖、坦佩湖、托武帝湖、帕尼艾湖等,其中苏门答腊的多巴湖为印尼第一大湖。

(二)人文概况

1.国名、国旗、国徽、国歌、国花、国鸟、货币

国名:印度尼西亚,简称印尼。

国旗:印度尼西亚国旗别称"荣耀红白",是一面由红白两色横带组成的旗帜。长宽比例为3∶2。这面旗帜是基于13世纪满者伯夷的旗帜设计的,1945年8月17日首次升起,此后没有更改过。旗帜的设计很简单,是两条一样宽的横带,上面的横带是红色的,下面的横带是白色的。红色象征勇敢和正义,还象征印度尼西亚独立以后的繁荣昌盛;白色象征自由、公正、纯洁,还表达了印尼人民反对侵略、爱好和平的美好愿望。

国徽:印度尼西亚国徽是一只金色的昂首展翅的印尼神鹰,象征印尼人民的光荣和胜利。8月为印尼独立日,神鹰尾部有八根羽毛表示8月,其双翅上各有十七根羽毛表示17日,从而纪念17日这个值得印尼人民骄傲的日子。神鹰胸前有一枚盾牌,盾面上有5幅图案:正中的金色五角星是伊斯兰教的象征,印尼大多数国民都信奉伊斯兰教;金色水牛头展现人民主权;绿色椿树坚实刚劲,如同民族主义在印尼人民心中根深蒂固;棉桃和稻穗织出一片繁荣昌盛;金链环紧紧相扣,象征国内各种族一律平等。一条黑色横线横贯盾徽,表示赤道穿过印尼领土。神鹰双爪下的白色饰带上用古爪哇文书写着印尼格言"殊途同归"。

国歌:《伟大的印度尼西亚》。

国花:毛茉莉。

国鸟:雄鹰。

货币:印尼盾。

2.人口、民族

2016年印尼总人口达2.611亿人,是世界第四人口大国。根据印尼政府2014年公布的数字,印尼有300多个民族,其中爪哇族人口最多,占人口总数的45%,巽他族占14%,马都拉族占7.5%,马来族占7.5%,华人约占人口总数的5%,超过1000万人。

3.语言、宗教

印尼的民族语言有200多种,官方语言为印度尼西亚语。印尼无国教,但规定一定要信仰宗教,约87%的人信奉伊斯兰教,是世界上穆斯林人口最多的国家。此外,6.1%的人信奉基督教新教,3.6%信奉天主教,其余信奉印度教、佛教和原始拜物教等。

二 简史

印度尼西亚是一个历史悠久的文明古国,在50—70万年以前,爪哇岛梭罗河畔的原始森林里就有人类繁衍生息。公元3—7世纪建立了一些分散的封建王国。13世纪末至14世纪初,在爪哇建立了印尼历史上最强大的麻喏巴歇封建帝国。15世纪,葡萄牙、西班牙和英国先后侵入。1596年荷兰侵入,1602年成立具有政府职权的"东印度公司",1799年底改设殖民政府。1942年日本占领印尼,1945年日本投降后,印尼爆发八月革命,8月

17日宣布独立，成立印度尼西亚共和国。1947年后，荷兰与印尼经过多次战争和协商，于1949年11月签订印荷《圆桌会议协定》。根据此协定，印尼于同年12月27日成立联邦共和国，参加荷印联邦。1950年8月印尼联邦议院通过临时宪法，正式宣布成立印度尼西亚共和国。1954年8月脱离荷印联邦。由于全国一半以上的人口集中在爪哇岛，印尼独立后曾长期执行大爪哇沙文主义，其他族群对此深有怨言，矛盾冲突较多，2002年东帝汶恢复主权独立。

三 经济发展状况

印尼是东盟最大的经济体，农业、工业、服务业均在国民经济中发挥重要作用。近年来，印尼制造业增长速度均超过经济增长速度。印尼富含石油、天然气以及煤、锡、铝矾土、镍、铜、金、银等矿产资源。矿业在印尼经济中占重要地位，产值占GDP的10%左右。外贸在印尼国民经济中占重要地位，政府采取一系列措施鼓励和推动非油气产品出口，简化出口手续，降低关税。主要贸易伙伴为中国、日本、新加坡、美国。2013年10月，习近平主席对印尼进行国事访问，决定把两国关系提升为全面战略伙伴关系，双方发表了《中印尼全面战略伙伴关系未来规划》。中国已经成为印尼非油气类贸易的最大伙伴、最大进口来源地和第二大出口市场。

四 政治

印尼是一个总统制共和国。总统为国家元首、政府首脑和武装部队最高统帅。人民协商会议为最高权力机构，由人民代表会议（即国会）和地方代表理事会共同组成，有权制定、修改宪法和国家总方针政策。从1999年10月至今，人协对宪法进行了三次修改，主要包括规定总统和副总统只能连选连任一次、每任五年，减少总统权力，强化议会职能等。国会全称人民代表会议，是国家立法机构，行使除起草和修改宪法、制定国家大政方针之外的一般立法权。国会无权解除总统职务，总统也不能宣布解散国会；但如果总统违反宪法或人协决议，国会有权建议人协追究总统责任。

五 文化

印尼拥有丰富而多样的传统文化和艺术形式。印尼古老而悠久的传统和风俗深深地扎根在社会生活和典礼仪式以及印尼传统的法律中，对印尼的生活有着很大的影响，特别是在维护妇女的社会生活平等地位中发挥着重要作用。在印尼漫漫历史长河中，宗教所带来的影响遍布了整个群岛和村庄。像世界其他地方的文化发展一样，印尼的艺术形式不仅仅起源于其历史传说，其中一部分还是由前王朝的宫廷文化发展演变而来。如巴厘岛文化就整合了宗教仪式的元素。著名的爪哇岛和巴厘岛的舞蹈剧都起源于印度神话和印度古代梵语两大史诗《罗摩衍那》和《摩诃婆罗多》。

六 民俗与节日

（一）饮食

印尼地处热带，不产小麦，所以居民的主食是大米、玉米或薯类，尤其是大米更为普遍。大米除煮熟外，印尼人喜欢用香蕉叶或棕榈叶把大米或糯米，包成菱形蒸熟吃，称为"克杜巴"。印尼人也喜欢吃面食，如各种面条、面包等。

印尼是一个盛产香料的国家，印尼制作菜肴喜欢放各种香料，以及辣椒、葱、姜、蒜等。因此印尼菜的特点一般是辛辣味香。印尼人喜欢吃沙爹、登登、咖喱等。沙爹是牛羊肉串。

印尼盛产鱼虾，吃鱼虾也很讲究。除了煎、炸之外，有的鱼开膛后，在鱼肚里涂上香料和辣酱，然后烤熟吃。吃虾时，把活虾放在玻璃锅内，倒上酒精，点上火，盖锅盖，片刻便把活虾煮熟，然后蘸辣酱吃。

印尼风味小吃种类很多，主要有煎香蕉、糯米团、鱼肉丸、炒米饭及各种烤制糕点。印尼人还喜欢吃凉拌什锦菜和什锦黄饭。印尼人视黄色为吉祥的象征，故黄米饭成为礼饭，在婚礼和祭祀上必不可少。

印尼人吃饭不用筷子，而是用勺和叉子，有时也喜欢用手抓饭。抓饭时，先把米饭盛在盘上，然后用右手指将饭捏成小团，送到嘴里一口一口地吃。饭桌边上要放一碗清水，边抓饭，边不时用手蘸蘸清水，以免使米饭粘在手指上。

（二）服饰

爪哇族和巴厘族的女性，上身穿着简单缝制的衣服，下身则穿着称为"纱龙"的漂亮长裙；男性穿着轻快的衬衫型上衣，以及长裤型的纱龙。印尼女性赤足穿着木屐，上街的时候穿绣花拖鞋，现在也有很多人穿高跟鞋。印尼人喜欢新颖独特、富有趣味和想象力的装饰品，如项链、耳环、手镯、别针等，佩戴在简单朴素的服装上，显得十分耀眼美丽。爪哇男人们在外出或参加庆典时，腰间总要挂着一把精致而漂亮的短剑，这种短剑，在印尼语里称为"格里斯"。在办公室，印尼女子多穿裙子和有袖的短外套，并避免色彩过于鲜艳；男子穿长裤、白衬衫并戴领带。

（三）礼仪与禁忌

1.礼仪

印度尼西亚人很重视礼节，讲究礼貌，"谢谢""对不起""请原谅""请"等敬语经常挂在嘴上。与人见面点头或行握手礼，一般不主动与异性握手。印尼人对来访的客人并不一定要求非送礼不可，但出于礼节，可以送主人一束鲜花，或说上几句感谢的话等。在与印尼人谈话时，要摘掉墨镜，最好避开当地政治、社会和国外对他们的援助等方面的话题。印尼人注重面子，有分歧时不会公开辩论。印尼爪哇人在社交场合接送礼物时用右手，对长辈用双手，受礼后不能当面打开礼品。印尼有敬蛇的习俗，认为蛇是善良、智慧、本领、德行的象征，敬蛇如敬神，也偏爱茉莉花，喜爱带蛇或茉莉花图案的商品。

2.禁忌

印尼人忌讳用左手接触别人的身体、吃东西和指着对方,也不能用左手递送物品,忌用手碰别人头部。忌讳乌龟、老鼠,认为乌龟是一种令人厌恶的低级动物,给人以"丑陋"的印象。认为老鼠是一种害人的动物,给人以"瘟疫"和"肮脏"的印象。爪哇岛人最忌讳有人吹口哨,认为这是一种下流举止,并会招来幽灵。伊斯兰教是印尼的主要宗教,因此许多人忌讳有猪图案的物品,忌食猪肉,不饮酒。除伊斯兰教的一般禁忌外,印尼女子怀孕后有很多禁忌,如孕妇不能吃鲨鱼肉,否则胎儿会奇丑无比;女子有身孕,丈夫不能宰杀鸡,否则婴儿出生后脖子上会有刀痕;妇女分娩时要搬出卧房,搬进村中临时搭盖的棚子里去住,分娩当天与产后三天,只能由巫婆和另外一个女子照料,丈夫和所有男子不能靠近产棚,否则,男子在外出时会挂彩。

(四)重要节日

印尼的法定假日主要有元旦(1月1日)、"命令书"纪念日(3月11日)、国际劳动节(5月1日)、民族节(5月20日)、建国五基诞生日(6月1日)、国庆节(8月17日)、英雄节(11月10日)、开斋节(伊斯兰教历10月1日)、古尔邦节(伊斯兰教历12月10日)等。节日期间,各地举行盛大的庆祝活动。

1."命令书"纪念日

1966年3月11日,苏加诺总统迫于军方和学生的压力,签署了把权力移交给苏哈托的命令书。自此,苏哈托接管政权,建立"新秩序",命令书签署之日被定为纪念日。

2.民族节(5月20日)

1908年5月20日,在雅加达建立了印尼第一个民族组织"崇知社"(也译为"至善社"),旨在宣传教育、以科学救国和进行文化启蒙运动。"崇知社"的成立,标志着印尼民族的觉醒。后来印尼政府把"崇知社"成立的日子定为民族节。

3.建国五基诞生日(6月1日)

1945年6月1日,印尼总统苏加诺提出了"潘查希拉"五基原则,作为印尼建国的指导思想,意义重大。后来把这一天定为建国五基诞生日。

4.国庆节(8月17日)

国庆节又名"独立日"。1945年8月17日是印尼宣告独立的日子,每年这一天都要在总统府前的广场上举行隆重的庆祝仪式,各地也要举行以升国旗为内容的庆祝活动。

5.英雄节(11月10日)

印尼宣布独立不久,英军以接受日军投降为名,试图侵占印尼。11月10日,当英军在泗水登陆时遭到了印尼军民的英勇抵抗。泗水之战使泗水获得了"英雄城"的称号,后来11月10日被定为"英雄节",旨在发扬印尼军民的英勇精神。

七 旅游业

(一)旅游业概况

旅游业是印尼非油气行业中仅次于电子产品出口的第二大创汇行业,也是印尼政府五大优先发展的支柱产业之一。政府长期重视开发旅游景点、兴建饭店、培训人员和简化入境手续。据世界经济论坛发布的《2017年旅游业竞争力报告》显示,印尼旅游业的国际竞争力在全球136个国家和地区中位列第42位,和上一次排名相比上升8位,在旅游价格竞争力方面排名第5位,越来越多的国际游客将目光放在了有着秀丽热带风光的印尼。印尼旅游业正日益繁荣。2017年前5个月,印尼接待外国游客达536万人次,同比增长20.85%。印尼主要的客源国是中国、新加坡、马来西亚、澳大利亚和印度。中国是印尼第一大旅游客源国。为了吸引中国游客,印尼对中国游客免签证,并开通主要景点包机直航。未来除了继续开通更多两地直飞航班外,印尼还将扩大在中国的宣传推广,并加大与中国旅游业界的合作力度。

(二)著名旅游城市和景点

1.雅加达

雅加达意为"胜利和光荣之堡",是印尼的首都,位于爪哇岛西北岸的芝里翁河口,濒临雅加达湾,是全国的政治、经济、文化中心和海陆空交通枢纽,也是印尼和东南亚最大的城市、重要的旅游城市。雅加达是太平洋与印度洋之间的交通咽喉,也是亚洲通往大洋洲的重要桥梁,早在14世纪就已成为初具规模的港口城市,以输出胡椒和香料闻名,当时叫"巽他加拉巴",意思是"椰子",华侨称其为"椰城"。1527年,印尼穆斯林领袖法勒特汉率领人民赶走葡萄牙侵略者,为纪念法勒特汉,便把这个城市改名为"查雅加尔达",简称为"雅加达",1961年改为"大雅加达特区"至今。雅加达建城日为6月22日,每年这一天都要举行大型纪念活动。大雅加达特区面积为650.4平方千米,人口约850万,市区分为两部分,以中央区为界,北面的旧市区称为下城;南面的新市区是国家的行政中心,称为上城。旧市区是繁荣的经济和商业中心,也是主要的旅游区,历史古迹多,有伊斯蒂赫拉尔清真寺等各类寺庙、教堂数百座,有著名的中央博物馆、独立广场、水族馆、植物园、印尼缩影公园、印尼最大的游乐场——安佐尔梦幻公园等著名的旅游景点。

2.巴厘岛

巴厘岛是印尼17000多个岛屿中最耀眼的一个岛,位于印度洋赤道南方8度,爪哇岛东部,岛上东西宽140公里,南北相距80公里,全岛总面积为5620平方千米,是世界著名旅游岛,印度尼西亚33个一级行政区之一。巴厘岛上大部分地区为山地,全岛山脉纵横,地势东高西低。岛上的最高峰是阿贡火山,海拔3142米。巴厘岛是印度尼西亚唯一信奉印度教的地区,岛上80%的人信奉印度教,主要通行的语言是印尼语和英语。沙努尔、努沙-杜尔和库达等处的海滩,是岛上景色最美的海滨浴场,这里沙细滩阔,海水湛蓝清澈。每年来此游览的各国游客络绎不绝。由于巴厘岛万种风情,景物甚为绮丽。因此,它还享有多种别称,如

"神明之岛""恶魔之岛""罗曼斯岛""绮丽之岛""天堂之岛""魔幻之岛""花之岛""千庙之岛"等。巴厘舞蹈及手工艺品在世界艺术史上享有独特地位。

2015年,美国著名旅游杂志《旅游+休闲》的一项调查将印尼巴厘岛评为世界上最佳的岛屿之一。

3.婆罗浮屠寺庙群

婆罗浮屠位于日惹市西北。大约于公元8世纪后半期,由当时统治爪哇岛的夏连特拉王朝统治者兴建。"婆罗浮屠"这个名字的意思很可能来自梵语"Vihara Buddha Ur",意思是"山顶的佛寺"。1006年,因为火山爆发,附近居民纷纷逃离,佛塔群下沉,并隐盖于茂密的热带丛林中近千年,直到19世纪初才被重新发现。20世纪70至80年代,对其进行了大规模的修缮,用计算机技术将石块复位。

婆罗浮屠寺庙群与中国的长城、印度的泰姬陵、柬埔寨的吴哥窟并称为古代东方四大奇迹。

4.巴兰班南

巴兰班南位于日惹市郊,被誉为爪哇最美丽的印度教寺庙古迹,亦是印度尼西亚最大最美的印度教寺庙,是记录印度尼西亚人祖先灿烂文化的载体,与临近的婆罗浮屠一起被列入联合国世界文化遗产。

(三)购物

印尼市场上,除纺织品和服务外,一般商品的价格都不比中国便宜。购买有印尼特色的工艺品和纪念品,都是外国游客的购物选择。印尼的工艺品和纪念品花色品种繁多,各有独特之处。有巴迪布、格里斯短剑、木雕、银制品、铜或铜合金神像、皮影戏傀儡、木偶戏傀儡、景物模型、彩贝制品、丁香串艺术品、天然宝石、装饰扇、牛角制工艺品、果核小工艺品、龙目岛瓷壶等。

工作任务5 马来西亚

 任务导入

阅读某马来西亚4天3晚的行程安排(http://vacations.ctrip.com/tour/detail/p21251536s2.html?kwd=%e9%a9%ac%e6%9d%a5%e8%a5%bf%e4%ba%9a),分析旅行社销售人员如何向客人介绍目的国马来西亚并针对该线路中"游""食""娱"的亮点和特色来推销此线路?

 任务解析

(1)销售人员应该用比较简单的语言介绍马来西亚的概况、著名的旅游景点或旅游城市。

(2)该线路中"游""食""娱"的亮点和特色介绍。

① 该旅游线路中的"游"包含加雅街、星期天市场、沙比岛、马努干岛、沙巴大学、普陀寺、水上清真寺、敦马士达化大厦、丹绒亚路海滩等。

② 该旅游线路中的"娱"包含美人鱼岛出海一日游、九鲁河漂流等。

③ "食"包含渔村风味餐、海鲜大餐等。马来西亚的特色之一是充满异国情调的建筑，特色之二是多人种的混合，特色之三是丰富的饮食文化，马来西亚人民的主食是米饭，但面类也相当普遍。华人食物从街边小摊子到酒店中菜馆，从小食到昂贵的酒席，不一而足，任人选择。小食方面有酿豆腐、虾面、炒猓条、加厘面、清汤粉、薄饼、海南鸡饭、瓦煲鸡饭、馄饨面、香港点心、肉骨茶、槟城辣沙等，种类繁多。

任务拓展

马来西亚华人很多，请分析一下到马来西亚旅游对于中国游客来说有些什么样的便利条件？假如你是旅行社的一名销售人员，有顾客向你咨询去马来西亚旅游有哪些美食可以品尝，你该如何推荐？

相关知识

一 概况

（一）自然地理概况

1.地理位置

马来西亚由马来半岛南部的马来亚与加里曼丹岛北部的沙捞越、沙巴（简称东马）组成。西马中部为山地，东、西两侧沿岸为冲积平原，东北部为广阔的丁加奴高地，南部为丘陵。马来西亚地处北纬1°—7°，东经97°—120°，位于太平洋和印度洋之间，国土面积330257平方公里，海岸线长4192公里。

2.气候

因位于赤道附近，马来西亚属于热带雨林气候和热带季风气候，无明显的四季之分，一年之中的温差变化极小，平均温度在26—30℃，全年雨量充沛，3—6月、10—次年2月是雨季。内地山区年均气温22—28℃，沿海平原温度为25—30℃。

3.地形地貌

马来西亚地势北高南低，沿海为平原，中部为山地，有8条大体平行的山岭纵贯南北，吉保山脉是西马来西亚最大的山体，又叫主山脉，5座2000米以上的山峰高耸其上。半岛西侧的马六甲海峡，是世界上航运量较大、通航历史较久的海峡之一。西海岸是深厚的冲积平原,海拔50米以上,土壤肥沃,是重要的水稻区。河流以吉保山脉为分水岭,分为南海水系和马六甲海峡水系。东马来西亚由沙捞越地区和沙巴地区组成,地势以西南—东北走向的伊班山脉和克罗克山脉为中心,从内地往沿海逐渐降低。沙捞越内地为森林覆盖的丘陵和山地,北部沿海为冲积平原。沙巴地区西部沿海为平原,内地多森林覆盖的山地。

(二)人文概况

1.国名、国旗、国徽、国歌、国花、国树、货币

国名:马来西亚全称马来西亚联邦(Malaysia,前身马来亚),简称大马。

国旗:马来西亚国旗又被称为"辉煌条纹",是马来西亚的国家主权象征之一。国旗由十四道红白相间的横条所组成,左上角为蓝底加上黄色的新月及十四芒星图案。这道旗帜自1963年9月16日马来西亚成立时正式开始启用。

国旗呈横长方形,长与宽之比为2∶1。主体部分由14道红白相间、宽度相等的横条组成。左上方有一个深蓝色的长方形,上有一弯黄色新月和一颗14个尖角的黄色星。14道红白横条和14角星原代表全国14个州,自新加坡在1965年独立后代表全国13个州和联邦直辖区。新月象征马来西亚的国教伊斯兰教。蓝色象征人民的团结及马来西亚与英联邦的关系(英国国旗以蓝色为旗底),黄色象征皇室,红色象征勇敢,白色象征纯洁。

国徽:马来西亚国徽中间为盾形徽。盾徽上面绘有一弯黄色新月和一颗14个尖角的黄色星,盾面上的图案和颜色象征马来西亚的组成及其行政区域。盾面上部列有5把入鞘的短剑,它们分别代表柔佛州、吉打州、玻璃市州、吉兰丹州和登嘉楼州。盾面中间部绘有红、黑、白、黄4条色带,分别代表雪兰莪州、彭亨州、霹雳州和森美兰州。盾面左侧绘有蓝、白波纹的海水和以黄色为地并绘有3根蓝色鸵鸟羽毛,这一图案代表槟榔屿。盾面右侧的马六甲树代表马六甲州。盾面下端左边代表沙巴,图案中绘有强健的褐色双臂,双手紧握沙巴州旗。盾面下端右边绘有一只红、黑、蓝3色飞禽,代表砂拉越州。盾面下部中间的图案为国花——木槿,当地人称"布呢拉亚"。盾徽两侧各站着一头红舌马来亚虎,两虎后肢踩着金色饰带,饰带上书写着格言"团结就是力量"。图案是一只大鹏鸟,鸟背上蹲坐着那莱王。传说中大鹏鸟是一种带有双翼的神灵,那莱王是传说中的守护神。

国歌:《我的祖国》。

国花:木槿。

国树:扶桑。

货币:马来西亚令吉。

2.人口、民族

2016年,马来西亚大约有3000万人口。其中,马来人占68.1%,华人占23.8%,印度人占7.1%,其他种族占1.0%。

3.语言、宗教

马来西亚国语为马来语,通用英语,华语使用较广泛。伊斯兰教为国教,其他宗教有佛教、印度教和基督教等。

二 简史

公元初,马来半岛有羯荼、狼牙修等古国。15世纪初以马六甲为中心的满剌加王国统一了马来半岛的大部分地区。16世纪开始先后被葡萄牙、荷兰、英国占领。20世纪初完全沦为英国殖民地。加里曼丹岛、沙捞越、沙巴历史上属文莱,1888年两地沦为英国保护地。二战中,马来半岛、沙捞越、沙巴被日本占领。战后英国恢复殖民统治。1957年8月31日马来亚联合邦宣布独立。1963年9月16日,马来亚联合邦同新加坡、沙捞越、沙巴合并组成马来西亚(1965年8月9日新加坡退出)。

三 经济发展状况

马来西亚是相对开放的新兴工业化市场经济体。20世纪70年代以前,马来西亚经济以农业为主,依赖初级产品出口。70年代以后不断调整产业结构,大力推行出口导向型经济,电子业、制造业、建筑业和服务业发展迅速。1987年起,经济连续10年保持8%以上的高速增长。1991年提出"2020宏愿"的跨世纪发展战略,旨在2020年将马来西亚建成发达国家。马来西亚是世界上最大的磁盘驱动器生产国,钢铁等重工业仍然是马来西亚的经济支柱之一,胶乳和橡胶工业都是马来西亚的经济强项。马来西亚是生产及出口半导体、视听器材、空调、橡胶产品及人造油产品且这些产品居于领导地位的国家。马来西亚工业经过近年的高速发展已经形成了相当规模的完整的工业体系。制造业是马来西亚最大的生产部门,30多年来,马来西亚制造业发展迅速,制造业以食品制造、电子电器业、木制品业、炼油业、橡胶产品业和非金属矿产品业为主。

四 政治

马来西亚实行君主立宪制(君主立宪制又分为二元君主制和议会君主制,马来西亚属于议会君主制)。因历史原因,砂拉越州和沙巴州拥有较大的自治权。

马来西亚对内外的最高代表称为元首(不规范用词:马来西亚最高元首),政府由国会下议院最大党或联盟所组成,领袖称首相。其政治体制是沿袭自英国的西敏寺制度。

五 文化

(一)文学

马来西亚有悠久的历史、文化,其文学在世界文坛中也有一定的影响。公元初期,马来西亚就流传着许多人民群众喜爱的口头文学,如《会张会合的石头》《吸血人妖》等故事。公元15世纪伊斯兰教传入马来西亚后,给马来西亚文化以很大影响,出现了《先知穆罕默德传》《亚历山大天帝传》等带有伊斯兰教色彩的重要作品。19世纪,以阿卜杜拉·蒙希为鼻祖的马来西亚新文学诞生,代表作有《阿卜杜拉传》《新加坡大火之诗》《加里拉和达美娜的故事》等。19世纪末华侨曾锦文把《三国演义》《水浒传》《西游记》等十多部中国古典小说译成马来文,在马来人中广为流传。当代最著名作家萨农·艾哈迈德从1971年开始连续5年获得国家文学斗士奖,其代表作《满途荆棘》已被译成英文、俄语、荷兰语、丹麦文等多国文字。

(二)戏剧

马来古老戏剧的源头可以追溯到古代马来人的原始宗教仪式。公元14世纪,马来地区开始流传皮影戏。作为综合艺术的马来戏剧产生于19世纪80年代。由于保守势力的阻挠,马来戏剧发展缓慢。自20世纪50年代以来,马来戏剧取得了长足进步。主要经历了邦沙万剧、初期话剧、现实主义戏剧和当代剧四个发展阶段。邦沙万剧如《阿里巴巴与四十大盗》《阿拉丁与神灯》等都是流行剧目。初期话剧,谢德·阿尔威·阿勒哈迪的《伊斯兰英雄塔列·宾·扎依德》编演于1942年,宣扬伊斯兰精神。《马来英雄杭都亚》则颂扬了民族英雄主义;现实主义戏剧如乌斯曼·阿旺的代表剧作《乌达与达拉》是一出描写青年男女纯真爱情的悲剧,谴责了封建制度;当代剧代表作品有诺尔丁·哈山的《茅草并未吹去》、丁士门的《并非自杀》等。

六 民俗与节日

(一)饮食

马来西亚的多元化在食物等方面同样表露无遗。这里汇集了中国、印度、西方、马来西亚本土民族食物,各种风味的美食琳琅满目。马来西亚人民的主要食物是米饭,但面类也相当普遍。马来西亚的饮食与东南亚其他国家的饮食相比,口味更加浓厚一些,喜欢放咖喱和辣椒。因为当地气候炎热潮湿,吃一些辛辣的食物,人体排汗会感到更加爽快。由于信奉伊斯兰教,所以马来人不吸烟,不吃猪肉、自死物或动物的血液。马来人习惯用右手抓饭,进餐前必须把手洗干净,用餐时十分讲究卫生和礼节。总体来说,马来西亚的马来菜肴和印度菜肴比中国菜口味辛辣。

(二)服饰

马来人男女传统礼服分别是:男士着无领上衣,下着长裤,腰围短纱笼,头戴"宋谷"无边帽,脚穿皮鞋;女士礼服也为上衣和纱笼,衣宽如袍,头披单色鲜艳纱巾。除皇室成员外,一般不穿黄色衣饰。打工族为了工作穿着方便,一般着轻便的西服,只有工余在家或探亲访友或在重大节日时,才着传统服装。在各种正式场合,男士着装除民族服装或西服外,可穿长袖巴迪衫。巴迪衫是一种蜡染花布做成的长袖上衣,质地薄而凉爽,现已渐渐取代传统的马来礼服,成为马来西亚国服。

(三)礼仪与禁忌

1.礼仪

传统的马来人的见面礼十分独特。他们在见面时会握住对方的双手互相摩擦,然后将右手往心窝点一点。对不相熟的女士则不可随便伸手要求握手,男子应该向女子点头或稍行鞠躬礼,并且主动致以口头问候。但现在西式的握手问好在马来西亚是最普遍的见面礼,不论在马来人、华人或印度人之间都通用无阻。

在马来西亚，除非主人允许，否则不管是到访马来人、华人或印度人的家，都需在入门前先脱鞋子。到马来人家里做客，如果主人安排在地板上的垫子上就座，男性应盘腿而坐，女性则应把腿偏向左边而坐。

在马来餐厅用餐时若看到餐桌上有一个大大的水壶时，不要误以为是装着饮用水的茶壶，其实里面的水是用来洗手用的。一般马来人都是用右手抓饭吃，所以用餐前及用餐后洗手是马来人餐桌上的基本礼节。

马来穆斯林一般较虔诚，每天都祈祷五次。清真寺是穆斯林举行宗教仪式的地方，对外开放时，女士需穿长袍及戴头巾，否则将被拒之门外。在参观清真寺时必须衣着整齐，女性不可穿着暴露出手臂或腿部的衣服。在进入参观前必须把鞋子脱去。

2. 禁忌

马来人忌食猪肉、饮酒，不可用食指指人，若要指示方向，只能用拇指。与马来人打招呼、握手、馈献礼品或接物时不可用左手。若用左手接物或打招呼，是对他们不敬的举止。马来人忌讳别人触摸其头部，除了教师或宗教仪式外，任何人都不可随意触摸别人的头部。不要把脚底展露在他人面前，用脚底对着人是对别人的侮辱。

(四) 重要节日

马来西亚节日很多，主要节日有开斋节、农历新年（即春节）、国庆节、哈芝节、屠妖节、圣诞节等。

1. 开斋节

开斋节，亦称"肉孜节"或"小节"。与"宰牲节"同为伊斯兰教两大节日。时间为伊斯兰教历10月1日。穆斯林在莱麦丹（第9月）全月斋戒，斋月最后一日寻看新月，见月次日开斋，即为开斋节；如未见新月，则继续封斋，节期顺延，一般不超过3天。

当代，此节在历书上有标志。此日穆斯林们穿上节日盛装，到清真寺参加"会礼"和庆祝活动，恭贺"斋功"胜利完成，互道节日快乐，并馈赠礼品。礼拜仪式规模和气氛均盛于"聚礼"，阿訇应讲经布道。"会礼"后，分头游祖坟，念经文，追悼亡灵。节日中，家家户户炸馓子、油香之类食品，赠送他人。每个家庭应在节日开始前向穷人发放开斋布施。

2. 屠妖节

屠妖节，又称为排灯节、万灯节、印度灯节、印度新年，于每年10月或11月举行，是印度教"以光明驱走黑暗，以善良战胜邪恶"的节日。马来西亚是一个多种族的国家，印度人在马来西亚的人数非常多，所以屠妖节在马来西亚也是很重要的节日，是全体大马人民共同欢庆的日子。这个节日也是印度、新加坡、斐济、毛里求斯、特立尼达、多巴哥和尼泊尔的法定节日。

七 旅游业

(一)旅游业概况

自20世纪90年代以来,马来西亚蓬勃发展的旅游业受到全世界的瞩目。旅游业是马来西亚第三大经济支柱,第二大外汇收入来源。目前中国已成为马来西亚的第三大客源市场。2015年,赴马旅游的中国游客达到167万人次。2016年3月1日起,马来西亚对中国大陆公民推出电子签证与免签政策,最快24小时出证。

(二)著名旅游城市和旅游景点

马来西亚是东南亚扼守马六甲海峡的花园国度,旅游资源十分丰富,阳光充足,气候宜人,拥有很多高质量的海滩、奇特的海岛、原始热带丛林、珍贵的动植物、洞穴、古老的民俗民风、历史文化遗迹以及现代化的都市。

1.吉隆坡

首都吉隆坡市坐落在马来半岛西南沿海,是马来西亚的政治、经济、金融、商业和文化中心,也是全国交通和电信枢纽。吉隆坡是东南亚一座五彩缤纷的著名都市,城市座右铭为"进步与繁荣",面积约243.6平方公里,人口150万,是马来西亚全国最大的城市。城市西、北、东三面环山,巴生河及其支流鹅麦河在市内汇合后,从西南流入马六甲海峡。这里终年如夏,灼热的赤道阳光和常常不期而至的降雨,给这座五彩斑斓、活力四射的城市增添了迷人的色彩。吉隆坡的主要景点介绍如下。

1)吉隆坡双子塔

吉隆坡双子塔是吉隆坡的地标性建筑。塔高452米,共88层,下面是Suria商场,里面商品一应俱全,从平价品牌到奢侈品牌都有。除了购物,还有一个国油展览馆,是一个知识和游戏兼备的科学探索馆。塔下有KLCC公园和水上乐园,公园人造湖的音乐喷泉每隔不久就会喷一次,游客们除了可以在湖边欣赏拍照之外,还可以在KLCC公园楼上的Food Court或Chili's西餐厅的临窗处俯瞰。水上乐园和儿童乐园是在一起的,免费开放,很适合小孩子玩耍,可以穿泳衣或者穿T恤短裤下水。KLCC公园上层是办公楼,游客可以乘坐电梯到达位于41层的Sky Bridge(天桥)和86层的双子塔展厅,从高空俯瞰吉隆坡市全景,但是需要购买门票。

2)独立广场

独立广场位于马来西亚首都吉隆坡。该广场从1961年开始建设,1976年建设完成,是世界上最大的广场之一,广场上建有马来西亚国家纪念碑等建筑。广场周围有许多具有历史价值的建筑物。如苏丹阿卜杜勒·沙马德大厦、雪兰莪皇家俱乐部、国立历史博物馆(原渣打银行大厦)、纪念图书馆、圣公会圣玛利亚座堂和吉隆坡火车总站。

3)国家回教堂

国家回教堂位于火车站西北面的苏丹大道,1965年落成,这是极富伊斯兰艺术的回教堂,是吉隆坡主要的回教堂之一,也是东南亚最大的清真寺。这座以教堂为独特风格的现代设计,表现出回教艺术、书法、知识和装饰的传统美感。最令人瞩目之处则在于其层叠的伞状屋顶,象征一个独立自主国家的雄心和抱负,其73米高尖塔更直指蓝天,精致巍然。

2. 槟城

槟城亦称"槟州",意指岛屿本身,素有"东方花园"美誉。槟城因槟榔岛上的槟榔树而得名。槟城于1786年被英国殖民政府开发为远东最早的商业中心,当时从国外大量引进劳工,也把他们的文化及传统一并带入,造就了槟城现有的独特景色、遗迹和本土风情。今日的槟城,已经是一个反映东西方独特情怀的熙熙攘攘的大都会,并有"印度洋绿宝石"之称。

古迹得以完整的保留使槟城首府乔治市于2008年7月7日荣获联合国文教科组织列为世界文化遗产城市的荣誉。槟城提供的旅游方向较为全面,除了古迹游、探索美食及海滩,另外还有生态旅游、展览与会议、购物以及医疗旅游。槟城的主要景点有槟城蝴蝶园、马来西亚极乐寺等。

马来西亚极乐寺是马来西亚最大的华人佛寺。它依山而建,占地12公顷,也是东南亚最大、最宏伟的佛寺之一。该寺结合了中国、泰国和缅甸三种不同的建筑风格,寺内五彩缤纷的建筑鳞次栉比,无论是当地华人还是游客都乐于前往。

3. 沙巴州

沙巴州位于加里曼丹岛(旧称婆罗洲)东北部。沙巴享有风下之地或是风下之乡之美誉,原因是沙巴的位置在饱受台风肆虐的菲律宾之南,但台风不会经过这里。沙巴属于热带雨林气候,适合全年旅游,尤其是五月,整个月都有不同的庆典活动。沙巴是"东马"婆罗洲上的一座乐园,在这里可以登马来西亚第一高峰、漂流、丛林探险,当然少不了的就是在东南部的诗巴丹潜水。沙巴的主要景点介绍如下。

1)环滩岛

环滩岛是马来西亚沙巴州首府亚庇西北部海域的一个小岛,面积1000英亩,最短直线距离1.8公里,最宽是4.5公里。环滩岛是近几年开发的海岛,之前是私人海岛,岛上的设施都按照比较高的标准修建,是亚庇最高端的海岛。环滩岛因其形状酷似圆环而得名,因为戒指的形状也是圆环,所以很多情侣和新婚夫妻愿意选择到该岛度假、旅行,寓意爱情完美圆满、长长久久。

2)京那巴鲁公园

京那巴鲁公园是马来西亚沙巴州的名胜之一,距离哥打京那巴鲁83公里,俗称神山公园,公园占地754平方公里,院内生态保护非常好,从热带植物到寒带植物,可以说世界上再也找不到这样一个植物生态的会合地。有很多大自然爱好者慕名而来,研究和欣赏这里种类繁多的自然资源。公园内的京那巴鲁山是东南亚海拔最高的山峰,也是沙巴州的骄傲,州首府即以该山命名。

3)诗巴丹岛

诗巴丹岛坐落于东马来西亚南,距离仙本那港36公里的北西里伯海上,地处北纬4度左右,虽极近赤道,却甚凉爽,马来西亚政府向国内外宣传这里是"世界首屈一指的潜水天堂"。诗巴丹岛由火山的造山运动、海底陆块自海深2000米处向上垄起而形成。全岛不到30亩,退潮时整个岛呈马蹄形,走完全岛一圈不超过20分钟,而涨潮后却只剩下不到1/5。诗巴丹犹如朝圣者心目中的麦加一样,沙巴的诗巴丹就像是潜水者心目中的天堂。被誉为全世界潜水人的"麦加圣地""神的水族箱",世界潜水之父雅克——伊夫·库斯托称它是"未曾受过侵犯的艺术品"。

(三)购物

位于吉隆坡著名地标建筑双子塔的购物中心——KLCC是吉隆坡顶尖购物商场,六层高的商场拥有300间国际及本土商家。巨大的KLCC对女生来说简直是天堂——丝芙兰、香奈儿、迪奥、Bobbi Brown、Urban Decade、Nars、MAC、兰芝、后、悦诗风吟等都有专柜;此外,外国游客在Suria KLCC购物会有特别的优惠,只要持护照在咨询台领取一张紫色的游客优惠卡,还可以得到全场近150个品牌的折上折优惠。

马来西亚作为世界主要锡产国,锡制品世界知名。马来西亚的锡制品质地精良,而且价廉物美。锡制品有高脚杯、瓶饰、徽章、小雕像、咖啡盘及烟灰缸。马来西亚的巴迪布,以绢布或以棉布染上各种色彩图案,如有大胆的花卉、蝴蝶、几何图案等,目前更以时髦、新潮的花样设计来迎合消费者。在马来西亚你可以买到各种漂亮的、令人惊叹的手工艺品。

项目三
大洋洲地区

◇知识目标

1. 了解澳大利亚、新西兰的地理位置、气候等自然环境和人口、历史、民俗、经济发展状况等人文概况。
2. 熟悉澳大利亚、新西兰主要旅游城市、旅游景区的概况。
3. 掌握澳大利亚、新西兰主要旅游线路的概况及特色。

◇能力目标

1. 能简单介绍澳大利亚、新西兰的自然与人文概况。
2. 能对目前旅行社推出的澳大利亚、新西兰旅游线路进行推广宣传。
3. 能为客人提供澳大利亚、新西兰的旅游咨询服务。

◇素质目标

1. 培养学生的人文素养。
2. 培养学生的阅读能力、文字表达能力。
3. 培养学生的线路分析、营销等综合职业素养。

工作任务 1　澳 大 利 亚

任务导入

小明今年 10 周岁生日,妈妈给一家人报名参加澳洲 9 日游的旅游团,他开心极了,终于可以一家人去澳洲旅游了,他高兴地把消息告诉了已退休的爷爷奶奶、在公司上班的爸爸和上大二的姐姐……

作为小明妈妈的旅游业务接待员,请问,你应该告诉小明一家准备哪些赴澳旅游的签证资料呢?

任务解析

申请赴澳旅游的团队签证,首先要清楚参团人员的年龄和身份,然后根据参团人员各自的情况准备相应的签证资料。

依照赴澳旅游团队签证所需提供的资料,可将小明一家参团成员分成三部分:① 上学的小明和姐姐;② 上班的爸爸和妈妈;③ 退休的爷爷和奶奶。

首先,小明一家赴澳旅游参团成员都需要提供的资料有:① 护照(半年以上有效期的个人因私护照,需在签证过期后还应至少有 6 个月的有效期,护照末页有本人签名);② 照片(近半年内的 2 寸白底免冠彩照 2 张,可清晰看见脸部细节);③ 签证资料表(信息请填写完整,尤其是家庭成员表);④ 健康品格表;⑤ 户口本(全家户口本的复印件)。此外,16 周岁以上申请人需提供身份证正、反面复印件。

其次,上学的小明和姐姐需要额外提供的资料有:① 出生证原件彩色扫描件;② 学生证复印件;③ 学校准假信。

再次,上班的爸爸和妈妈需要额外提供的资料有:① 公司营业执照(营业执照副本或法人单位机构代码证复印件加盖公章及年检章);② 银行流水单(6 个月以上的工资卡银行流水单余额最少五万或用银行存款证明或早期存入在有效期内的定期存单或活期存折或理财产品的复印件作为余额补充);③ 财产证明(为使签证利于签出,请提供尽可能多的财产资料、房产证或机动车行驶证可作为补充经济证明);④ 结婚证复印件;⑤ 准假信。

最后,退休的爷爷和奶奶需要额外提供的资料有:① 结婚证复印件;② 退休证复印件。

任务拓展

(1)根据澳大利亚的景点知识,请设计一款 12 日游的澳大利亚夏令营旅游产品。
(2)澳大利亚旅游购物必买清单,你知道多少呢?

一 概况

(一)自然地理概况

1.地理位置

澳大利亚位于南半球大洋洲东部,处于南太平洋和印度洋之间,由澳大利亚大陆和塔斯马尼亚岛等岛屿及海外领土组成,是世界上最大的岛国,面积769.2万平方千米,占大洋洲的绝大部分。东濒太平洋的珊瑚海和塔斯曼海,西、北、南三面临印度洋及其边缘海。

2.气候

澳大利亚北部属热带气候,西部和中部是热带和亚热带沙漠气候,东部主要是温湿的亚热带气候,东南部是温带气候,南部是地中海气候。各地温差极大,东北部内陆的克隆卡里气温曾高达53℃,为澳洲有记录以来的极端最高温度,而夏洛特隘口曾出现−23℃,为极端最低温度。年均降雨量465毫米,是除南极外降雨量最少的大陆。由于干旱缺水,中部大部分地区不适宜人类居住。

3.地形地貌

澳洲大陆平均海拔低于300米,分为东部山地、中部平原和西部高原三个地区。占大陆面积三分之二的西部高原有三分之一是沙漠,东部高地山脉绵延,而大陆中央则是平坦的低地。最高峰科修斯科山海拔2230米。中部的埃尔湖是澳大利亚的最低点,湖面低于海平面12米。墨累河和达令河是澳洲最长的河流。东部沿海有全世界最大的珊瑚礁大堡礁。

(二)人文概况

1.国名、国旗、国徽、国歌、国花、国鸟、国树、货币

国名:澳大利亚,全称"澳大利亚联邦"。在拉丁文中意为"南方的土地",欧洲人在17世纪初发现这块大陆时,误以为这是一块直通南极的陆地,取名"澳大利亚"。

国旗:澳大利亚国旗呈横长方形,长与宽之比为2∶1,旗地为蔚蓝色,靠旗杆的左上方是红白"米"字,"米"字下面为一颗较大的白色七角星。旗的右边为五颗白色的星,其中一颗小星为五角,其余均为七角。澳大利亚为英联邦成员国,国旗的左上角为英国国旗图案,表明澳大利亚与英国的传统关系。一颗最大的七角星象征组成澳大利亚联邦的六大洲和联邦区。五颗小星代表南十字星座,为"南方大陆"之意,表明该国处于南半球。

国徽:澳大利亚国徽图案左边是一只袋鼠,右边是一只鸸鹋,这两种动物均为澳大利亚所特有,是国家的标志、民族的象征。中间是一个盾,盾面上有六组图案分别象征这个国家的六个州。盾形上方为一枚象征英联邦国家的七角星,周围饰以澳国国花金合欢。底部的绶带上用英文写着"澳大利亚"。

国歌：《前进！美丽的澳大利亚》。
国花：金合欢。
国鸟：琴鸟。
国树：桉树。
货币：澳大利亚元（AUD）。
澳大利亚以绿色和金黄色作为国色。

2.人口、民族

澳大利亚人口约 2395.7 万人次（2017 年）。居民中，大部分是英国及爱尔兰后裔，还有亚裔（其中华裔约占 4%）、土著居民等其他民族居民。

3.语言、宗教

澳大利亚官方语言是英语。澳大利亚的居民大多数信奉基督教（占总人口的 75% 以上），也有人信仰犹太教、伊斯兰教和佛教。

二 简史

澳大利亚最早的居民为土著人。1770 年，英国航海家詹姆斯·库克抵达澳大利亚东海岸，宣布英国占有这片土地。1788 年 1 月 26 日（1 月 26 日被定为国庆日），英国首批移民抵澳，开始建立殖民地。1990 年 7 月，英国议会通过《澳大利亚联邦宪法》和《不列颠自治领条例》。1901 年 1 月 1 日，澳各殖民区改为州，成立澳大利亚联邦。1931 年，澳成为英联邦内的独立国家。1986 年，英议会通过《与澳大利亚关系法》，澳获得完全立法权和司法终审权。

1972 年 12 月 21 日，澳大利亚与中国建立外交关系。

三 经济发展状况

澳大利亚有"骑在羊背上"和"坐在矿车上"之美称。矿产资源丰富，是世界重要的矿产资源生产国和出口国。铅、镍、银、钽、铀、锌的储量居世界首位，是世界最大的烟煤、铝矾土、铅、砖石、锌及精矿出口国。农牧业发达，是世界最大的羊毛和牛肉出口国。渔业资源十分丰富，是世界第三大捕鱼区。

四 政治

澳大利亚的国体承袭英国的君主立宪制，政治体制为议会制。国家元首是英国女王。总督根据澳大利亚政府的提名，由女王任命，为法定的最高行政长官。联邦政府和议会负责各种涉及全国利益的事务。联邦议会是双院制的立法机构，议员由公民选举。内阁由总理主持，内阁会议不拘形式，秘密举行。

澳大利亚主要政党有工党、自由党、国家党。

五 文化

(一)文学

澳大利亚政府在"自由、民主、公正"的原则下倡导多元文化政策。这一特色一方面反映在土著人的绘画、文学和音乐中,另一方面又在从西方传统中吸收来的艺术、文学、现代舞蹈、电影、歌剧和戏剧中得到了体现。亚太地区的文化是影响澳洲文化的一个重要因素。在现代英语著作方面,澳大利亚的文学作品在国际上享有盛誉。澳大利亚的作家们的文学创作活动日益兴盛,长篇、中篇、短篇小说作品不断问世,曾多次获奖,著名作家帕特里克·怀特获得1973年诺贝尔文学奖,使澳大利亚文学在世界产生了新的影响。

(二)体育

澳大利亚人酷爱运动,认为体育运动才是生活,对运动不感兴趣是衰颓的表现。冲浪、帆板、赛马、滑雪、钓鱼都有众多的热衷者和爱好者。澳式橄榄球、网球、滚球、游泳、钓鱼都是热门项目。特别是网球和游泳最受澳大利亚人的青睐。在历次奥运会上,游泳都是澳大利亚队的重点夺金赛事,澳大利亚代表团几乎有1/3的奖牌来自游泳。澳大利亚与英、法、美三国并称世界四大网球王国。澳大利亚人赛马成癖,赛事频繁,赌马之风盛行。全国性的跑马锦标赛于每年11月第一个星期二在墨尔本城西举行,届时,整个澳大利亚进入一种如痴似狂的状态,当日也成为约定俗成的全国性假日。

六 民俗与节日

(一)饮食

澳大利亚国内居民95%为英国移民的后裔,因此生活及饮食习惯基本与英国人相似。澳大利亚人以面食为主食,口味喜欢酸甜味,不喜欢太咸。爱吃鱼类的菜肴,不吃辣味。喜爱中国风味的清汤饺子和中国的淮扬菜、浙菜、沪菜、京菜。

澳大利亚一些岛屿上的人把黏土视为美味佳肴,招待远方来客的最好食物就是各色黏土。澳大利亚土著嗜好嚼猪笼草,每当聚会之时,都以此来互相款待共同咀嚼。他们还有食"蜜蚁"昆虫的习惯。

(二)服饰

澳大利亚人除了在极为正式的场合穿西装、套裙之外,平时一般穿着T恤、短裤,或者牛仔装、夹克衫。由于阳光强烈,他们在出门时,通常喜欢戴上一顶棒球帽来遮挡阳光。

在澳大利亚的达尔文市,当地居民的穿着自成一体,他们在正式场合一定要穿衬衫、短裤和长袜。这种穿法,当地人叫做"达尔文装"。

澳大利亚的土著居民平时习惯于赤身裸体,至多在腰上扎上一块围布遮羞。但他们通常要佩戴额箍、鼻针、臂环、项圈等多种饰物,有时他们还会在身上扎上一些羽毛,并且涂上各种颜色。

有趣的是,由于澳大利亚地处南半球,季节正好与北半球相反,所以,澳大利亚人穿着与北半球的人相反。如在欢度圣诞节的时候,澳大利亚人要穿夏装。

(三)礼仪与禁忌

1.礼仪

澳大利亚人通行西方礼仪。一般行握手礼,喜欢紧紧地热烈握手,并彼此以名字相称。有些土著居民握手时是由两人中指相互勾住,而不是以整个手掌相握。

澳大利亚人有强烈的社会责任感,高度重视集体的努力。平等意识较强,交往时应注意一视同仁,乘出租车必须有一人与司机并排坐,以示尊重。事先约会是必要的,必须准时赴约。交谈时应回避政治、宗教和个人私事等话题。

2.禁忌

忌讳竖大拇指表示赞扬。忌讳对人眨眼,即使是很友好地向人眨眼(尤其是妇女),也被认为是极不礼貌的行为。忌讳兔子及兔子图案,认为兔子是一种不吉祥的动物。讨厌数字"13",认为"13"会给人们带来不幸和灾难。忌讳自谦的客套语言,认为那是虚伪和无能或看不起人的表现。忌讳送菊花、杜鹃花、石竹花和黄颜色的花。

伊斯兰教徒恪守教规,禁食猪肉和使用猪制品。

(四)重要节日

澳大利亚重要的国家节日有国庆日(1月26日)。其他的传统节庆主要有元旦、复活节、澳纽兵团日(4月25日)、女王诞生日(6月9日)、圣诞节、开盒节(12月26日)等。

七 旅游业

(一)旅游业概况

旅游业是澳大利亚发展较快的行业之一。著名的旅游城市和景点遍布澳大利亚全国。得益于近年来不断下跌的澳元汇率和亚洲游客的数量飙升,澳大利亚旅游经济已进入"发展黄金期"。目前旅游业成为澳洲第三大出口业、第一大服务出口业,旅游业在GDP中的占比甚至超过农业。据《澳大利亚金融投资报》最新数据显示,2015年访问澳大利亚的游客人数达到710万人次,其中来自中国的游客数量已超过92.8万人次,占海外游客总数的13%。澳大利亚贸易委员会预测,到2025年,澳大利亚将迎接来自英国、美国、中国、新加坡、韩国和印度等国家的总计上千万名海外游客的访问。

相关统计数据显示,中国在来澳海外游市场中占据了巨大比例,中国游客数量几乎呈现指数增长。从2010年开始,来澳中国游客便以年增约40万人次的速度上涨,当前,来澳中国游客总数已接近100万人次。中国市场也已超过日本、美国和英国,成为仅次于新西兰的澳洲第二大海外游客市场。

(二)著名旅游城市和旅游景点

1.堪培拉

堪培拉是澳大利亚首都,位于澳大利亚山脉区的开阔谷地上,面积2395平方千米,人口32.5万。堪培拉是一个年轻的城市,1913年按规划始建,1927年联邦政府从墨尔本迁于此,为全国政治中心。堪培拉城市50%以上的面积为国家公园或保留地,四周森林环绕,邻近风光秀丽的乡村,是一个环境优雅的现代化都市,享有"天然首都"的美誉。

格里芬湖。格里芬湖位于堪培拉市中心,1963年建成人工湖。周长35千米,面积为704万平方米,以堪培拉市的规划建造设计师伯利·格里芬的名字命名。湖心有为纪念库克船长上岸200周年而建的"纪念库克船长喷泉",喷泉水柱可高达137米。湖中阿斯彭岛上的钟塔是英国为纪念堪培拉奠基50周年而赠送的。

国会大楼。国会大楼位于堪培拉市中心,是世界上最著名的建筑之一,是堪培拉的标志性建筑。其建于1988年,占地32万平方米,建筑面积25万平方米。建筑花岗岩外墙与国会山的形状配合得天衣无缝,整个建筑的核心是矗立在大厅顶上的不锈钢旗杆,高达81米,直插云霄。

2.悉尼

悉尼是新南威尔士州的首府、澳大利亚第一大城市,面积2400平方千米,人口约420万。位于围绕杰克逊湾的地丘之上,是用当时英国内务大臣悉尼子爵的名字命名的。两百多年前,这里是一片荒原,经过两个世纪的艰辛开拓与经营,它已成为澳大利亚最繁华的现代化、国际化城市,有"南半球纽约"之称。悉尼是澳大利亚最大的经济中心,工商业发达。铁路、公路和航空网与广大内地相通,有定期海、空航线与世界各国相联系,为澳大利亚的重要门户。

悉尼歌剧院。悉尼歌剧院屹立于悉尼港畔的贝尼朗岬角之上,为风帆形。三面临水,面对大桥,背倚植物园,其外形宛如一组扬帆出海的船队,又如一组白色巨型贝壳。自1973年建成以来,一直以造型新颖、风姿绰约著称于世。

悉尼谊园。悉尼谊园坐落于悉尼市达令港畔,与"中国城"毗邻。是1988年澳大利亚建国200周年前夕,在悉尼华人社团倡议下兴建的中国花园,是中澳两国人民友谊的象征。

澳大利亚博物馆。澳大利亚博物馆位于悉尼市中心海德公园对面,是一个享有国际声誉、注重自然历史和土著居民研究的博物馆,为澳大利亚最大的自然历史博物馆。该馆建于1827年,藏品极为丰富,主要收藏和展出各种动植物标本,收藏标本约875万件。

3.布里斯班

布里斯班是澳大利亚第三大城市、全国最大海港、昆士兰州首府及澳大利亚主要的工商业中心。位于布里斯班河下游两岸,市中心距河口25千米,面积2494平方千米,人口约112万。由于这里有不少树袋熊(考拉)的保护区,又称为"考拉之都"。布里斯班有许多植物园和公园,如女王花园、维多利亚公园、考拉动物园等,是休憩和观光的好去处,风光奇特的黄金海岸和大堡礁每年吸引着世界各地成千上万的游客。

黄金海岸。其距布里斯班市区 96 千米,绵延 42 千米,是由数十个美丽沙滩组成的度假胜地。黄金海岸属亚热带海洋气候,终年阳光普照,空气湿润,一年四季都适宜旅游。

大堡礁。大堡礁延绵 2000 千米,是世界上最大、最长的珊瑚礁区,是世界著名的自然景观之一,也是澳大利亚人最引以为自豪的天然景观。又称为"透明清澈的海中野生王国"。

4.墨尔本

墨尔本是澳大利亚第二大城市、维多利亚州首府、澳大利亚的工业重镇。墨尔本城市布局整齐美观,摩天大楼鳞次栉比,绿化覆盖率高达 40%。1901 年至 1927 年,墨尔本曾经是澳大利亚的首都,为澳大利亚的文化名城。

墨尔本皇家植物园。墨尔本皇家植物园位于墨尔本市中心,建造于 1845 年,占地 40 万平方米。以 19 世纪园林艺术布置,汇集了 3 万多种奇花异草。

大洋路。大洋路位于墨尔本西南,是一条全长近 300 千米的海滨公路。1932 年竣工,开辟在悬崖峭壁中,沿途奇景迭出。1980 年被定为国家自然公园,对游客开放,是世界著名的观光景点之一。

企鹅岛。企鹅岛又名菲利浦岛,位于墨尔本东南 124 千米的海上,为天然动物保护区。这里是小企鹅的栖息地,可以观看到难得一见的企鹅登陆。

5.珀斯

珀斯是西澳大利亚州首府,位于澳大利亚西南角的斯旺河畔,东临达令山,西濒印度洋,背山面海,面积 5400 平方千米,人口约 143 万。珀斯是黑天鹅聚集的地方,有"黑天鹅城"之称。珀斯有很多著名的海滩,当中较负盛名的为日落海岸。

6.阿德莱德

阿德莱德是南澳大利亚州首府和港口,人口 112 万,是澳大利亚第四大城市,位于州洛夫蒂山地与圣文森特湾间的滨海平原上。整个市中心被公园绿地包围,市区内有许多保存完好的历史建筑。阿德莱德被称为"教会城""南半球的雅典",还有"节庆之州"的美誉。位于市区北部的节庆中心,是阿德莱德的地标之一。

(三)购物

悉尼的主要特产有蛋白石、羊毛和羊皮制品、土著人艺术品、时装、葡萄酒。维多利亚女王大厦内有超过 180 家的商店餐厅,是澳大利亚最具特色的购物中心,此外还有皮特街购物中心、卡斯尔雷购物中心。最大的综合购物中心在黄金海岸,那里有无数的时装店、珠宝店和书画工艺品店。布里斯班的皇后大街是繁华的商业中心。珀斯汇集购物中心、伦敦街、许多商店供应品牌时装、旅游纪念品和土著艺术品。悉尼的岩石区有情趣独特且只有周末才有的市集。

工作任务2　新　西　兰

任务导入

网上搜索并观看新西兰毛利人歌舞表演视频，谈谈你对新西兰毛利文化的认识。

任务解析

1.毛利文化概述

被称为"波利尼西亚人"的毛利人是新西兰最早的居民，在新西兰，毛利文化深深地影响着整个国家的生活。毛利人的迎宾舞蹈是新西兰官方迎接贵宾的最高礼仪；毛利人的碰鼻礼和纹面广为人们所知。

2.毛利艺术文化

(1)毛利人是天生的艺术家，尤其在音乐和舞蹈方面有独到之处。他们从传教士那里学习赞美歌的旋律和和声，再经过巧妙的运用，发展成毛利人明朗愉快的音乐。

(2)在美术方面，木雕表现了毛利的文化特征，无论是独木舟上的雕刻，还是村寨入口处的雕刻，以及集会场所前面及周围的雕刻等，都充分显示了毛利人已将雕刻艺术融入日常生活中。目前，这种木雕品已成为馈赠的最佳礼物。

(3)毛利人的石雕也很著名。最有名的是在新西兰绿石上雕刻提基神像，该绿石被毛利人视为护身符，非常珍贵。

3.毛利人独特的礼仪文化

(1)新西兰毛利人欢迎客人的方式很特别。有一种"家庭式"的欢迎仪式。这是最古老的迎宾礼，也是最为隆重的礼仪。开始时，会场一片寂静，男女整齐地列队两旁。在一阵长时间沉寂以后，突然走出一位赤膊光脚的中年人，先是一声宏亮的吆喝，接着引吭高歌。歌声刚落，年轻的姑娘们翩翩起舞，舞姿优美，周围的人低声伴唱。歌停舞罢，他们就一个个走过来同客人行"碰鼻礼"，鼻尖对鼻尖，互碰三次，欢迎会进入高潮。

(2)还有一种"挑战式"欢迎仪式。欢迎者全部着民族装扮，为首的赤膊光足，系着草裙，脸上画了脸谱，手持长矛，一面吆喝，一面向客人挥舞过来，并不时地吐舌头。临近客人时，将一把剑或是绿叶枝条投在地上。这时，客人必须把它拾起来，恭敬地捧着，直到对方舞毕，再双手奉还。

毛利文化是一种充满故事和传说的口头文化，它的独特魅力已经成为新西兰的标志，到新西兰的游客也必会到毛利人会场一睹风采。

任务拓展

从网上搜索某条"新西兰南北岛 8 日游"的行程,从"吃、住、行、游、购、娱"六方面,说说新西兰旅游行程的特色。

相关知识

一 概况

(一)自然地理概况

1.地理位置

新西兰位于南半球太平洋南部,西隔塔斯曼海与澳大利亚相望,东邻汤加、斐济。由北岛、南岛、斯图尔特岛及其附近一些小岛组成。面积 27 万多平方千米,专属经济区 120 万平方千米。

2.气候

新西兰属于温带海洋性气候,南北纵贯多个气候区,夏季气温约 25℃,冬季气温约 10℃,全年温差一般不超过 15℃,但昼夜温差较大。西部冬季多雨,东部相对干燥,年均降水量东海岸仅 500 毫米,而南岛沿海地区可达 5000 毫米。

3.地形地貌

新西兰境内多山,山地和丘陵占其总面积的 75% 以上,天然牧场或农场占国土面积的一半。北岛多火山和温泉,有新西兰最大的湖泊陶波湖,面积 616 平方千米。南岛多冰河与湖泊,有全国第一峰库克山,世界上海拔最低的冰川南阿尔卑斯山中的弗朗茨·约瑟夫和富克斯冰川和系列冰川湖。

(二)人文概况

1.国名、国旗、国徽、国歌、国花、国鸟、国石、货币

国名:新西兰。新西兰一词意为"新的海中陆地",华侨称为"息辣"(马来语意为"海峡"),又因岛小而称为"星洲""星岛"。

国旗:新西兰国旗呈横长方形,长与宽之比为 2∶1,旗地为深蓝色,靠旗杆的左上方为英国国旗红白色的"米"字图案,右边有四颗镶白边的红色五角星,四颗星排列均不对称。红白"米"字图案表明同英国的传统关系;四颗星表示南十字星座,表明该国位于南半球,象征独立和希望。

国徽:新西兰国徽中心图案为盾徽。盾面上有五组图案:四颗五角星代表南十字星座,象征新西兰;麦捆代表农业;羊代表该国发达的畜牧业;交叉的斧头象征该国的工业和矿业;三只扬帆的船表示该国海上贸易的重要性。盾徽右侧为手持武器的毛利人,左侧是持有国旗的欧洲移民妇女;上方有一顶英国伊丽莎白女王二世加冕典礼时戴的王冠,象征英国女王也是新西兰的国家元首;下方为新西兰蕨类植物,绶带上用英文写着"新西兰"。

国歌:《上帝保佑新西兰》。

国花:银蕨。

国鸟:几维鸟。

国石:绿石,又称绿玉。

货币:新西兰元(NZD)。

2.人口、民族

新西兰人口约464.8万(2017年)。其中欧洲移民后裔占80%,土著居民毛利人占14.5%,华侨和华裔各占2.2%。85%的人生活在城镇里,是世界上都市化程度较高的国家之一。约有75%的新西兰人居住在北岛。

3.语言、宗教

新西兰官方语言为英语和毛利语,通用英语,毛利人讲毛利语。70%的居民信奉基督新教和天主教。

二 简史

被称为"波利尼西亚人"的毛利人是新西兰最早的居民。14世纪,毛利人从波利尼西亚来到新西兰定居,并用波利尼西亚语"Aotearoa"做了它的名字,意思是"白云朵朵的绿地"。1642年,荷兰航海家阿贝尔·塔斯曼在此登陆,把它命名为"新泽兰"。1769—1777年,英国人詹姆斯·库克船长先后五次来到新西兰,此后英国向这里大批移民并宣布占领新西兰,把海岛的荷兰文名字"新泽兰"改成英文"新西兰"。1840年起新西兰成为英国殖民地。1907年新西兰独立,成为英联邦的自治领,但政治、经济、外交仍受英控制。1931年,英国议会通过《威斯敏斯特法案》,根据这项法案,新西兰于1947年获得完全自主,仍为英联邦成员。

1972年12月22日,新西兰与中国建立外交关系。

三 经济发展状况

新西兰是经济发达国家,畜牧业是其经济的基础,新西兰牧场占国土的一半以上,因而有"世界最大牧场"之称。羊肉、奶制品、羊毛出口居世界首位,人们戏言"新西兰=奶桶+肉库"。粮食自给不足。猕猴桃的故乡在中国,20世纪初传入新西兰,如今产量已居世界第一位。林业是第三大出口产业。新西兰是世界上较富裕的国家之一,是典型的高福利、高消费、高通货膨胀的"三高"国家。早在1898年就实行养老金制度,1938年建立起全面的社会福利制度。

四 政治

新西兰是英联邦成员国。国家元首是英国女王,总督由女王任命新西兰人担任,作为其代表行使管理权。总督与内阁组成的行政会议是最高行政机构。行政会议由总督主持。内阁掌握实权,由议会多数党组成。新西兰无成文宪法,由英国议会和新西兰议会先后通过的一系列法律和修正案以及英国枢密院的某些决定所构成。立法权属于一院制的众议院。

新西兰主要政党有新西兰国民党、新西兰工党、新西兰共产党。

五 文化

(一)绘画

新西兰的艺术与文化源自各个种族,产生了结合毛利人、欧洲人、亚洲人和大洋洲人的特质。新西兰的艺术圈反映了这种融合。新西兰最有价值的绘画中,有些是由查尔斯·高第(Charles Goldie)于十九世纪所画的毛利人画像。画家柯林·麦卡宏(Colin McCahon)的作品使用了文字、基督教肖像与毛利语言以及神话,他被许多人认为是新西兰最伟大的艺术家。许多艺廊除了展出这些作品,还有其他艺术家的作品,如雷尔夫·哈特雷(Ralph Hotere)和葛雷姆·希尼(Grahame Sydney)。

(二)影视

好莱坞有史以来的最大制作《魔戒》是由彼得·杰克逊(Peter Jackson)在新西兰拍摄,新西兰的地方电影工业随着这部巨片的成功而持续成长中。《魔戒》三部曲的前两部共得到六座奥斯卡奖,而第三部《王者归来》也于2003年12月上映。新西兰的风景出现在这一系列电影中,其中许多取景地位于新西兰的国家公园与保护区内。

根据维提·伊希玛埃拉原著小说改编,由妮基·卡罗(Niki Caro)执导的电影《鲸骑士》(Whale Rider)在2002年的多伦多国际影展里令观众大为惊艳,并得到观众票选最佳电影。这部电影描绘了一个小毛利村落的生活,并加入了梅塔回提(Mai Tawhiti)的表演,他们是一个卡帕哈卡(kapa haka)表演艺术团体。《鲸骑士》拍摄地点在东部地区吉斯伯恩的一个小村庄,这里也是全世界最早看到一天日出的地方。《鲸骑士》是凯萨·卡斯特-休伊斯(Keisha Castle-Hughes)的处女作,因为在这部电影的精彩演出,她获得了奥斯卡最佳女主角提名,并成为历史上获得该奖项提名最年轻的演员。

新西兰影坛的大制作还有彼得·杰克逊重拍的巨片《金刚》,该片于2005年12月上映。出生于新西兰的安德鲁·亚当森以动画片《史瑞克》而闻名,他导演拍摄了《纳尼亚传奇》,根据利维斯(C.S.Levis)奇幻小说《纳尼亚故事集》改编而成,这部电影在2005年12月上映。该片在新西兰很多著名的地点选景,包括了奥克兰的伍德山森林(Woodhill Forest),坎特伯雷的羊群山车站(Flock Hill Station)和邓特伦(Duntroon)附近的大象岩石区(Elephant Rocks)。

(三)音乐

新西兰的音乐也吸引了全世界的注意。几个乐团如达桑氏(The Datsuns)、The D4、大洋洲人(Pacifier)和阿尼卡摩瓦(Anika Moa),都与国际唱片公司签了约。默瓦娜·玛妮亚波脱(Moana Maniapoto)和她的部族乐团(The Tribe)以毛利原音赢得国外的赞誉。除了流行乐团"拥挤之屋"(Crowded House)的团长尼尔·芬(Neil Finn)之外,新西兰歌剧歌手丹·奇里·蒂·卡那瓦(Dame Kiri Te Kanawa)和丹·玛维那·梅杰(Dame Malvina Major)都在国外演出。歌手海莉·韦斯特娜(Hayley Westenra)的专辑《纯净》,发行第一周就登上英国古典排行榜第一名,卖得比著名男高音帕瓦罗蒂和波伽利的专辑还好。

(四)体育

橄榄球是新西兰最受欢迎、影响最大的体育运动,新西兰国家橄榄球队因其一身全黑色的标志性队服而被称为"全黑队"。新西兰国家队曾经夺取过橄榄球世界杯冠军,并且长期名列世界前茅。2007 年 9 月 28 日,来访的中国人民解放军还专门与新西兰海军举行了一场橄榄球友谊赛。2011 年橄榄球世界杯赛也将在新西兰举行。

新西兰的极限运动与探险旅行非常有名。早在 1988 年,南岛的皇后镇便建立了全球第一座商业化的高空弹跳场。登山也是颇为流行的运动,最有名的登山家是艾德蒙·希拉里爵士,他是全球第一位成功攀登珠穆朗玛峰峰顶的人。

六 民俗与节日

(一)饮食

新西兰以洋芋和肉类为主食,传统菜以鹿肉、羊肉和猪肉为主,口味清淡。沿海城市随处可见海鲜馆。制作"烧石烤饭"的原料有芋头、南瓜、白薯、猪肉、牛排、鸡、鱼等,在铁丝筐内分层一次烧制成,然后撒上盐、胡椒粉等食用。新西兰对酒类限制很严,但啤酒销量相当大,平均每人每年要喝 110 升啤酒。新西兰人嗜好饮茶,一天至少 7 次,茶馆遍布各地,许多单位都有专门的用茶时间。新西兰人喜欢中国的苏菜、京菜和浙菜。

(二)服饰

作为欧洲移民后裔,新西兰人日常以穿着欧洲服装为主,讲求衣着的舒适和庄重。一般情况下,穿着比较简单和随意,如遇外出应酬或较为隆重的场合,男性一般穿西装,而女性则一定要化妆,并穿礼服。女性在打高尔夫球时,会穿裙子前往。

(三)礼仪与禁忌

1.礼仪

新西兰人相见时,一般行握手礼,有时也行鞠躬礼,鞠躬方式独具一格,要抬头挺胸的鞠躬。新西兰的毛利人会见客人的最高礼节是施"碰鼻礼",碰鼻子的次数越多、时间越长,礼就越重。

约会须预先约定,客人应早点到达。喜欢谈论国内和国际政治局势、天气以及体育运动,应回避种族等话题,不要把新西兰作为澳洲或澳大利亚的一部分。

2.禁忌

忌讳数字"13"。忌讳男女同场活动,即使看戏或看电影,也分为男子场和女子场。当众剔牙和咀嚼口香糖被视为不文明举止;当众闲聊、吃东西、喝水、抓头皮、紧裤带等行为被视为失礼的举止。新西兰的毛利人对有人给他们照相极为反感。不喜欢吃带黏汁或过辣的菜肴。

(四)重要节日

新西兰的主要节日有1月1日的新年,2月6日的怀坦吉日,为纪念1840年签定《怀唐伊条约》,4月14—17日的复活节,4月25日的澳新军团日,为纪念澳新军团在加里波利登陆,10月25日的劳动节及12月25日的圣诞节。

新西兰民族特色浓厚的节庆是毛利人新年、镇冬之祭、丹尼丁巧克力狂欢节以及扇贝节、美酒海鲜节、圣诞乡村游园会。

1.毛利人新年

毛利人新年是延续千年的传统节日,类似于中国的"冬至",新西兰各地都展开各种方式的庆祝活动,活动持续三四天,人们载歌载舞,制作毛利族的传统手工艺品、丰盛的食物以及香醇的美酒不可或缺,毛利人还到森林和保护区中去学习和识别各种花草树木,同时收集种子和幼苗,以备明年春天栽培;在全家团聚的日子里,更要抚今追昔,缅怀先祖。

2.镇冬之祭

镇冬之祭在每年的6—7月举行,在10天的节日盛会里,处处都是跳舞聚宴的欢乐场景,还举行许多山地活动、街头派对、烟花表演、现场音乐会、喜剧表演、戏剧演出、家庭娱乐等活动。

3.丹尼丁巧克力狂欢节

丹尼丁巧克力狂欢节在7月举行,为期一周,狂欢节以巧克力为主题,如巧克力艺术班、巧克力疗法和巧克力面膜等,还有烹饪展示和戏剧表演。

七 旅游业

(一)旅游业概况

新西兰位于世界上旅游业发展最快的地区。优越的地理位置和美丽的自然风光使其从旅游业的蓬勃发展中获益匪浅,并且表现出显著的增长前景。新西兰统计局发布的数据显示,2017年8月新西兰接待国际游客23.4万人次,较去年同期增长6%,创历史同期最高纪录。统计显示,2017年8月新西兰接待的国际游客中,来自澳大利亚和中国内地的游客增长最多,分别比去年同期增加5200人次和3100人次。数据还显示,在截至2017年8月的12个月里,新西兰接待国际游客370万人次,比上一年增长9%。在此期间,抵达新西兰的中国内地游客为40.42万人次,与上一年持平。此外,截至2017年8月的12个月里,新西兰居民海外出行280万人次,较上一年增长11%。

(二)著名旅游城市和旅游景点

1.惠灵顿

惠灵顿是新西兰首都,位于新西兰北岛的最南端,扼库克海峡咽喉,面积约266平方千米。三面环山,一面临海,环抱着尼科尔逊港。整个城市满目苍翠,空气清新,四季如春。惠灵顿地处断层地带,除临海有一片平地外,整个城市依山建筑。1855年一次大地震曾使港口受到严重破坏。现在的惠灵顿是1948年后重建的。

惠灵顿濒临海湾,加之地势较高,时常受到海风的侵袭,一年之中大部分日子都刮风,因而有"风城"之称。

2.奥克兰

奥克兰位于新西兰北岛的奥克兰区,是新西兰第一大城市,全国工业、商业和经济贸易中心。奥克兰拥有50多个小岛,一半是内陆城镇,一半为海边城镇,使之成为一个多元化的水世界。奥克兰在1841—1865年间成为新西兰第二任首都(原首都拉塞尔)。

3.罗托鲁阿

罗托鲁阿位于罗托鲁阿湖南畔,距奥克兰市221千米,是新西兰北岛中北部一座工业城市。"罗托鲁阿"是毛利语,意为"双湖"。全市遍布热泉,市郊森林密布,是毛利人聚居区和著名的旅游胜地。

4.基督城

基督城位于新西兰南岛东岸,又名克赖斯特彻奇,是新西兰第三大城市、新西兰南岛最大的城市。其始建于150年前,城市中到处都是规划整齐的花园,有"花园城市"之称。

教堂广场是基督城的中心,正中的天主教堂是一座哥特式古老建筑,高大肃穆,是该城最重要的地标和象征。由于当初前来建设该教堂的人士多是英国牛津大学的基督教会出身,因此这座城市取名为"基督城"。

5.达尼丁

达尼丁位于新西兰南岛东南部狭长的奥塔哥港区顶端,是奥塔哥省的首府、新西兰南岛第二大城市,也是新西兰第四大城市。达尼丁依山傍水,气候宜人。整个城市建筑为典型的苏格兰风格,被喻为"苏格兰以外最像苏格兰"的外国城市。达尼丁的皇后镇是新西兰著名旅游区,每年吸引众多的国内外游客来此。

（三）购物

新西兰的特色产品有三文鱼、护肤品、毛利工艺品、羊毛及羊皮制品、绿玉及服饰。惠灵顿陶瓷工艺坊有精致的陶瓷,奥克兰的维多利亚跳蚤市场有地道的手工艺品和服饰,克赖斯特彻奇艺术中心出售陶瓷、玻璃等工艺品,国际南极中心出售南极纪念品,罗托鲁亚工艺屋售卖玻璃、雕刻、编织及陶瓷工艺品。

模块二　知识闯关

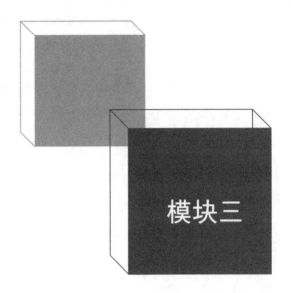

模块三

西亚地区

西亚指亚洲西部,包括伊朗高原、阿拉伯半岛、美索不达米亚平原、小亚细亚半岛。包括的国家有伊朗、伊拉克、阿塞拜疆、格鲁吉亚、亚美尼亚、土耳其、叙利亚、约旦、以色列、巴勒斯坦、沙特阿拉伯、巴林、卡塔尔、也门、阿曼、阿拉伯联合酋长国、科威特、黎巴嫩、塞浦路斯、阿富汗共20国,面积约723.76万平方公里(不含西奈半岛,含土耳其在欧洲的国土),约占亚洲总面积的16%。

西亚是联系亚、欧、非三大洲和沟通大西洋、印度洋的枢纽。自古以来,西亚就是东西方交通的要道。"丝绸之路"由中国西安,沿河西走廊出新疆,经巴基斯坦,再由西亚到达欧洲。西亚除西面有陆路和国际航空线连接三大洲外,沟通地中海和红海的苏伊士运河也连接了大西洋和印度洋。西北面的海峡则是黑海通往地中海的唯一出海口。南面的波斯湾是世界石油运输的主要航道,而霍尔木兹海峡、曼德海峡是海上石油运输线上的"咽喉"。因此,西亚处在联系三大洲,沟通两洋五海的现代陆海空交通枢纽地带,战略地位十分重要。

西亚不仅是亚、欧、非三洲的结合部,也是人类古代文明发祥地之一。古巴比伦(即两河文明)位于现在的伊拉克美索不达米亚平原。西亚还是伊斯兰教、基督教、犹太教等世界性和地区性宗教的发源地。近代史上殖民主义、帝国主义列强几经瓜分,使本地区的民族、语言、宗教及领土、边界问题都相当复杂。多年来成为两个民族之间或两个国家集团之间,或一国内民族之间政治动乱的导火线,再加上外来压力的插足与控制,使之更加复杂化。西亚地区一系列问题根源、发展进程、趋势都与之有关。

西亚的主要居民有阿拉伯人、波斯人、土耳其人和犹太人等,其中阿拉伯人的分布最为广泛。阿拉伯人占人口多数的国家称为阿拉伯国家。

项目
西亚地区

◇ 知识目标

1. 了解阿联酋、以色列两国的地理位置、气候等自然环境和人口、历史、民俗、经济发展状况等人文概况。
2. 熟悉阿联酋、以色列两国主要旅游城市、旅游景点的概况。

◇ 能力目标

1. 能简单介绍阿联酋、以色列两国的自然与人文概况。
2. 能为客人提供西亚旅游咨询服务。
3. 能根据客人的旅游消费需求推介西亚的旅游线路。

◇ 素质目标

1. 培养学生的人文素养。
2. 培养学生的阅读能力、文字表达能力。
3. 培养学生的线路分析、线路销售等综合职业素养。

工作任务1　阿拉伯联合酋长国

任务导入

阅读"经典阿联酋四国联游"线路资料（https://www.cits.cn/outboundgroup/04001688056.htm）。请问旅行社的销售人员应如何分析该旅游线路的市场定位。

任务解析

旅行社的销售人员可以分两步完成该任务。

1.分析该旅游线路的各要素

(1)吃：该线路中，分别含中式特色火锅、阿拉伯特色餐、中式午餐。

(2)住：该行程中，1晚宿飞机上，其余5晚住当地四星酒店。

(3)行：双飞＋空调旅游车。

(4)游：第一，行程涉及的旅游目的地为阿联酋四国，分别为迪拜、阿布扎比、沙迦、阿治曼。其中，迪拜是阿联酋第二大酋长国，拥有世界上第一家七星级酒店、全球最大的购物中心、世界最大的室内滑雪场、世界最高的塔，源源不断的石油和重要的贸易港口地位为迪拜带来了巨大的财富，如今的迪拜成了奢华的代名词。除了各种奢侈商品、名牌汽车，这里的建筑处处显示着蓬勃发展的迪拜丝毫不掩饰的雄心；阿布扎比是阿联酋的首都，也是阿布扎比酋长国的首府；沙迦是第三大酋长国，是中东地区的文化名城，而"古兰经纪念碑广场"则是沙迦的文化中心；阿治曼位于波斯湾沿岸，是阿联酋面积最小的成员国。第二，行程涉及的游览景点有朱美拉海滩、酋长皇宫、迪拜博物馆、伊朗小镇、棕榈岛、阿拉伯文化艺术中心、沙迦文化广场、古兰经纪念碑、阿之曼海滨、谢赫扎耶德清真寺、首都之门、海滨大道、民族村、火烈鸟湿地公园、Al Boom旅游村、迪拜水族馆及水下动物世界等。这些景点都是阿联酋的精华景点，其中，朱美拉是迪拜最美的海滨度假胜地，棕榈岛是迪拜最著名的地标。迪拜购物中心水族馆位于全球最高塔"哈利法塔"地下的大型购物中心迪拜商场，是号称全球之最的水族馆，谢赫扎耶德清真寺是阿布扎比酋长国最大的清真寺、世界第三大清真寺，也是唯一一座允许女性从正门进入的清真寺，在男女等级悬殊的阿拉伯地区，这样的意义更是非比寻常。第三，该行程中还外观或乘车游览了一些景点，如外观亚特兰蒂斯酒店、帆船酒店、那不达大宅、法萨尔王清真寺等，乘车游览酋长皇宫、室内主题公园——法拉利世界和亚斯水世界等。

(5)购：该旅游线路中包含的购物点有阿拉伯文化艺术中心、火车头黄金手工艺品市场、奥特莱斯、Dubai Mall。其中，阿拉伯文化艺术中心是艺术品的天堂，世界知名手工艺品大师的杰作、奢华生活情调的各类装饰品、丝绸、波斯毯等一应俱全；火车头黄金手工艺品市场里积聚了所有当地的工艺品，有100％货真价实、童叟无欺的黄金首饰，还有各种各样的香料和种类繁多的阿拉伯特产；Dubai Mall 是当今世界上最大的购物中心，它由 10 到 15 个 Mall 中 Mall 组成，一共有大约 1200 个商店，有 16000 个停车位。此外，它还有世界最大的水族馆（载入吉尼斯纪录）、最大的黄金市场、奥运比赛规模冰场、6 层楼高的巨幅屏幕影院、探险公园、沙漠喷泉等。

(6)娱：在阿联酋 7 天游玩期间，有自由活动时间，游客可以根据自己的兴趣爱好选择合适的娱乐项目，如沙漠冲沙、迪拜水上飞机、法拉利世界主题公园、水上世界主题公园等等，欣赏体验迪拜的奢华和阿拉伯异域风情。

2. 分析该旅游线路的市场定位

(1)该旅游线路虽然包含的目的地为阿联酋四国，游览的景点也非常多，但是各个景点游览的时间非常短，甚至很多景点只是外观或者车游(车览)。所以，该旅游线路适合的对象为普通的观光游客。

(2)该旅游线路中住宿的酒店均为四星级酒店，因此，适合对价格比较敏感的中等收入阶层。

(3)该行程中有较多的购物点，因此，适合购物欲望强烈的青年、中年游客。

(4)该行程中有较多的自由活动时间，推荐的自费项目比较多，加上晚餐均为自理，最后的旅游消费远远高于报价，因此，适合经济条件较好的人群。

综上所述，该线路的市场定位为经济条件较好的青中年观光购物族。

任务拓展

继续阅读"经典阿联酋四国联游"线路资料，完成以下任务。

某旅游企业拟召开旅游线路推介会，向旅游者推介企业新开发的"经典阿联酋四国联游"旅游线路，请根据给出的旅游线路，制作 PPT，并结合 PPT 进行推介陈述。

相关知识

一 概况

(一)自然地理概况

1. 地理位置

阿拉伯联合酋长国位于阿拉伯半岛东部，北濒波斯湾，西北与卡塔尔为邻，西和南与沙特阿拉伯交界，东和东北与阿曼毗连，海岸线长 734 公里，总面积 8.36 万平方公里。

2.气候

阿拉伯联合酋长国属热带沙漠气候,夏季(5—10月)炎热干燥,气温40.6—48.2℃;冬季(11—翌年4月)气温8—20℃,偶有沙暴。平均降水量约100毫米,多集中于1—2月。

3.地形地貌

阿拉伯联合酋长国境内除东北部有少量山地外,绝大部分是海拔200米以上的荒漠、洼地和盐滩。

(二)人文概况

1.国名、国旗、国徽、国歌、国鸟、国花、货币

国名:全称阿拉伯联合酋长国,简称阿联酋,有"沙漠中的花朵"的美称。

国旗:阿联酋国旗呈长方形,长与宽之比为2∶1。由红、绿、白、黑四色组成,这四色是泛阿拉伯颜色,代表穆罕默德后代的几个王朝。旗面靠旗杆一侧为红色竖长方形,右侧是三个平行相等的横长方形,自上而下分别为绿、白、黑三色。红色象征祖国,绿色象征牧场,白色象征祖国的成就,黑色象征战斗。

国徽:阿联酋国徽启用于2008年3月22日,主体是一只黄白色的隼,翼羽黄白相间,尾毛为白色。隼胸前的圆形图案中,为一个绘有国旗图案的圆形,围以象征七个酋长国的七角星。隼爪下的绶带书写着"阿拉伯联合酋长国"。

国歌:《万岁祖国》。

国鸟:游隼。

国花:孔雀草。

货币:迪拉姆。

2.人口、民族

阿联酋人口约927万(截至2016年年底),外籍人口占88.5%,主要来自印度、巴基斯坦、孟加拉国、菲律宾、埃及、叙利亚、伊朗、巴勒斯坦等国。阿拉伯联合酋长国的原住民和半岛上的其他居民一样属于阿拉伯人。

3.语言、宗教

阿联酋官方语言为阿拉伯语,英语为通用语。阿联酋是阿拉伯国家,国教是伊斯兰教,绝大部分居民是穆斯林,阿联酋实行政教合一,对其他宗教人士奉行信仰自由的政策,在中东伊斯兰国家中,阿联酋的宗教政策最为开放。全国范围内,特别是迪拜,除数量众多随处可见的大大小小的清真寺外,也有基督教和天主教的教堂,甚至还有为数不多的印度教的神庙以及一座佛教寺庙(位于加尔忽德区),但是对于除伊斯兰教以外的其他宗教进行公开宣教却是不允许的。阿联酋的大多数酋长国信奉逊尼派,而迪拜则以什叶派居多。

二 简史

公元 7 世纪时，阿联酋隶属阿拉伯帝国。自 16 世纪开始，葡萄牙、荷兰、法国等殖民主义者相继入侵。1820 年英国入侵波斯湾地区后，强迫当地七个酋长国与其签订"永久休战条约"，此后逐步沦为英国的保护国。1971 年 3 月 1 日，英国宣布同波斯湾各酋长国签订的条约于年底终止。同年 12 月 2 日，阿拉伯联合酋长国宣告成立。由阿布扎比、迪拜、沙迦、富查伊拉、乌姆盖万、阿治曼和哈伊马角（1972 年 2 月加入联邦）七个酋长国组成联邦国家。1996 年，临时宪法被通过为永久宪法，阿布扎比也成为正式首都。

三 经济发展状况

1960 年发现石油以前，阿联酋的经济支柱是珍珠，1960 年以后转变为石油。阿联酋以石油生产和石油化工工业为主，同时注重发展经济多样化。政府在发展石化工业的同时，把发展多样化经济、扩大贸易、增加非石油收入在国内生产总值中的比例当作其首要任务，注意利用天然气资源，发展水泥、炼铝、塑料制品、建筑材料、服装、食品加工等工业，重视发展农、牧、渔业；政府充分利用各种财源，重点发展文教、卫生事业，完成和扩大在建项目。

阿联酋农业不发达，农业、畜牧业和林业的产值占国内生产总值的 3%。主要农产品有椰枣、玉米、蔬菜、柠檬等。粮食依赖进口，渔产品和椰枣可满足国内需求，畜牧业规模很小，主要肉类产品依赖进口。政府采取鼓励务农的政策，向农民免费提供种子、化肥和无息贷款，并对农产品全部实行包购包销，以确保农民的收入，农业得到迅速发展。

阿联酋工业以石油化工工业为主，此外还有天然气液化、炼铝、塑料制品、建筑材料、服装和食品加工等工业。工业项目从业人数中，阿联酋人仅占 1%。因此，政府着手实施"就业本国化"计划，增加本国人就业比例。

阿联酋银行业发达，现有本国银行 328 家，外国银行 109 家。外汇不受限制，货币自由入出境，汇率稳定。联邦政府财政收入来自各酋长国的石油收入。

四 政治

阿拉伯联合酋长国是由 7 个酋长国组成的联邦国家，是当今世界上唯一一个以"酋长国"名称参加联合国组织的国家。联邦设立最高的立法、行政和司法机构，拥有最高权力。除国防和外交相对统一于中央外，各酋长国政府仍保持其相当的独立性，在行政、经济、司法等方面均享有相当程度的自主权。根据宪法规定，联邦政府不得干扰各酋长国的内部事务。各个酋长国都设有行政机构，保留了家族统治的方式，酋长也称谢赫，拥有绝对的权力并设立王储，酋长的继承人由家族委员会或长老会议推选，实际上为世袭。

五 文化

(一)舞蹈

甩头发是阿联酋特有的传统民间舞蹈。表演时,演员们站成排,脚下无任何动作。有节奏地扭动腰肢、晃动颈部,将头发甩起来,动作并不要求整齐。甩头发舞蹈在阿联酋并非随处可见,只有在重大喜庆场合才会进行表演。年轻女子在跳甩头发舞的同时,旁边有十几位穿阿拉伯白袍的男子来伴舞,他们每人手持一根细细的长木杆,跟着音乐的节奏舞动、迈步,与甩头发的女孩们的舞蹈搭配,相映成趣。

(二)体育

1.骆驼大赛

说到沙漠的传统,必须特别关注骆驼,它曾驮着人们穿越沙漠,同时给人们提供骆驼奶、驼肉和毛皮,现在也有很多家庭养几头骆驼用于提供奶和肉。

在举国上下的冬季骆驼大赛中,阿联酋的骆驼拥有者们与其他阿拉伯国家的人们选出自己最好的骆驼参加比赛。从每年的10月到次年4月,吸引数以百计的骆驼拥有者们前来竞争价值不菲的奖品,最好的骆驼被予以重奖,既奖励骆驼也奖励饲养者。赛骆驼已经成为这个国家最受欢迎的观赏体育。

2.赛船

赛船时有两种船被使用:第一种是单帆,由风作动力的木船,几十只这种帆船披风斩浪,它们的帆在阳光下熠熠闪光,这一景观是这个以传奇著称的国家里的一大奇观。另一种船以人作为动力,船长20米以上,由近百名划桨手奋力划动,以尽快到达终点。

六 民俗与节日

(一)饮食

阿联酋的餐饮为阿拉伯风味,包括开胃菜、汤、色拉、烧烤、甜点。牛羊肉的做法多种多样。阿拉伯的甜品由肉、水果、蔬菜制成,配上阿拉伯风味的酱汁,香甜可口。阿拉伯沙拉则是以水果、蔬菜配上酸奶、橄榄油、盐等,既可口又开胃。还有香酥的阿拉伯大饼,面饼上撒上芝麻,然后烤熟,有一种纯粹的面香。阿联酋的特色菜包括阿拉伯烤鸡、阿拉伯甜品、阿拉伯烤牛、阿拉伯烤羊。

(二)服饰

阿联酋是阿拉伯国家之一,国人信奉伊斯兰教,有着独特的生活方式和文化风俗。当地人传统服饰特点是男人穿白袍,头戴白头巾;妇女穿黑袍,披黑头巾,有的面蒙黑纱。在公共场合,男女的活动场所是分开的,阿拉伯传统服饰的主要组成部分有面纱、大袍、披风、头巾和佩物。

1. 面纱

由古至今,面纱(面罩和盖头)一直是伊斯兰服饰文化中具有代表性的一种。面纱大体上可分为两种:一种把脸全部遮盖,另一种把眼睛部分露出来。面纱的穿戴方法因其面积大小不同,比较普遍的有两种形式:一种是头部包裹一块黑纱,再在头上披块黑布(或花格布),从头到脚裹住全身;另一种是分头部、上身和下身三部分,头顶黑纱围至脖子,上身黑布披肩垂至腰部,在胸前系牢,下身穿条黑裙子盖至脚面。

2. 大袍

大袍分男式和女式两种。黑大袍是阿拉伯妇女的传统服装。做工简单,式样和花色因地而异。个人可根据自己的喜好在上面绣上花边,穿、披均可,灵活方便。除了传统的黑色之外,阿拉伯妇女的长袍颜色现在也越来越多。男式阿拉伯大袍多为白色,衣袖宽大,袍长至脚,做工简单,无尊卑等级之分。它既是平民百姓的便装,也是达官贵人的礼服,衣料质地随季节和主人经济条件而定,宽松舒适为男式阿拉伯大袍的特点,但各国存在着细微差异。阿拉伯大袍的颜色除白色外,也有深蓝、深灰、深棕色和黑色。阿拉伯大袍历经千载而不衰,说明它对生活在炎热少雨地区的阿拉伯人有无法取代的优越性。生活实践证明,大袍比其他式样的服装更具抗热护身的优点,它不仅能把身体全部遮住,阻挡日光的直接照射,同时,还能使外面的风吹入袍内,形成空气对流,将身体的湿气和热气一扫而去,使人感到凉爽舒适。

3. 披风

在阿拉伯人看来,披风是节日盛装,男人在大袍外加件披风,显得神采奕奕,有男子汉气概。披风花色繁多,质量也不相同,既有夏天穿的透明纱披风,也有冬季穿的羊毛、驼毛和呢绒披风;既有平民穿的物美价廉的普通披风,也有王室成员及富翁们穿的做工精细、镶有金银丝的豪华披风。

4. 头巾

阿拉伯男性的头巾也是沙漠环境的产物,可以起到帽子的作用,夏季遮阳防晒,冬天御寒保暖。这种头巾是块大方布,颜色多为白色,也有其他颜色。布料有优劣厚薄之分,可随季节和环境而定。头巾放于头上,再套上一个头箍加以固定。头箍用驼毛或羊毛做成,呈圆环状,多为黑色,偶有白色,粗细轻重不等。年轻人喜欢粗重的头箍,再系根飘带,显得潇洒、英俊。戴头巾前先戴一顶小白帽,是许多阿拉伯男子的习惯。在非正式场合,他们更喜欢只戴小白帽而不包头巾。

5.佩物

佩物是阿拉伯各部落长期养成的装饰习惯,其式样繁多,各有千秋,尤以腰刀最具特色。阿拉伯妇女普遍喜欢佩戴各式金银首饰。个别女性甚至会把金银头饰、鼻饰、耳环、手镯、项链、戒指、脚镯和腰带从头戴到脚,以显示其富贵荣华。

(三)礼仪与禁忌

1.礼仪

阿联酋人在社交场合与客人相见时,一般以握手为礼;与亲朋好友相见时,还习惯施亲吻礼(即亲吻对方的双颊,对方也应还之以礼,以表示相互尊重)。

阿拉伯人很讲究礼尚往来。由于他们很富有,送礼时显得慷慨。

2.禁忌

阿联酋虽然是伊斯兰国家,信仰伊斯兰教,但国家实行对外全方位开放,政策较开明,对外国人在衣、食、住、行等方面没有太多的限制,某些超级市场的指定区域可以买到猪肉及其制品,基本可满足居住在阿联酋各国人士的需求。在礼节、礼貌方面有以下几点值得注意。

(1)当地每年一次的斋月期间,在日出后和日落前,不许在公共场所和大街上喝水、吸烟、吃东西,当地绝大多数的餐馆和饮品店在这个时期关门停业。

(2)斋月期间,女士们要尽量注意穿长袖衣服和长裤,不要太暴露。大多数公司也会建议他们的前台接待处的女职员穿上相对保守一些的服装。

(3)除在寓所或饭店的客房酒吧内可以喝酒外,其他任何公共场所均不许喝酒。

(4)在与当地人的交往中,与先生谈话不能主动问及其夫人的情况;与妇女交往只能简单问候几句,不能单独或长时间与她们谈话,更不能因好奇盯住她们的服饰看,也不要给她们拍照。

(5)一般阿拉伯家庭仍是席地用餐,且是用手抓食。在他们传统观念中,右手总是干净的,左手是不洁的,故吃饭时必须用右手将食物直接送进嘴里。在待人接物方面,譬如递送东西给他人(端水、递茶),或者是接别人递送过来的东西时,必须用右手,否则就是极大的不恭敬,做客时最好入境随俗。

(四)重要节日

阿联酋的节假日大多是伊斯兰教的节日,如开斋节、宰牲节、圣纪节等。除此之外,具有阿联酋特色的节日如下。

1.登霄节

登霄节时间为7月27日(伊斯兰历)。相传穆罕默德由天使吉卜利勒陪同,夜间从麦加乘天马卜拉格至耶路撒冷,并从那里登霄,遨游七重天,黎明时返回麦加。节日期间全国放假一天,人们举行诵经、礼拜等活动,以示纪念。

2.国庆日

国庆日为12月2日。这一天有官方的大型庆典活动,年轻人还会自发举行花车巡游,另外还有一些宗教仪式。

3.阿联酋建军节

阿联酋建军节为12月10日。官方有大型的阅兵仪式。

4.阿联酋联邦政府建立纪念日

阿联酋联邦政府建立纪念日为12月1日。举国上下共庆所取得的经济建设成就,各地节日促销活动一个接一个,一片繁荣昌盛的景象。

七 旅游业

(一)旅游业概况

为减少对石油收入的依赖,阿联酋自20世纪80年代起开始实行经济多元化政策。发展旅游业是其重要战略之一,从联邦政府到各酋长国都将其视为未来国民经济总收入的重要组成部分,十分关注旅游业的发展并重视对旅游业的投入。自2005年以来,阿联酋各国每年预算支出中都有大量资金用于旅游基础设施的建设。各酋长国也根据自身特点制定了旅游发展策略,并采取各种措施积极营销,推出旅游精品,以吸引游客。旅游业在阿联酋经济中占据着越来越重要的地位。

"中东地区的国际金融、贸易、航运、旅游中心"的定位、"石油富国"的特点和地处欧亚非三大洲交界地的特殊地理位置,决定了阿联酋旅游业的发展路线图和形态,使其不仅具有市场需求国际化、投资主体多元化的鲜明特点,而且主打奢侈、豪华、免税等特色牌。目前阿联酋以发展城市旅游为主,主要有文化游、度假游、购物游、豪华游轮游等模式。

据阿布扎比旅游和文化局预计,到2023年,阿联酋将吸引2580万全球游客,消费将达564亿美元(年均增长超过5%)。

(二)著名旅游城市和景点

1.阿布扎比

阿布扎比是阿联酋的首都,也是阿布扎比酋长国的首府。阿布扎比由海边的几个小岛组成,位于阿拉伯半岛的东北部,北临海湾,南接广袤无垠的大沙漠。阿布扎比在阿拉伯语中是"有羚羊的地方"的意思。据说,从前经常有阿拉伯羚羊在这一带出没。20世纪70年代之前,阿布扎比还是一片荒漠,除了几棵枣椰树和遍地的骆驼刺外,只有为数不多的土块砌成的房屋。20世纪60年代后,特别是在1971年成立阿拉伯联合酋长国以后,随着石油的大量发现和开采,阿布扎比发生了翻天覆地的变化,昔日荒凉、落后的景象已经一去不复返。

到 80 年代末，阿布扎比已建设成为一座现代化的都市。市区内，风格各异、式样新颖的高楼大厦林立，整齐宽阔的街道纵横交错。道路两旁，房前宅后，海边滩涂，青草茵茵，绿树成行。市郊花园式的别墅和住宅鳞次栉比，掩映在绿树、鲜花丛中；高速公路穿过郁郁葱葱的树林，草坪向沙漠深处延伸。当人们来到阿布扎比时，仿佛不是来到一个沙漠的国度，而是置身于一个环境优美、风景如画和交通发达的大都市。凡是到过阿布扎比的人都异口同声地称赞说，阿布扎比是沙漠中的一片新绿洲、海湾南岸的一颗璀璨明珠。

阿布扎比市区和郊区的绿化地已连成一片，就像绿色的海洋把整个阿布扎比给淹没了。市区已拥有12座公园。其主要景点有哈利迪亚公园、穆希里富妇幼公园、首都公园、阿勒·纳哈扬公园和新机场公园、阿布扎比大清真寺、阿布扎比滨海大道等。这些公园的建成不仅扩大了绿化面积、美化了城市，而且给人们提供了休息游乐的场所。

2. 迪拜

迪拜是阿联酋第二大酋长国，占阿联酋总面积的5%，是人口最多的酋长国，位于阿拉伯半岛东部，北濒波斯湾，西北与卡塔尔为邻，西和南与沙特阿拉伯交界，东和东北与阿曼毗连。迪拜的经济实力在阿联酋排第二位，阿联酋70%左右的非石油贸易集中在迪拜。所以，迪拜被习惯称为阿联酋的"贸易之都"，它也是整个中东地区的转口贸易中心。

迪拜拥有世界上第一家七星级酒店、全球最大的购物中心、世界最大的室内滑雪场、世界最高的塔，源源不断的石油和重要的贸易港口地位为迪拜带来了巨大的财富，如今的迪拜成了奢华的代名词。除了各种奢侈商品、名牌汽车，这里的建筑处处显示着蓬勃发展的迪拜丝毫不掩饰的雄心。据统计，迪拜近年来用于工程建设的资金高达1000亿美元，而据世界银行的估计，整个伊拉克的重建资金也只有530亿美元。全球1/5的起重机在这里运转，共有25万建筑工人在这里工作。在资金源源不断注入以及奇思妙想的创造下，曾经还只是沙漠边上一个小港的迪拜，如今吸引了来自全球的建筑设计师，这里正在成为世界顶尖建筑设计师的天堂。每年10月至次年3月是迪拜气候最好的时节，此时也是外国游客充分领略当地风情的黄金时间。迪拜主要的景点有阿拉伯塔酒店、哈利法塔、棕榈岛、朱美拉清真寺、迪拜国家博物馆、迪拜购物中心、迪拜地球村和滑雪场等。

3. 沙迦

沙迦是第三大酋长国，横跨阿联酋东西两岸，西临阿拉伯湾，东靠阿曼湾，左邻波斯湾，右望印度洋，占地2600平方千米。独特的地理位置使沙迦成为阿联酋地理环境最为丰富多样的一个酋长国。正是由于它得天独厚的地理位置，从1965年起沙迦就开始成为重要的国际交通枢纽。

沙迦是中东地区的文化名城，而"古兰经纪念碑广场"则是沙迦的文化中心。在沙迦"古兰经纪念碑广场"的街心花园中，耸立着一个大的翻开着的书的雕塑，那便是"古兰经纪念碑"。据悉，这是为了纪念阿联酋7个酋长国当年建国时签署联合协议而建造的一个纪念建筑物。在它后方的白色建筑是酋长办公室，左边是皇家礼拜清真寺，右边是文化宫，另一边则是大会堂。

(三)特色购物

阿联酋本地的阿拉伯人都比较富有,加上如今阿联酋大力发展旅游业,吸引了全球的游客前来旅游购物。因为阿联酋免税或税额低的原因,那些顶尖名牌时装在阿联酋的价格比在欧洲或中国香港地区的价格都要低得多。另外,阿拉伯民族早期赖以生存的最原始的食品椰枣、价格实惠的黄金饰品、香水、制作非常考究的波斯地毯及阿拉伯的银铜制品都是游客在购物时值得考虑的商品。

工作任务2 以 色 列

任务导入

小刘是某国际旅行社的资深领队,赵星星是他的好朋友。赵星星是一位年轻的中学历史老师,也是一位旅游爱好者,一直以来他都有想去以色列自助游的打算。一天,赵星星向他的朋友小刘咨询有关以色列旅游的相关事项,请你代小刘做出回答。

任务解析

根据以色列的国情及旅游业概况,可以从以下几个方面回答。

1. 以色列旅游签证介绍

签证介绍内容包括办理签证的流程、所需要的资料、费用和时间等。

2. 推荐最佳旅游季节

以色列属于地中海式气候,夏季炎热干燥,最高气温可达39℃;冬季温和湿润,最低气温为4℃左右。每年4—10月以色列阳光充足,是旅游最佳季节,7—8月为旅游旺季。

3. 根据咨询者的特点与爱好推荐旅游城市

根据咨询者赵星星是一位年轻的中学历史老师推断出:赵老师文化层次较高,对历史遗迹、民俗与宗教类旅游景点有浓厚的兴趣;赵老师年轻,对户外、潜水类旅游项目可能感兴趣。

根据以色列旅游城市的特点,可推荐以下旅游城市:海滨花园城市海法,它是以色列最大的港口、第三大都市、北部的观光据点和主要的工业城;特拉维夫,这是一个具有4000多年历史的港口城市,是世界上最古老的城市之一,现为以色列第二大城市,以色列的商业、金融业和文化生活中心,其雅法老区已被联合国教科文组织列入《世界遗产名录》;耶路撒冷,其是以色列的首都,自3000年前大卫王的王国建都于此以来,即为犹太人国家与精神生活的中心所在,耶路撒冷是犹太教、基督教和伊斯兰教三教的圣地,有全世界最美丽的清真寺——金顶寺、犹太教圣殿哭墙、基督教苦路十四站等著名的旅游景点;埃拉特,其是以色列最南边的海港城市,被誉为"红海明珠""珊瑚城",目前,埃拉特已成为度假、观鸟、潜水等旅游胜地。

4. 介绍货币知识

以色列的法定货币为新谢克尔,希伯来语中新谢克尔通常简写成ש"ח。人民币与新谢克尔不能直接兑换,需以美元或欧元等国际货币作为中间货币进行兑换。在汇率方面,1人民币相当于0.5305新谢克尔(2018年1月5日)。

5. 介绍小费制度

以色列的饭店和餐厅账单上已附加了15%的服务费,所以不必再付小费。但是依照惯例应该给在旅馆内的行李员或打扫房间者0.25—0.50美元的小费,而计程车司机不用付予小费。

6. 介绍礼仪与禁忌知识

以色列是各种宗教和文化交汇融合之地,人们对信仰和风俗的笃信程度较高。旅行者应该入境随俗,在礼貌礼仪、行为举止、着装饮食等方面尊重当地人的习俗,以避免产生麻烦,获得愉快的旅游享受。

7. 着装提醒

旺季出行要注意防晒,墨镜、防晒霜、防紫外线的披肩是必要的。女士更要注意,在宗教场所不要穿着过于暴露的服装。

8. 节假日出游提醒

如旅游期赶上与重要宗教节日重叠,一定要提前预订酒店。以色列的工作日是周日至周四,休息日为周五、周六,出行和办事都要注意时间。从周五日落到周六日落的这一天是犹太教的安息日,基本没有公共交通,很多商店和餐厅不营业,ATM机也不提供服务。在安息日期间要尽量少在犹太人聚集区或宗教场所使用手机、相机等电子设备,也不要吸烟。在宗教氛围浓厚的耶路撒冷,除了犹太教的安息日外,很多基督教堂以及基督区的商铺会在周日不对外开放或者不营业;因为周五是穆斯林一周中最神圣的一天,穆斯林区的很多商店也会提前关门,周五中午也最好避免去清真寺以及老城的穆斯林区。

9. 安全提醒

由于特殊的宗教文化和国际关系,在以色列自助游还应注意安全问题。南部沙漠和北部戈兰高地有一些地区是军事训练基地,前往时请先查看地图避开相关地区;戈兰高地有一些地雷区没有设铁丝网围栏,如果在戈兰高地徒步,注意不要离开标记好的徒步小径。

任务拓展

网上搜索并观看"以色列(三)应许之地"视频,完成以下任务。
(1)根据小奥的购物经历,比较一下以色列的物价。
(2)耶路撒冷是哪些宗教的圣地?城区有哪些教区?
(3)简单介绍哭墙、苦路十四站、穆斯林门前涂鸦的含意。

相关知识

一 概况

(一)自然地理概况

1.地理位置

以色列位于亚洲西部,与黎巴嫩、叙利亚、约旦、埃及等国接壤,西濒地中海,南连喀巴湾,是亚、非两大洲的结合处,地理位置十分重要。根据1947年联合国关于巴勒斯坦分治决议的规定,以色列国土面积为1.49万平方千米,但由于1948—1973年间爆发了四次阿以战争,以色列占领了约旦河西岸、加沙地带、耶路撒冷和戈兰高地。后以色列多次撤军,目前以色列实际控制面积达2.5万平方千米。

2.气候

以色列属于地中海式气候,各地的差异较大,总体上终年阳光充足、一年只有两个差别明显的季节:4—10月为炎热干燥的夏季,11月至次年3月为温和湿润的雨季。山区温差较大,而埃拉特和死海地区气候炎热干燥,日照时间长,降雨稀少。

3.地形地貌

以色列海岸线长198千米,沿海为狭长的平原,东部有山地和高原,海拔一般在600—1000米。北部加利利高原上的梅隆山海拔1208米。东部与约旦交界处向南延伸至亚喀巴湾的地区为大裂谷区,内有地球表面最低点死海,南半部为内格夫沙漠,占以色列领土的一半以上。主要河流有约旦河。

(二)人文概况

1.国名、国旗、国徽、国歌、国鸟、国花、货币

国名:以色列国,简称以色列。国名在希伯来语中意为"神的勇士"。
国旗:以色列国旗呈长方形,长与宽之比约为3∶2。旗底为白色,上下各有一条蓝色宽带。蓝、白两色来自犹太教徒祈祷时用的披肩的颜色。白色旗面正中是一个蓝色的六角星，这是古以色列国王大卫王之星，象征国家的权力。

国徽：以色列国徽来自《圣经》中的七盏金灯台，分别出自《旧约》中的《出埃及记》《撒迦利亚书》以及《新约》中的《启示录》。国徽上的造型取自《撒迦利亚书》的描述。金灯台表征以色列是神在地上的见证；金表征神的神圣性情，《撒加利亚书》中说七灯台就是神的七眼；灯台两旁有橄榄枝，灯台上有金油流到两枝橄榄枝上，表征以色列圣殿重建时期的大祭司约书亚和省长所罗巴伯，分别据有祭司和君王这两种重要的职分。

国歌：《希望之歌》。

国鸟：戴胜。

国花：油橄榄和银莲花。

货币：新谢克尔。

2. 人口、民族

截至2017年5月，以色列有868万人口，其中犹太人（多数是德系犹太人）占74.8%、阿拉伯人占20%，以及有5%的其他人种。

3. 语言、宗教

以色列的国语是希伯来语，希伯来语与阿拉伯语均为官方语言，通用英语。犹太教为以色列的国教。以色列的犹太人约有611万，也是世界上唯一以犹太人为主体的国家。少部分人信奉伊斯兰教、基督教和其他宗教。

二 简史

以色列历史悠久，是世界主要宗教犹太教、伊斯兰教和基督教的发源地。犹太人远祖是古代闪族的支脉希伯来人，起源于约4000年前的美索不达米亚平原，后因躲避自然灾害迁徙至埃及尼罗河三角洲东部，公元前13世纪末开始从埃及迁居到巴勒斯坦，曾先后建立希伯来王国以及以色列王国。公元前722年和公元前586年，这两个王国先后被亚述人征服和被巴比伦人灭亡。公元前63年罗马人入侵，大部分犹太人被赶出巴勒斯坦，流亡世界各地。7世纪巴勒斯坦被阿拉伯帝国占领，阿拉伯人从此成为该地居民的绝大多数。16世纪巴勒斯坦被奥斯曼帝国吞并。19世纪末，欧洲犹太资产阶级发起"犹太复国主义运动"。1917年英国占领巴勒斯坦。1922年，国际联盟通过了英国对巴勒斯坦的《委任统治训令》，规定在巴勒斯坦建立"犹太民族之家"。之后，世界各地犹太人大批移居巴勒斯坦。1947年11月29日，联合国通过决议，决定在巴勒斯坦分别建立阿拉伯国和犹太国。1948年5月14日以色列国正式成立。2005年9月，以色列国防军在原加沙定居点附近的以军总部举行告别仪式并降下国旗。宣告以色列对加沙长达38年的占领就此结束。

三 经济发展状况

从前,土地贫瘠、资源短缺的以色列,坚持走科技强国之路,重视教育和人才的培养,使经济得以较快发展。

以色列是中东地区最为强大、现代化、经济发展水平最高的国家,属于发达国家。以色列有着发展成熟的市场经济,但政府也作一定的管理。

以色列属于混合型经济,工业化程度较高,以知识密集型产业为主,高附加值农业、生化、电子、军工等部门技术水平较高。以色列总体经济实力较强,竞争力居世界前列。

以色列的高新技术产业举世闻名,其在军事科技、电子、通信、计算机软件、医疗器械、生物技术工程、农业、航空等领域具有先进的技术水平。其电子监控系统和无人飞机十分先进,在世界范围内拥有很高的口碑。以色列被视为中东地区经济发达、商业自由、新闻自由和整体人类发展程度较高的国家。

以色列是中东实现科学灌溉的国家。以色列地处沙漠地带边缘,水资源匮乏。严重缺水使以色列在农业方面形成了特有的滴灌节水技术,充分利用现有水资源,将大片沙漠变成了绿洲。不足总人口 5% 的农民不仅养活了国民,还大量出口优质水果、蔬菜、花卉和棉花等。

四 政治

以色列是议会制国家,议会是最高权力机构,拥有立法权,负责制定和修改国家法律,对政治问题表决,批准内阁成员的任命并监督政府工作以及选举总统和议长。议员候选人以政党为单位竞选。以色列没有宪法,只有议会法、总统法和内阁法等基本法。总统是象征性的国家元首,职能基本上是礼仪性的。议会有权解除总统职务。内阁向议会负责。

以色列是中东地区唯一一个具有完善的多党制的自由民主制国家,公民拥有各式各样的政治权利和公民自由。其政党繁多,有 20 多个政党,且不断变化。

以色列开展全方位外交,保持与西方国家传统的友好关系;维护与美国战略盟友地位;积极发展与俄罗斯和东欧国家关系;推动中东和平进程,力图实现同阿拉伯国家的和解;拓展与非洲、亚洲各国的关系。

五 文化

(一)文学

以色列文学绝大多数都是以希伯来文写成,以色列文学的历史也是见证了希伯来语在现代复兴作为主要语言的过程。

自从 19 世纪以来,希伯来语被越来越多人使用作为书写和沟通的语言,在文学创作方面,散文、诗歌和戏剧都包括在内。在以色列,每年有数千本希伯来文的新书被出版,其中大多数都是以希伯来文原创撰写的。以色列作家萨缪尔·约瑟夫·阿格农在1966年获得了诺贝尔文学奖。

(二)音乐

以色列的音乐是混合了西方音乐与东方音乐的综合体,因此以色列音乐通常采取折中主义,并且吸收了来自世界各地的流散犹太人所带来的影响以及现代文化的成分。以色列的古典音乐管弦乐团以及以色列爱乐管弦乐团在国际间赫赫有名。在以色列,广受欢迎的音乐形式包括流行音乐、摇滚乐、重金属、嘻哈音乐以及各种族群的音乐。

六 民俗与节日

(一)饮食

犹太人的主食是饼,用小麦或大麦面制成。饼被犹太人视为生命线,所以人们吃饼通常不用刀切,只用手掰,唯恐用刀割断了生命线。信奉犹太教的以色列人在饮食方面有严格的规定,他们禁食猪肉和其他某些肉类、贝壳、无鳞鱼和任何种类的食腐动物的肉,肉制品和奶制品也不能同时食用。其在外就餐只能去符合"Kosher"规定的餐馆,而餐馆需每年从由犹太教拉比组成的专门机构申领证书。

以色列人的饮食口味与西欧人和东方人有不少差别,喜欢往菜肴里加入肉桂、茴香、薄荷、芫荽、咖喱粉等香料,并配上柠檬汁、橘子汁等,可以说是一种东、西饮食的大杂烩。

(二)服饰

以色列人穿着随便,基本不穿西服,极少打领带,即使是在正式场合也少有人西装革履。这既是由于以色列多数时间气候炎热,也是受建国几十年来习惯的影响。女性则与世界各地的现代女性差不多,但相比较而言其衣着更富随意性。按照犹太教规定,男性应头戴小圆帽。而犹太教的"拉比"(相当于牧师)则应全身穿黑色服饰,头戴黑色毡帽,并在耳朵上沿留着长而卷曲的鬓发。

(三)礼仪与禁忌

1. 礼仪

一般来说,以色列人举止有度,初次见面以握手为礼,若是关系甚好而且双方都是男性的话,可行拥抱、贴面礼,但在公共场合以色列的阿拉伯男女不会表示任何形式的亲热。

2. 禁忌

(1)以色列是各种宗教和文化交汇融合之地,人们对信仰和风俗的笃信程度较高。旅行者要避免在安息日(每周五日落至周六日落)前往正统犹太社区,在安息日驾车进入上述社区是严重冒犯,易引起冲突。

(2)前往宗教场所应整洁着装。进入教堂参观时,女士要穿着过膝的服装,上衣要有袖,男士应脱帽,不要穿短裤。进入清真寺时一般应脱鞋,女士要穿着过膝服装,戴头巾,男士不要穿短裤。

(3)与犹太人共同用餐时应尊重其饮食习惯,事先就共同食用的食品征得对方同意。许多犹太妇女不与丈夫以外的异性有身体接触,也不握手,如遇犹太妇女,避免主动与其握手,更不能行贴面礼。

(4)穆斯林斋戒月期间,穆斯林教徒不允许在日出和日落之间吃饭(8岁以下儿童除外)、饮酒、吸烟,避免在公共场所从事上述活动。

(5)在穆斯林和极端正统犹太教区,为人物拍照要格外小心,应征得当事人同意。任何时候不要在未经允许的情况下为军人、警察及军用、警用设施拍照。

(四)重要节日

由于以色列人是一个以犹太教信仰为中心的民族,许多节日是宗教性的,时间也按犹太历算,在公历上的日期年年不同。

1.安息日

安息日是犹太教每周的休息日,来源于《圣经·创世记》(上帝在六天内完成创造世界,第七天休息)。安息日从每个星期五日落时开始,至星期六黄昏时结束。安息日人们吃三顿饭,即周五晚餐、周六午餐(早餐午餐合二为一)和安息日结束餐,周五晚餐应是一周中最为丰盛的。安息日所有商店停业,公共汽车也停止运行。严格来讲,安息日还不准开关电器,如果要用电灯、电视等须在安息日到来前打开并一直开到安息日结束。

2.犹太新年

犹太新年时间大约在公历9月、犹太历的7月1日。人们要吹号角并做为期10天的悔罪和互省,第10日为"赎罪日",人人要祈祷、忏悔并禁食。

3.住棚节

住棚节时间大约在公历10月。大家在树枝搭的帐篷内住7日,并举行大的集会,以纪念以色列人出走埃及进入迦南前40年的帐篷生活。

4.逾越节

逾越节时间大约在公历4月,为期8天,每家都吃羊肉和无酵饼,以纪念以色列人离开埃及。

5.大屠杀纪念日

大屠杀纪念日时间大约在公历5月。

6.独立日(国庆日)

以色列于 1948 年 5 月 14 日宣布独立。以色列虽然在日常生活中采用公历,但是民族节日采用犹太历。因此,每年的独立日不一定是公历的 5 月 14 日。

七、旅游业

(一)旅游业概况

旅游业在以色列经济中占有重要地位,是其外汇收入的主要来源之一。全国共有 6 万人直接在旅游行业中工作,旅游业潜力巨大,已经成为以色列平衡出口贸易的主要杠杆。以色列拥有复杂的地形地貌、古迹和宗教场所,几乎一年四季都有灿烂的阳光,地中海沿岸现代休假设施、基内雷特湖(加利利海)、红海和死海等美丽的自然风光,吸引着无数旅游观光者。

以色列的国内旅游业也相当发达。人们多利用节日和假日外出旅行。交通工具以私家车为主,主要目的地为耶路撒冷、死海、海法、特拉维夫、埃拉特。

(二)著名旅游城市和景点

1.耶路撒冷

在犹太经典《塔木德》中有这样一句话"世界若有十分美,九分在耶路撒冷"。耶路撒冷是以色列的首都,自 3000 年前大卫王的王国建都于此以来,即为犹太人国家与精神生活的中心所在。耶路撒冷在地理上位于犹大山地,介于地中海与死海之间,城圈面积约 1 平方千米,划为 4 个区。东部为穆斯林区,包括著名的神庙区,神庙区的圣地有摩哩山的岩顶及岩顶上的圣殿、阿克萨清真寺、哭墙;西北部为基督教区,有基督教的圣墓教堂;西南部为亚美尼亚区;南部为犹太教区。城西南面的锡安山为犹太教又一重要圣地。城东的橄榄山有基督教与犹太教圣地。第二次世界大战后耶路撒冷曾由联合国管理,1948—1949 年期间以色列占领了耶路撒冷西部,建立了新市区,约旦则占领城东旧区。1967 年第三次中东战争后,以色列占领了整个耶路撒冷。1988 年 11 月 15 日巴勒斯坦国宣布定都于此,市区面积 109 平方千米,大部分在城区以西。

耶路撒冷是犹太教、基督教和伊斯兰教三教的圣地。对于基督教来说,这里是耶稣传福音、背十字架受钉以及复活的圣地;作为先知穆罕默德的升天之地,对伊斯兰教来说,它也是伊斯兰教的三大圣地之一,还是全世界最美丽的清真寺——金顶寺所在地。《圣经》曾多次叙述此城是上帝祝福的城市,犹太教的圣殿哭墙便在此处。

历史古迹与现实生活在此和谐相融,各种民族与文化编织出的独特的城市风味,使耶路撒冷成了不能不去之地。

2.死海

死海是一个内陆盐湖,位于以色列和约旦之间的约旦谷地,西岸为犹太山地,东岸为外约旦高原。约旦河从北注入,每年向死海注入5.4亿立方米河水,另外还有4条不大但常年有水的河流从东面注入。由于夏季蒸发量大,冬季又有水注入,所以死海水位具有季节性变化,变化幅度从30—60厘米不等。死海长80千米,宽处为18千米,表面积约1020平方千米,平均深300米,最深处415米。湖东的利桑半岛将该湖划分为两个大小深浅不同的湖盆,北面的面积占3/4,深415米,南面平均深度不到3米。死海无出口,进水主要靠约旦河,进水量大致与蒸发量相等,为世界上盐度最高的天然水体之一。海湖中及湖岸均富含盐分,在这样的水中,鱼儿和其他水生物都难以生存,水中只有细菌没有生物;岸边及周围地区也没有花草生长,故人们称之为"死海"。

3.特拉维夫

特拉维夫是以色列第二大城市,由两个相邻的城市合并而成,是一个具有4000多年历史的港口城市,是世界上较古老的城市之一,也是以色列的商业、金融业和文化生活中心。其雅法老区已被联合国教科文组织列入《世界遗产名录》。公元前5000年这里就有人类居住,早在公元前2000年就成为地中海岸的著名港口。雅法第一次有文字记载是在公元前15世纪古埃及法老吐特摩西斯三世统治时期,在后来的《旧约圣经》和《新约圣经》中均多次被提及。

4.海法

海法即"美丽的海岸"之意,位于以色列北部,面临地中海,是以色列最大的港口,也是以色列第三大都市、北部的观光据点和主要的工业城。该城历史可追溯到公元前14世纪。在19世纪末,大马士革与海法之间的铁路便已铺设完成,而当犹太人移民到海法之后,海法便成了一个现代化的城市。

5.埃拉特

埃拉特坐落在红海北端,是以色列最南边的海港城市。该地冬季气候温暖,海滩、珊瑚礁与附近埃拉特山景色优美,被誉为"红海明珠",埃拉特拥有全红海地区最美丽的珊瑚礁,因此又被称为"珊瑚城"。作为连接欧亚非三大洲的唯一桥梁,埃拉特成为候鸟的必经之地,每年吸引数万名鸟类学者和观鸟爱好者慕名而来。埃拉特也是海豚的天堂,海豚在埃拉特得到了朋友般的保护和尊重。虽然被圈养在一片被称为"海豚公园"的海域之中,但公园有明文规定,不得利用海豚进行任何商业性表演,也不允许游人给海豚喂食,这里对海豚健康管理自有其严格的饮食制度。目前,埃拉特已成为度假、观鸟、潜水等旅游胜地。

(三)特色购物

到以色列购物,各类与宗教有关的旅游纪念品无疑是首选。这里的很多手工艺品都带有浓郁的宗教以及以色列犹太民族的特色,如各种犹太教的烛台、宝石,款式多样的金银制品,采用橄榄树为材料制作的木工艺品等,具有极大的观赏价值、实用价值以及纪念价值。

此外，具有宗教色彩的门柱、圣卷、十字架、头饰、头巾以及可以作为护身符的钥匙环等，都是以色列购物的不错选择。此外，死海地区出产的护肤品、洗发水、浴盐等，对滋养皮肤、护理头发具有好处，且价格更实惠，也是带回家馈赠亲友的不错选择。

以色列的钻戒做工优良，价格实惠。以钻石和首饰加工业出名的以色列，拥有世界上最佳的钻石中心，钻石以高品质著称。

模块三 知识闯关

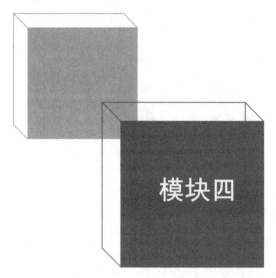

模块四

欧洲地区

欧洲全称"欧罗巴洲"(Europe),全洲土地面积1016万平方千米,约占世界陆地总面积的6.8%;人口约7.9亿,占世界人口总数的12.7%。欧洲在地理上习惯分为西欧、南欧、中欧、东欧和北欧5个部分,共有英国、法国、德国、西班牙、意大利、俄罗斯等40多个国家和地区。

欧洲大陆地势平坦,气候宜人,海岸线曲折绵长,多岛屿、半岛,自然旅游资源丰富。欧洲是产业革命的发祥地,也是世界近代科学文化与技术发展最早的地区,现仍是世界经济最发达的地区之一。城市文化是欧洲历史的载体,也是欧洲文化的象征,很多国家语言相近,文化渊源关系密切,留下了丰富多彩的历史文化遗产,成为世界文化的瑰宝。

欧洲旅游业发达,旅游基础设施、接待服务设施完善,重视旅游教育与研究,管理规范,区域旅游合作成功,是世界上接待国际旅游的中心地区。本区经济发达,人们生活富裕,外出旅游相当普遍,也是世界最大的旅游客源区。

项目一
西欧地区

◇ 知识目标

1. 了解英国、法国的地理位置、气候等自然环境和人口、历史、民俗、经济发展状况等人文概况。
2. 熟悉英国、法国主要旅游城市、旅游景区的概况。
3. 掌握英国、法国主要旅游线路的概况及特色。

◇ 能力目标

1. 能简单介绍英国、法国的自然与人文概况。
2. 能对目前旅行社推出的英国、法国旅游线路进行推广宣传。
3. 能为客人提供英国、法国旅游咨询服务。

◇ 素质目标

1. 培养学生的人文素养。
2. 培养学生的阅读能力、文字表达能力。
3. 培养学生的线路分析、营销等综合职业素养。

工作任务1 英　　国

任务导入

假如你是一名英国团队领队,请为游客准备一份英国旅游注意事项资料。

任务解析

出境旅游注意事项可以从以下几方面考虑。

(1)行前准备:着装、日常用品、现金及卡、电子电器、随身药品、中国海关安检规定等;

(2)当地资讯:气候、时差、语言、交通、通讯、酒店、购物、退税、餐饮、风俗禁忌、英国海关安检规定等;

(3)安全须知;

(4)跟团须知;

(5)行李对照表等。

任务拓展

上网搜索某条"英国一地深度游"线路,提取线路特色,完成线路推荐,制作成 PPT 展示(不少于20页)。

相关知识

一、概况

(一)自然地理概况

1.地理位置

英国是位于欧洲西部的岛国,被北海、英吉利海峡、凯尔特海、爱尔兰海和大西洋包围,由大不列颠岛(包括英格兰、苏格兰、威尔士)以及爱尔兰岛东北部的北爱尔兰和一些小岛(海外领地)组成。面积24.41万平方千米。隔北海、多佛尔海峡、英吉利海峡与欧洲大陆相望,陆界与爱尔兰共和国接壤。

2.气候

英国国土绝大部分处于北纬50°—60°,受岛国位置、西风环流、北大西洋暖流等因素影响,属于海洋性温带阔叶林气候,冬暖夏凉,全年温和。多雨雾,秋冬季尤甚。年平均降水量约1000毫米。

3.地形地貌

英国地形分为英格兰东南部平原、中西部山区、苏格兰山区、北爱尔兰高原和山区等四部分。主要河流有塞文河和泰晤士河。北爱尔兰的内伊湖,又名尼斯湖,为英国最大的湖泊。

(二)人文概况

1.国名、国旗、国徽、国歌、国花、国鸟、国石、货币

国名:英国,国名全称"大不列颠及北爱尔兰联合王国",简称联合王国或英国。英国历史上的名称颇多,有联合王国、大英帝国、不列颠帝国、英格兰、英联邦、英伦三岛等,习惯称"英国"。"不列颠"一词来源于克尔特语,意为"杂色多彩",是指古代部族人身上喜涂各种色彩。因曾有部分不列颠人迁居法国,故将本土称为"大不列颠"。过去,大不列颠岛西部的大岛爱尔兰岛都属于英国范围,当时英国的国名为"大不列颠及爱尔兰联合王国",1921年12月,爱尔兰南部26郡成立自由邦以后,改称"大不列颠及北爱尔兰联合王国"。

国旗:英国国旗呈横长方形,长与宽之比为2∶1,为"米"字旗。此旗产生于1801年,是由原英格兰的白地红色正十字旗、苏格兰的蓝地白色交叉十字旗和爱尔兰的白地红色交叉十字旗重叠而成。旗中带白边的红色正十字代表英格兰守护神乔治,白色交叉十字代表苏格兰守护神安德鲁,红色交叉十字代表爱尔兰守护神帕特里克。

国徽:即英王徽。中心图案为一枚盾徽,盾面左上角和右下角为红地上三只金狮,象征英格兰;右上角为金地上半站立的红狮,象征苏格兰;左下角为蓝地上金黄色竖琴,象征北爱尔兰。盾徽两侧为代表英格兰的头戴王冠的狮子和代表苏格兰的独角兽。盾徽周围用法文写着一句格言,意为"恶有恶报";下端悬挂着嘉德勋章,饰带上写着"天有上帝,我有权利"。盾徽上端为镶有珠宝的金银色头盔、帝国王冠和头戴王冠的狮子。

国歌:《天佑女王》。

国花:玫瑰花。

国鸟:红胸鸲。

国石:钻石。

货币:英镑£。

2.人口、民族

英国人口约6504万(2017年),其中90%的居民居住在城市地区。英国现有人口主要是英格兰人,占总人口的83%,此外还有苏格兰人、威尔士人和北爱尔兰人。

3.语言、宗教

英国官方和通用语均为英语。英国居民多数信奉基督教新教,主要分英格兰教会(也称英国国教圣公会)和苏格兰教会(也称长老会)。另有天主教、伊斯兰教、犹太教和佛教。

二 简史

公元前,居住在地中海的伊比利亚人、比克人、凯尔特人先后来到不列颠。1—5世纪,大不列颠岛东南部为罗马帝国所统治。罗马人撤走后,欧洲北部的盎格鲁人、撒克逊人、朱特人相继入侵并定居。7世纪开始形成封建制度,成立有7个王国,争雄达200年之久,史称"盎格鲁—撒克逊时代"。829年威塞克斯国王爱格伯特统一英格兰。9世纪末遭丹麦人侵袭,1016—1042年为丹麦帝国的一部分。其后经英王短期统治,1066年诺曼底公爵渡海征服英格兰。1338—1453年,英法进行"百年战争",英国先胜后败。1588年英国击败西班牙"无敌舰队",树立海上霸权。1640年英国爆发资产阶级革命,成为世界资产阶级革命的先驱。1649年5月19日宣布成立共和国。1660年王朝复辟,1688年发生"光荣革命",确定了君主立宪制。1707年英格兰与苏格兰合并,其成为世界上第一个完成工业革命的国家。19世纪是大英帝国的全盛时期,其成为世界第一殖民大国,自称"日不落帝国"。第一次世界大战后开始衰败。英国于1920年设立北爱尔兰郡,并于1921—1922年允许爱尔兰南部脱离其统治,成为独立国家。1931年颁布《威斯敏斯特法案》,被迫承认其自治领在内政、外交上独立自主,大英帝国殖民体系从此动摇。第二次世界大战中其经济实力大为削弱,政治地位下降。随着1947年印度和巴基斯坦的相继独立,20世纪60年代,英帝国殖民体系瓦解。1973年1月加入欧共体。

英国是最先承认新中国的西方国家之一,1954年两国互派代办,1972年3月13日互换大使。

三 经济发展状况

英国是全球经济最发达和生活水平最高的国家之一。国内生产总值居世界第六位,在国际金融和银行保险业的领导地位牢不可破。英国的能源资源丰富,是世界上石油和天然气主要生产国之一,是世界上第一个电、气自足的国家。主要能源有煤、石油、天然气、核能和水力等。主要工业有采矿、冶金、机械、电子仪器、汽车、食品、饮料、烟草、轻纺、造纸、印刷、出版、建筑等。私有企业是英国经济的主体,占国内生产总值的63%以上。旅游业是英国最重要的经济部门之一。英国还是世界第四大贸易国、世界第六大海外投资国和第六大对外援助国。

四 政治

英国实行君主立宪责任内阁制。国王是国家元首、武装部队总司令和英国国教的世袭领袖,但实权在内阁。国会分上、下两院,下院议员由人民选举,上院由世袭或加封之贵族、教士或社会贤达组成。首相为议院多数党领袖。英国无成文宪法,以惯例、传统、宣言、法案为行宪准则。英国主要政党有工党、保守党、自由民主党。

五 文化

14 世纪时,杰佛利·乔叟为英国人文主义文学的最早代表、"英国诗歌之父",其代表作是短篇故事集《坎特伯雷故事集》。威廉·莎士比亚是文艺复兴时期最伟大的剧作家和诗人,一生留下 37 部戏剧,如《哈姆雷特》《罗密欧与朱丽叶》《奥赛罗》等。18 世纪的笛福被称为现代小说之祖,代表作有《鲁滨逊漂流记》《女混混》。19 世纪,出现了浪漫主义诗人拜伦、批判现实主义小说家狄更斯、戏剧家兼评论家萧伯纳等一批文学巨匠。

英国文化产业发达。全国约有 2500 家博物馆和展览馆对外开放,其中大英博物馆、国家美术馆等闻名于世。大的国家博物馆还有维多利亚和阿尔伯特博物馆、国家画廊、自然历史博物馆、科学博物馆等,其他还有专项博物馆如战争博物馆、邮政博物馆、交通博物馆、扇子博物馆、玩具博物馆等。很多小的博物馆以特色取胜,如伦敦桥附近的"旧手术教室"博物馆,曾经是英国最古老的医院,保留着 19 世纪早期没有麻醉药和消毒药时的原貌。伦敦地牢博物馆展现了英国历史上最血腥最残忍的事件。丘吉尔故居、莎士比亚故居、弗洛伊德纪念馆、狄更斯纪念馆、南丁格尔纪念馆、济慈故居等都是形式内容俱佳的博物馆。

英国拥有多样的音乐文化。古典音乐方面,英国的知名交响乐队有 BBC 交响乐队、皇家爱乐乐队、伦敦交响乐队以及伦敦爱乐乐队等。知名的作曲家有珀塞尔、埃尔加、霍尔斯特、沃恩·威廉斯、安德鲁·洛伊·韦伯等。现代流行音乐中代表乐队有奇想乐队、皇后乐队、甲壳虫乐队、冲击合唱团、铁娘子乐团等。

伦敦有百多座剧院和音乐厅,常年吸引着国内外游客,既有《歌剧院的幽灵》《悲惨世界》和莎士比亚戏剧等几十年常演不衰的传统节目,也有现代和前卫的艺术表演。英国皇家芭蕾舞团、伦敦交响乐团等艺术团体具有世界一流水准。每年举行 500 多个专业艺术节,其中爱丁堡国际艺术节是世界上最盛大的艺术节之一。

英国大量珍贵的古式建筑被保留下来,其中包括当今仍然为人所用的马尔伯勒公爵的布莱尼姆宫、德文郡公爵的察兹沃斯宫、巴斯侯爵的朗利特庄园。这些都是都铎王朝、汉诺威王朝、温莎王朝及其他历史时期的王公贵族修建的私人庄园和宅邸,它们是英国历史建筑的典型代表。

散布在城镇乡村的很多私人庄园和宅邸,古老的城墙、城楼以及独特的建筑物和其他有纪念意义的建筑物,都作为英国的历史遗产而得到了积极保护,如古老的采矿场塔楼、工业革命时期的磨坊和工厂、托马斯·特尔福德修建的铁桥及其他桥梁、钢铁建筑的杰作——福斯大桥,以及造型优美的克里夫敦悬索桥等。

六　民俗与节日

（一）饮食

英国人以米饭或点心为主食。菜肴注重鲜嫩、焦香，喜吃甜酸、微辣味的食物。忌讳用味精调味。早餐通常是麦片粥冲牛奶或一杯果汁，涂黄油的烤面包片，熏咸肉或煎香肠、鸡蛋。午餐就是在工作地点附近买上一份三明治，就一杯咖啡打发了事，晚餐才是正餐。周末的饭桌丰盛，通常的主菜是肉类，如烤鸡肉、烤牛肉、烤鱼等。喜爱的烹饪方式有烩、烧烤、煎和油炸。对肉类、海鲜、野味的烹调均有独到的方式。"烤牛肉加约克郡布丁"被称为国菜。不吃动物的头、足和内脏，不吃狗肉。蔬菜品种繁多，如卷心菜、新鲜豌豆、土豆、胡萝卜等。蔬菜一般不加工，装在盘里，浇上从超市买回来的现成调料便食用。喜欢在餐桌上放置调味品。主菜之后总有一道易消化的甜食，如烧煮水果、果料布丁、奶酪、冰激凌等。就餐时对服饰、就餐方式等都有规定。苏格兰威士忌在世界上久负盛名，被誉为"液体黄金"。茶可称为英国的民族饮料，有早晨喝"被窝茶"，午后喝"过午茶"的习惯，妇女嗜茶成癖。喜欢中国的京菜、川菜、粤菜。

（二）服饰

英国人讲究服饰穿戴，常以衣貌取人。在服装的面料、样式、颜色搭配上十分在意，力求体现一种绅士淑女的风度和气质。英国人虽然讲究衣着，但十分节俭，一套衣服、一双鞋子一般要穿十年八年之久，这种风格也是我们值得学习的地方。英国人在普通生活中的着装实际上是非常时尚而多样化的，不会像在正式场合中一样略为死板。事实上英国人的穿衣模式在世界上已经受到了许多人的推崇，近几年英伦风也非常流行。

在英国，用餐服饰礼仪可谓非常讲究。某些正式的西餐厅甚至禁止穿着不正式的客人入内用餐。在正式场合用餐时，男士需要着西装，而女士则应穿优雅的礼服。而在非正式场合则以轻松舒适为主。男士在英国参加正式的宴会时要注意这样四个要求：忌带条纹式的领带、忌不系长衬衫的袖口、忌正式场合穿凉鞋、忌浅色皮鞋配深色西服。女士则应该穿深色套裙或是素雅的连衣裙，庄重、肃穆的黑色服装是首选。

（三）礼仪与禁忌

1. 礼仪

英国是"绅士淑女"之国，重视女士优先的原则，注重礼仪。英国人比较内向，感情不轻易外露，凡事讲传统，循规矩，办事认真，比较矜持。初次见面一般行握手礼，女子行屈膝礼。男子遇见朋友带有帽子时，有微微把帽子揭起"点首为礼"的习惯。

英国人喜欢在姓名的后面加荣誉头衔称呼。有自觉排队遵守公共秩序的习惯，等待载人电梯都在右边排队。在拥挤的场所习惯保持距离，避免碰撞。约会会准时赴约，可迟到几分钟，但不能提前早到，并准备一些小礼物。餐后一般进行社交谈话，如果用完餐就告辞是非常不礼貌的。谈话时不喜欢距离过近,一般距离以 0.5 米以上为宜。

在英国,同性恋不违法,男同性恋合法性行为的年龄是 18 岁,女同性恋合法性行为的年龄是 16 岁。在大城市里,有男女同性恋者的俱乐部、酒吧和其他聚会地点。

2.禁忌

英国人忌讳过问活动去向、政治倾向及个人生活上的问题,忌讳以王室的家事作为谈笑的话题。忌讳四人交叉式握手,因为四人的手臂正好形成一个十字架。忌讳在众人面前相互耳语。忌讳数字"13"和"3"。讨厌墨绿色,认为会给人带来懊丧。忌讳黑色,不喜欢绿色和紫色。忌讳黑猫,尤其是黑猫从面前穿过,认为这预示这个人将要遭到不幸。忌讳送菊花、百合花、红玫瑰,枝数和花朵数不能是"13"或双数,鲜花不用纸包扎。忌讳山羊图案、大象图案、黑猫图案、孔雀图案、菊花图案、蝙蝠图案、百合花图案。

(四)重要节日

英国重要的国家节日有 1831 年开始的一年一次的科学节,1994 年开始的每年 3 月的科学周。其他的传统节日有新年或元旦,圣瓦伦丁节或情人节,圣帕特里克节,愚人节,耶稣受难日,圣星期六,复活节,耶稣升天节,五朔节,春假(5 月最后一个星期一),母亲节(5 月第二个星期日),夏季公假(8 月最后一个星期一),哥伦布日(10 月 12 日),万圣节前夕(10 月 31 日),万圣节(11 月 11 日),第一、二次世界大战的停战纪念日(11 月 11 日),圣诞节,节礼日。

1.圣帕特里克节(3 月 17 日)

圣帕特里克节是北爱尔兰人纪念保护神圣帕特里克的节日。这一天,爱尔兰人要吃绿色蛋糕,穿绿色服装,并进行化装游行。

2.五朔节(5 月 1 日)

五朔节是传统的民间节日,人们在这一天要庆祝阳光普照大地。按照传统习俗,人们要抬着花环游行,从少女中选"五月皇后"。小伙子们则跳莫里斯舞。

3.圣诞节(12 月 25 日)

圣诞节是纪念耶稣诞辰的节日,这在欧美国家是非常重要的一个节日。馈赠礼品和举家团聚是其两大特色。圣餐十分丰盛,火鸡和圣诞布丁必不可少。

七 旅游业

(一)旅游业概况

英国是世界经济强国之一,也是发展旅游业最早的国家。1840 年,托马斯·库克首次组织的火车专列旅游活动,标志着旅游业首先在英国诞生。旅游业已成为英国第七大出口产业、第三大服务业。该行业是主要的就业岗位提供方,如每增加 22 名海外游客,英国就能在旅游板块增加一个新岗位。数据显示,2015 年,英国入境游人次和消费额均创下新高。中国是世界上最大的出境游市场,2015 年中国赴英游客增加 46%,游客消费上涨 18%,这意味着中国已经跻身英国十大最具利润市场。

(二)著名旅游城市和旅游景点

1. 伦敦

伦敦为英国首都,位于英格兰东南部的平原上,跨泰晤士河,距离泰晤士河入海口 88 千米,面积 1580 平方千米。早在 3000 多年前,伦敦地区就是当时英国人居住的地方。伦敦市分为伦敦城、西伦敦、东伦敦、南区和港口。伦敦城是金融和贸易的中心,西伦敦是英国王宫、首相官邸、议会和政府各部所在地,东伦敦是工业区和工人住宅区,南区是工商业和住宅混合区,港口指伦敦塔桥至泰晤士河河口之间的地区。

伦敦不仅是英国的政治中心,还是许多国际组织总部的所在地,其中包括国际海事组织、国际合作社联盟、国际笔会、国际妇女同盟、社会党国际、大赦国际等。

大英博物馆。大英博物馆是英国最大的博物馆,又名不列颠博物馆,是世界上历史最悠久、规模最宏伟的综合性博物馆。收藏了世界各地的许多文物和图书珍品,藏品之丰富、种类之繁多为世界博物馆之最。大英博物馆为世界四大博物馆之一。始建于 1753 年,1759 年对外开放,现有建筑为 19 世纪中叶所建。共有 100 多个陈列室,有展品 400 多万件。主要分为埃及文物馆、希腊罗马文物馆、西亚文物馆、欧洲中世纪文物馆和东方艺术文物馆。

伦敦塔。伦敦塔位于泰晤士河北岸的塔山上,是一个占地 7.2 万平方米的英国罗曼式城堡建筑,由城堡、炮台和箭楼等组成。建于 1078 年,当时是外族征服者威廉建造的一个军事城堡。中心塔是高约 27 米的白塔,周围有 13 座塔。从 12 世纪起,历代国王在这里修建王宫、教堂。其中的血塔被国王专门用来囚禁政治要犯及国王的死敌,是一座死牢,相当于国家监狱。伦敦塔现为英国珍宝博物馆,保存有古代武器、历代王冠和王室珠宝等珍贵文物,其中一根镶有大宝石的皇杖最为珍贵。

伦敦塔桥。伦敦塔桥是从伦敦泰晤士河口算起的第一座桥,也是伦敦的象征,有"伦敦正门"之称,始建于 1886 年。两座高耸的方形主塔,高 40 多米,跨度 60 多米。塔建和两岸用钢缆吊桥相连。桥身分为上、下两层,上层为悬空人行道,下层可供车辆通行。

白金汉宫。白金汉宫是英国的王宫,位于伦敦詹姆士公园西侧。因 1703 年为白金汉公爵所建而得名,最早称白金汉屋,意思是"他人的家"。1761 年由英王乔治三世购得,作为王后的住宅,称为女王宫。1825 年,英王乔治四世重建将其作为王宫。从 1837 年起,英国历代国王都居住在这里。白金汉宫有宴会厅、典礼厅、音乐厅、画廊、图书馆、皇家集邮室等 600 多个厅室。宫门前广场每天举行的皇家卫队换岗仪式是重要观光项目。

大本钟。大本钟位于威斯敏斯特桥的南面桥头,与英国议会大厦相连,位于英国议会大厦的北角。建于 1858 年,钟楼高 95 米,四面的圆形钟盘直径为 7 米。它是伦敦的传统地标,为伦敦市的标志、英国的象征。

威斯敏斯特宫。威斯敏斯特宫又称英国国会大厦。建于 11 世纪中叶,曾是英国主要王宫,从1547年起为英国国会驻地。它是英国哥特式建筑的代表作,也是世界上最大的哥特式建筑之一。

威斯敏斯特教堂。威斯敏斯特教堂位于伦敦会议广场西南侧,又名西敏寺。始建于1050年,以后历代增建。它是英国哥特式建筑的杰作,是历代国王加冕登基和王室成员举行婚礼的地方。教堂后部的墓地安葬着20多位国王和许多著名的文学家、艺术家、政治家、军事家和科学家,如莎士比亚、狄更斯、达尔文、牛顿、丘吉尔等。所以威斯敏斯特教堂被视为英国"荣誉的宝塔尖"。

圣保罗大教堂。圣保罗大教堂建于1675—1710年,高约111米,为英国古典主义建筑的代表作。

2. 爱丁堡

爱丁堡是英国北部城市、苏格兰首府,是苏格兰的经济和文化中心。位于苏格兰中部低地、福斯湾的南岸,面积260平方千米。1329年建市,1437—1707年为苏格兰王国首都。有造纸、印刷出版、造船、化工、核能、电子、电缆、玻璃和食品等工业。旅游业兴盛,是英国仅次于伦敦的旅游城市,有古城堡、大教堂、宫殿、艺术陈列馆等名胜古迹。

爱丁堡城堡。爱丁堡城堡耸立在死火山岩顶上,是爱丁堡和苏格兰的象征。6世纪时建成为皇室堡垒。1093年玛格丽特女王逝于此地,自此成为重要的皇家住所和国家行政中心,直到16世纪初荷里路德宫落成。现在,爱丁堡城堡是苏格兰国家战争博物馆、苏格兰联合军队博物馆所在地。

3. 牛津

牛津市位于泰晤士河与查韦尔河交汇处。"津"意为渡口,泰晤士河和查韦尔河在此汇合,当时河水不深,用牛拉车即可涉水而过,牛津由此得名。13世纪,众多修道士聚集在牛津,后来逐渐形成了大学。

现在的牛津城中有40多所学院散布全城,共有学生1万多人。包括这些学院的校舍在内,整个牛津共有900多幢历史建筑。其不仅是英国的学术中心,也是全世界知名度最高的大学之一。

4. 剑桥

剑桥是座传统大学城,剑桥的原意是指"剑河上的桥",剑河是当地一条环城河流。这条曲折蜿蜒的小河,两岸杨柳垂丝、芳草萋萋,河上架设着许多设计精巧、造型美观的桥梁,其中以数学桥、格雷桥和叹息桥最为著名。

5. 巴斯

巴斯位于英格兰西南部,邻近威尔士。巴斯风光秀丽,历史悠久,有许多名胜古迹和自然风景。两千年前,古罗马帝国在此建立了温泉澡堂。18世纪时,英国政府将巴斯设计成具乔治王朝风格的城镇,温泉地也逐渐成为高级游乐区。

罗马浴池博物馆是在古罗马帝国浴池遗址上建立的博物馆,为巴斯的标志景观。这里保存有许多罗马帝国时代建造的温泉浴室,以及神殿遗迹、神像、许愿池和各种礼器文物,还用电视片制作了复原图像,描述出这个浴池400年的兴衰和当年的功能与习俗。

6. 约克

约克为英国英格兰东北部城市、北约克郡首府,人口10.3万。位于福斯河乌斯河交汇处,由罗马人兴建,有两千多年的历史,曾为罗马军事要塞、英格兰北部教区首府,设有约克大主教的教区总教堂。中世纪时发展成港口和商业中心,现为农产品和畜产品集散地、重要的铁路枢纽。旅游业很发达,有城堡博物馆、铁道博物馆等主要景点。

7. 贝尔法斯特

贝尔法斯特位于爱尔兰岛东北沿海的拉杆河口、贝尔法斯特湾的西南侧,是北爱尔兰的首府。始建于1888年,是北爱尔兰的政治、文化中心和最大的工业城市。工业基础雄厚,造船业具有悠久的历史,著名的"泰坦尼克号"就是在这里建造的。

(三)购物

英国零售商大致可分为百货公司、专门商店、超级市场、街边小店、集市、唐人街商店等。百货公司及传统的专门商店服务较好,货品齐全,但价格较贵。超级市场可以买到各种食品和生活必需品,价格适宜。街边小店比较方便,但价格并不便宜。真正便宜的是集市里的商品。哈罗兹百货公司以商品精美、物价昂贵闻名世界。庞德街是所有国际知名的设计名家开设店面的主要之地。牛津街、伯灵顿市场街,聚集了英国乃至世界各地的高级名牌店,作为时髦商店的聚集地也十分有名。利巴提、哈姆雷兹等许多商店均具英伦风范,附近的莎威尔劳有众多高级西装店。摄政街是绅士淑女的购物天堂,世界最大的玩具店、瓷器店和刀叉店都在这条街上。在绅士用品店,有绅士洗脸修胡子的行头,那些大大小小的器具从漱口、吐痰、洗脸、刮胡子、洒香水一列排开,可见英国绅士的细致功夫。在杰明街,街道上商店的店龄至少都有100年,300年历史的老店也不稀奇。跳蚤市场有各式各样的古董、手工艺品、服饰和鞋店。

工作任务2 法 国

任务导入

网上搜索并观看"法国文化礼仪"视频,说说你知道的法国餐桌礼仪知识。

任务解析

法国是一个浪漫的国家,法国的美味食物有很多,法国的餐桌礼仪有很多讲究,法国餐桌礼仪应该注意以下几点。

(1)吃法国菜基本上是红酒配红肉,白酒配白肉,至于甜品多数会配甜餐酒。

(2)吃完饭抹手抹嘴时切忌用餐巾大力擦,注意仪态。用餐巾的一角轻轻拭去嘴上或手指上的油渍即可。

(3)吃完第一道菜(通常是海鲜)之后,侍应会送上一杯雪葩(用果汁或香槟调制),它除了让口腔清爽之外,更有助于增进吃下一道菜的食欲。

(4)就算椅子多舒服,坐姿都要保持正直,不要靠在椅背上。进食时身体可略向前倾,两臂紧贴身体,以免撞到隔篱。

(5)吃法国菜同吃西餐一样,用刀叉时记住由最外边的餐具开始,由外到内,不要见到美食就扑上去,失礼于人。

(6)吃完每碟菜之后,将刀叉随便放会非常难看。正确的方法是将刀叉并排放在碟上,叉齿朝上。

参加家庭聚会的礼仪介绍如下。

当你被邀请到同事或朋友家里参加正式聚会时,整个聚会就是剧场,而你是那个演员。家庭聚会的礼仪应注意以下几点。

(1)当到达宴会地点时,主人会引导你到特定的地方坐下,不要到处游荡,有很多房间是客人不应该进入的。

(2)在用餐过程中离开宴席是不怎么礼貌的行为,所以最好开宴前去洗手间。

(3)当主人引导你和其他客人到另一个房间(一般是餐厅)时,年长者应先进门,男士要礼让女士。

(4)在餐厅不要立即就座,席次一般是事先安排好的,找到自己的席次卡或等待主人的引导才能入座。

(5)一般来说,餐前开胃菜(开胃菜不会很多,因为主菜才是重点)、主菜和餐后甜品有以下几道:① 面包。餐宴全程供应,可用手掰成小块送入口中,不用刀叉。② 沙拉。通常配矿泉水,因为沙拉里面有醋,不适合搭配葡萄酒。③ 鱼。可搭配白葡萄酒或香槟。④ 肉。可搭配红酒。⑤ 奶酪。可搭配红葡萄酒。圆形的奶酪应该用刀从中间切开,再切成小块扇状享用;方形或锥形的奶酪应从边沿开始切。⑥ 甜点。一般搭配甜白葡萄酒。⑦ 咖啡。在甜点之后供应。⑧ 巧克力。一般在餐后提供。法国菜基本上也是红酒配红肉,白酒配白肉,至于甜品多数会配甜餐酒。

吃完抹手抹嘴切忌用餐巾大力擦,注意仪态,用餐巾的一角轻轻拭去嘴上或手指上的油渍便可。

答应对方的邀请后如果临时有事要迟到甚至取消约会,必须事先通知对方。赴会时稍迟是可以接受的,但若超过15分钟便会给对方不重视约会的坏印象。

在点菜时自己应选定想吃的食物,如果看遍菜牌也没有头绪的话,可请侍应为你推荐餐厅的招牌菜,但要给明确的表示,如想吃海鲜、不吃红肉等,切记事事拿不定主意、只懂说"随便"的人只会为同台客人添麻烦。

任务拓展

上网搜索某条"法国10日游"线路,提取线路特色,完成线路推荐,制作成PPT展示(不少于20页)。

相关知识

一、概况

(一)自然地理概况

1.地理位置

法国位于欧洲西部,既是沟通地中海与大西洋的要道,又是联系南欧与西北欧的桥梁。法国面积为55.16万平方千米,与比利时、卢森堡、瑞士、德国、意大利、西班牙、安道尔、摩纳哥接壤,西北隔英吉利海峡(拉芒什海峡)与英国相望,濒临北海、英吉利海峡、大西洋和地中海四大海域。地中海上的科西嘉岛是法国最大的岛屿。

2.气候

法国大部分地区属于海洋性温带阔叶林气候,南部属于亚热带地中海气候,中部和东部属于大陆性气候。冬温夏凉,雨日多,年平均气温为10—14℃,大部分地区降水量600—1000毫米。

3.地形地貌

地势东南高西北低,平原约占国土总面积的3/5,丘陵、山地各占1/5。主要山脉有阿尔卑斯山脉、比利牛斯山脉、汝拉山脉等。法意边境的勃朗峰海拔4810米,为欧洲最高峰。河流主要有卢瓦尔河、罗讷河、塞纳河。

(二)人文概况

1.国名、国旗、国徽、国歌、国花、国鸟、国石、货币

国名:法国,国名全称"法兰西共和国"。"法兰西"源于古代当地部落的名称,在日耳曼语中意为"自由的"。公元前5世纪,法国境内大部分地区为高卢人(凯尔特的自称)所居住,故将这一地区称高卢。3世纪末,散居在莱茵河下游一带的法兰克人越过莱茵河入侵高卢,侵占巴黎一带,即称"法兰西"。

国旗:法国国旗呈长方形,长与宽之比为3∶2。旗面由三个平行且相等的竖长方形构成,从左至右分别为蓝、白、红三色。三色旗曾是法国大革命的象征,三种颜色分别代表自由、平等、博爱。

国徽：法国传统上采用大革命时期的纹章作为国家的标志。纹章为椭圆形，绘有大革命时期流行的标志之一——束棒，这是古罗马高级执法官用的权标，是权威的象征。束棒两侧饰有橄榄枝和橡树枝叶，其间缠绕的饰带上有法文"自由、平等、博爱"字样。整个图案由带有古罗马军团勋章的绶带环饰。

国歌：《马赛曲》。

国花：鸢尾花。

国鸟：公鸡。

国石：珍珠。

货币：欧元。

2．人口、民族

法国人口约6701.9万（2017年），其中法兰西人约占95％，此外还有布列塔尼人、科西嘉人、巴斯克人、弗拉芒人等。

3．语言、宗教

法语为法国国语。法语也是联合国的工作语言之一。法国居民主要信奉天主教，其余信奉伊斯兰教、基督教新教、犹太教和其他宗教。

二 简史

法国古称高卢，公元前1世纪，罗马人占领全部高卢，对其进行了长达500年之久的统治。5世纪法兰克人征服高卢，于834年建立法兰克王国。10世纪末建立中央集权国家，封建社会迅速发展。1337年英王觊觎法国王位，爆发"百年战争"，1453年以法国胜利而告结束。17世纪中叶，君主专制制度达到顶峰。随着资产阶级力量的发展，1789年法国爆发大革命，废除君主制，并于1792年9月22日建立第一共和国。1799年11月9日，拿破仑·波拿巴夺取政权，1804年称帝，建立第一帝国。1848年2月爆发革命，建立第二共和国。1851年路易·波拿巴发动政变，建立第二帝国。1870年在普法战争中战败后，于1871年9月成立第三共和国。1871年3月18日，巴黎人民举行武装起义，成立巴黎公社，同年5月底，被法国军队残酷镇压。巴黎公社是人类历史上第一个无产阶级政权。第一次、第二次世界大战期间法国遭德国侵略。1940年6月法国贝当政府投降德国，至此第三共和国覆灭。1944年6月宣布成立临时政府，戴高乐担任首脑，1946年通过宪法，成立第四共和国。1958年建立第五共和国，同年12月戴高乐当选总统。法国是两次世界大战主要战胜国之一，现为联合国安全理事会常任理事国，也是北大西洋公约组织和欧洲联盟创始会员国之一。

1964年1月27日，法国与中国建立外交关系。

（三）经济发展状况

法国是最发达的工业国家之一，工业是国民经济的支柱。国内生产总值仅次于美、日、中、德，居世界第五位，是仅次于美国的世界第二大农产品出口国。葡萄酒产量居世界第一。主要工业部门有矿业、冶金、汽车制造、造船、机械制造、纺织、化学、电器、动力、日常消费品、食品加工和建筑业等。航空与宇航工业仅次于美国和俄罗斯，居世界第三位。钢铁、汽车和建筑是法国三大支柱产业。第三产业在法国经济中所占比重逐年上升，其中电信、信息、旅游服务和交通运输部门业务量增幅较大，服务业从业人员占总劳动力的70%。法国商业较为发达，超级市场和连锁店几乎占全部商业活动的一半。

（四）政治

法国实行总统共和政体。总统为国家元首，由全民选举产生。议会为最高立法机构，由国民议会和参议院组成。国家主要党派有保卫共和联盟、社会党、民主联盟、共产党、国民阵线和绿党。

（五）文化

法国文学家、艺术家群星灿烂，为世界留下了大量不朽作品。产生于11—12世纪的《罗兰之歌》是中世纪英雄史诗的代表作。文艺复兴时期的文学代表人物有弗朗索瓦·拉伯雷（代表作为小说《巨人传》）、蒙田（欧洲近代散文的创始人，代表作为《散文集》）。

从17世纪开始，法国相继出现了莫里哀、司汤达、巴尔扎克、大仲马、雨果、福楼拜、小仲马、左拉、莫泊桑、罗曼·罗兰等文学巨匠。他们的许多作品成为世界文学的瑰宝。17世纪文学主流是古典主义。杰出代表有剧作家皮埃尔·拉辛（代表作《熙德》为法国第一部古典主义悲剧）、剧作家让·拉辛（代表作为悲剧《安德洛玛里克》和《费德尔》）、莫里哀（欧洲最杰出的喜剧家之一，代表作为喜剧《伪君子》和《唐·璜》）、寓言作家拉封丹（代表作《寓言诗》）。18世纪是法国资产阶级启蒙文学时期，史称"光明世纪"。启蒙运动的杰出代表有伏尔泰、孟德斯鸠、狄德罗、卢梭。博马舍是法国18世纪后期最重要的剧作家，代表作有戏剧《塞维尔的理发师》和《费加罗婚礼》。19世纪上半叶文学艺术以浪漫主义和现实主义为主要标志。这一时期的杰出代表有维克多·雨果（代表作有小说《巴黎圣母院》《悲惨世界》）、亚历山大·大仲马（代表作《基督山伯爵》和《三个火枪手》）、司汤达（代表作《红与黑》）、巴尔扎克（他的90多部小说冠以《人间喜剧》的总名称）、福楼拜（代表作《包法利夫人》）、乔治·桑（代表作小说《魔沼》）。19世纪后半叶的文学有自然主义和象征主义两个主流派。代表作家有爱米尔·左拉（代表作小说《卢贡·玛卡家族》）、阿尔丰斯·都德（代表作《小东西》《磨坊书简》）、莫泊桑（代表作小说《羊脂球》和《米隆老爹》及《漂亮的朋友》）、亚历山大·小仲马（代表作《茶花女》）。20世纪法国著名作家有马塞尔·普鲁斯特（"意识流小说"鼻祖之一，代表作《追忆似水年华》）、安德烈·纪德（被称为"20世纪法国文化史首屈一指的人物"，代表作

《背德者》和《伪币制造者》)、罗曼·罗兰(代表作《约翰·克利斯朵夫》)、罗歇·马丁·杜伽尔(因长篇小说《蒂波一家》而荣获诺贝尔文学奖)。

近现代,法国的艺术在继承传统的基础上颇有创新,出现了世界级绘画大师马奈、莫纳、雷诺阿、高更、塞尚。享誉世界的雕塑艺术大师有罗丹、乌东。

从17世纪开始,法国在工业设计、艺术设计领域的世界领先地位已是有目共睹。有关实用美术、建筑、时装设计、工业设计的学校也凭借其"法国制造"的商业硕果而闻名世界。

德彪西和柏辽兹是闻名世界的音乐大师。

法国人喜爱体育运动,比较流行的体育运动项目有足球、网球、橄榄球、地滚球、帆船、游泳、滑雪和自行车环形赛等。比较有名的大学有巴黎大学、里昂大学等。

戛纳国际电影节是世界五大电影节之一,每年5月在法国东南部海滨小城戛纳举行。它是世界上最早、最大的国际电影节之一,为期两周左右。1956年最高奖为"金鸭奖",1957年起改为"金棕榈奖"。

六 民俗与节日

(一)饮食

法国人习惯用西餐,喜欢面包、糕点、冷食、熟食、肉制品、奶酪和酒。干鲜奶酪世界闻名,是法国人餐桌上的主要食品之一。口味偏爱酸甜。不爱吃无鲮鱼,也不爱吃辣味重的菜肴。菜肴以鹅肝、海鲜、蜗牛、青蛙腿、奶酪芝士最为著名。偏爱水果,尤其爱吃菠萝。不习惯喝开水。法国人喜欢中国的鲁菜、粤菜、苏菜。

法国是世界三大烹饪王国之一,对于烹调技术极为重视。讲究菜肴的色、香、味、形,操作上很重视掌握火候,偏重于菜品的鲜嫩程度,对菜肴和酒的搭配很有讲究。饭前一般要喝度数不高的甜酒,称之为"开胃酒";吃饭时要喝不带甜味的葡萄酒或玫瑰酒,吃肉时一般喝红葡萄酒,吃海鲜时喝白葡萄酒或玫瑰酒;饭后要喝带甜味的"消化酒"。每逢宴请还要喝香槟酒,以增加席间欢乐的气氛。

咖啡是法国人喜爱的饮料,咖啡馆是各种聚会的主要场所,法国人喜欢吃面包,法国城乡的餐厅和咖啡馆星罗棋布,而且几乎家家设有露天座。

(二)服饰

法国人对于衣饰的讲究,在世界上是最为有名的。所谓"巴黎式样",在世人耳中即与时尚、流行含义相同。法国时装在世界上享有盛誉,选料丰富、优异,设计大胆,制作技术高超,使法国时装一直引导世界时装潮流。在巴黎有2000家时装店,老板们的口号是"时装不卖第二件"。在大街上,几乎看不到两个妇女穿着一模一样的服装。

在正式场合,法国人通常要穿西装、套裙或连衣裙,颜色多为蓝色、灰色或黑色,质地考究。出席庆典仪式时,一般要穿礼服。男士所穿的多为配以蝴蝶结的燕尾服或是黑色西装套装,女士则穿礼服。对于穿着打扮,法国人认为重在搭配是否得法。在选择发型、手袋、帽子、鞋子、手表、眼镜时,都十分强调要使之与自己着装相协调,相一致。

(三)礼仪与禁忌

1.礼仪

法国人见面一般行握手礼。男女之间和女子之间,常以亲面颊来代替相互间的握手。以"女士优先"为原则,以"殷勤的法国人"著称。讲话直率,好许诺。交谈要回避个人问题、政治和金钱之类的话题。

事先约会是惯例,准时赴约是礼貌的标志。但他们约会经常迟到,作为被约会的外国人最好不要迟到。喜欢以鲜花(不要送玫瑰花或菊花)或巧克力等作为拜访或赴宴时的礼物,但鲜花不能送双数。能激起人们思维和美感的礼物特别受欢迎,但印有公司名称显眼标志的礼品除外。

2.禁忌

初次见面就送礼,被认为是不善交际,甚至还会认为行为粗鲁。对已婚女子不能称"小姐",对老年妇女不能称"老太太"。忌讳打听他们的政治倾向、工资待遇以及私事。忌讳男人向女人赠送香水,以免有过分亲热或有"不轨企图"之嫌。男子不要送玫瑰花给已婚女子。忌讳数字"13",忌讳核桃,厌恶墨绿色,忌用黑桃图案,商标上忌用菊花。视孔雀为恶鸟,忌讳仙鹤(认为它是蠢汉与淫妇的象征)、乌龟。

(四)重要节日

法国重要的国家节日有国庆日(7月14日),遗产日(9月第三个周六和周日)。其他的传统节庆主要有元旦(1月1日),圣蜡节(2月2日),愚人节(4月1日),五一国际劳动节(5月1日),停战节(11月11日),诸圣节(11月1日),圣诞节(12月25日),复活节,耶稣升天节,圣灵降临节,圣母领报节(3月25日),圣母升天节。

七 旅游业

(一)旅游业概况

法国是世界上最早发展旅游业的国家之一。旅游业是法国重要产业,占其国内生产总值的7%,提供200万个固定就业岗位。法国是旅游接待大国,旅游接待条件从起居设备、饮食到服务质量均居上乘。2010年,法国连续五年被评为全球最适合居住的国家。相关统计数据显示,2017年第一季度,大巴黎地区酒店接待入住人数达到520万人次,同比增长12.5%。该地区接待的旅游人数也正稳步回升,2017年1季度该地区法国本土游客同比增长了9.9%,外国游客增长了16%。其中,中国游客增长的幅度最大,也成为法国旅游部门重点关注的客源。

(二)著名旅游城市和旅游景点

1.巴黎

巴黎为法国首都,是欧洲大陆上最大的城市,也是世界上最繁华的都市之一。巴黎地处法国北部中央,横跨塞纳河两岸。

巴黎是法国最大的工商业城市,工业生产总值约占全国的1/4,工人数量约占全国的1/5,汽车工业居全国首位。服装、化妆品、装饰品和家具等享有世界声誉,香水驰誉全球。巴黎还是法国的金融中心、世界重要金融市场之一。著名的巴黎国际博览会、现代化的特罗卡德罗展览馆,形成了一个可供常年展出的"博览会城"。

埃菲尔铁塔。埃菲尔铁塔是巴黎的标志,坐落在巴黎市中心塞纳河南岸的马尔斯广场,1889年为庆祝法国大革命100周年和在巴黎举行国际博览会而建,由古斯埃夫·埃菲尔设计。塔身有四座拱形支撑,呈"A"字形,钢铁结构,有玻璃外壳的电梯和楼梯直达塔顶。金塔高320米,塔楼分三层,三楼为眺望台,可远眺70千米以外的巴黎近郊地区。

卢浮宫。卢浮宫又称罗浮宫,位于塞纳河右岸,是法国文艺复兴时期最珍贵的建筑之一。始建于12世纪末,后经扩建和修缮,逐渐成为一座金碧辉煌的王宫。卢浮宫以收藏古典绘画和雕刻而闻名于世。从16世纪起,各代法国国王大规模收藏艺术品,充实卢浮宫。收藏艺术品达40万件,其中包括雕塑、绘画、美术工艺、古代东方、古代埃及、古希腊和古罗马等七大门类。收藏的珍品中以"宫中三宝"(即萨莫色雷斯的《胜利女神》雕像、米洛斯岛的《爱神维纳斯》雕像和达·芬奇的名画《蒙娜丽莎》)最为著名。卢浮宫与英国伦敦的大英博物馆、俄罗斯圣彼得堡的艾尔米塔什博物馆和美国纽约的大都会博物馆并称为世界四大博物馆。

巴黎圣母院。巴黎圣母院位于塞纳河中斯德岛上,是一座典型的哥特式教堂。因雨果的著名小说《巴黎圣母院》而出名。它是巴黎最古老、最大和建筑史上最出色的天主教堂。始建于1163年,由教皇亚历山大和法王路易七世共同主持奠基。工程历时近200年,直到1345年才最后完成。占地面积5500平方米。它突破了传统教堂建筑模式,增加了外观艺术装饰,开创了一代建筑新风。它是欧洲早期哥特式建筑与雕刻的主要代表。

凯旋门。凯旋门坐落在巴黎市戴高乐广场中央,为纪念拿破仑1806年2月在奥斯特尔里茨战役中打败俄奥联军而建。1806年开工,历时30年建成。凯旋门高约50米,宽约45米,厚约22米。四面各有一门,中心拱门宽14.6米。门上有许多精美的雕刻。内壁刻有拿破仑时代的将军名字和近百个胜利战役浮雕。12条大街以凯旋门为中心,向四周辐射,气势磅礴。

凡尔赛宫。凡尔赛宫位于巴黎以西20千米处,1661年由国王路易十四建造,以其奢华富丽和充满想象力的建筑设计闻名于世。包括皇宫城堡、花园、特里亚农宫等,是欧洲最宏大、最庄严、最美丽的皇家宫苑。

香榭丽舍大街。香榭丽舍大街是横贯巴黎且最具特色、最繁华的街道之一。东起协和广场西至戴高乐广场,全长约1800米,街道最宽处约120米。法文中"香榭丽舍"是"田园乐土"的意思。大街幽静的东端体现了田园风光,街心花园夹在万木丛中时隐时现。西端的戴高乐广场中央有巍峨雄伟、遐迩闻名的凯旋门。大街附近有波旁宫、玛德琳那大教堂、图勒里公园、卢浮宫、市府大厦和爱丽舍宫等名胜古迹。法国的一些重大节日——7月14日国庆阅兵式、新年联欢都在这条著名的街道上举行。

枫丹白露宫。枫丹白露宫位于巴黎东南60千米处,是法国王室最大的王宫。"枫丹白露"意为"美泉"。建于1527年,为意大利文艺复兴式和法国传统风格交融的宫廷建筑。以金碧辉煌的宫苑和浓郁苍翠的森林而闻名,有"宫殿中的宫殿"的美誉,也是具有典型西方艺术特色的室内装饰博物馆。

乔治·蓬皮杜国家艺术中心。乔治·蓬皮杜国家艺术中心位于巴黎,是一座设计新颖、造型特异、用钢铁和玻璃建成的现代建筑,有"文化工厂"之称。中心由大众知识图书馆、现代艺术馆、工业制造中心和音乐音响协调与研究中心四个部分组成。它是世界上最大的现代艺术博物馆。

2. 里昂

里昂位于索恩河和罗纳河交汇处,处在地中海通往欧洲北部的交通要道上,长期为法国政治中心,19世纪,法国多次工人起义在此爆发。历史上曾为西方丝织业中心,现为工业基地之一,为化学纤维的主要产地。

罗马剧场。里昂有一大一小两座罗马圆形剧场。其中大剧场是法国最古老的剧场,建于公元前15年,可容纳3万人。直至今天,仍然可以用作演出。

高卢-罗马文化博物馆。高卢-罗马文化博物馆是在考古遗址上建成的博物馆,收藏有大量的高卢考古珍品。依山势而建,入口处设在五楼,每经一朝代,便下一层楼。最珍贵的文物是1528年发现的克劳狄青铜板,上面铭刻着罗马皇帝克劳狄一世于48年在元老院的演说。

圣让首席大教堂。圣让首席大教堂位于索恩河畔。始建于1180年,历时三个世纪。教皇约翰二十二世在此举行了加冕典礼;1600年,亨利四世与玛利亚皇后在此举办了盛大婚典。

3. 马赛

马赛是法国第二大城市,位于地中海沿岸,是法国最大的商业港口,也是地中海最大的商业港口。马赛港由马赛、拉韦拉、福斯和罗娜圣路易四大港区组成,为法国对外贸易最大门户。马赛是法国的一个重要工业中心,集中了法国40%的石油加工业和70%的修船工业。马赛三面被石灰岩山丘所环抱,景色秀丽,气候宜人。每年接待游客达300万人以上,是法国接待游客人数最多的城市之一。

圣母加德大教堂。圣母加德大教堂是马赛的象征,建在一个150米高的山丘上。大教堂主体建筑上方有一座高达9.7米的镀金圣母像。

4. 戛纳

戛纳是法国地中海岸边的一座小城,风景秀丽,气候宜人。戛纳电影节一年一次在此举行。电影节的建筑群坐落在500米长的海滩上。其中包括25个电影院和放映室,中心是六层高的电影节宫。

5.尼斯

尼斯是法国南部地中海沿岸城市、法国第五大城市、第二大空港。地处马赛和意大利热那亚之间,有各式各样的博物馆、美术馆、花园、喷水池,为主要旅游中心和首选度假地。

葛拉斯。葛拉斯是香水之城,是尼斯西北部的一个小山城。环绕着该城的香水工厂有30多家。葛拉斯的乡村到处种满了各种香花,为香水的生产原料。该城市建有"国际香水博物馆"。

6.勃朗峰

勃朗峰为欧洲最高峰,是久负盛名的旅游中心,一年四季均可开展旅游活动。夏季是避暑胜地,冬季是赏雪、滑雪的好地方,春秋两季丛林葱郁、鸟语花香,可骑马、钓鱼、打高尔夫球等。

(三)购物

法国的时装、香水、葡萄酒、香槟酒、奶酪、咖啡世界闻名,城镇的大商场、旅游点的小摊贩,货真价实。

法国一向以盛产名牌而著称,因此,法国人对于名牌的敏感度颇高,捍卫保护名牌的力度也很大。法国机场专门设有"品牌监察员"。每一个第一脚踏进法国国门的游客,都有可能与这些"品牌监察员"不期而遇。所以入境法国穿戴假名牌须谨慎,携带多件还可能受罚。

项目二
南欧地区

◇知识目标

1.了解意大利、西班牙的地理位置、气候等自然环境和人口、历史、民俗、经济发展状况等人文概况。

2.熟悉意大利、西班牙主要旅游城市、旅游景区的概况。

3.掌握意大利、西班牙主要旅游线路的概况及特色。

◇能力目标

1.能简单介绍意大利、西班牙的自然与人文概况。

2.能对目前旅行社推出的意大利、西班牙旅游线路进行推广宣传。

3.能为客人提供意大利、西班牙旅游咨询服务。

◇素质目标

1.培养学生的信息素养。

2.培养学生的阅读能力、文字表达能力。

3.培养学生的线路分析、营销等综合职业素养。

工作任务 1　意　大　利

任务导入

在团队客人前往欧洲之旅经典游的行前说明会上，客人特别在意是否能够习惯异国饮食，因而对意大利等诸国的餐饮提出了疑问。请领队从客人在意的饮食角度对其进行介绍和答疑。

任务解析

行前说明会上对于饮食方面的答疑，目的是消除客人对异国之旅饮食上的顾虑，领队要从以下几个方面展开。

1. 介绍意大利美食

意大利菜肴最为注重原料的本质、本色，成品力求保持原汁原味。在烹煮过程中非常喜欢用蒜、葱、西红柿酱、干酪，讲究制作沙司。烹调方法以炒、煎、烤、红烩、红焖等居多。意大利菜系非常丰富，菜品成千上万。源远流长的意大利餐，有"西餐之母"和"欧洲大陆烹饪之始祖"的美称。意大利和中国一样是饮食大国，非常注重饮食生活。

向客人说明品尝意大利美食就是与意大利乃至欧洲餐饮文化做最亲密的接触，前往意大利品尝意大利当地美食是必不可少的活动之一，大家会不虚此行。

2. 声明意大利、西方美食在中国的普及

向客人说明，其实大家早已吃过意大利的美食，例如大家耳熟能详的比萨饼、意大利粉、意大利炒饭等，还有知名的提拉米苏、意大利冰激凌等点心、甜品等。西餐在中国对大家来说也并不陌生，如面包等更是非常普及。

3. 声明不要携带食品登机

领队要及时提醒客人不要携带食品登机，如带食品，必须采取独立包装或真空包装，必须托运。特别是不能带熟食肉类食品，随身带食品上飞机会被没收。

任务拓展

（1）带领教师团队客人欣赏意大利歌剧前，领队对意大利歌剧做简单介绍。
（2）请列举意大利知名的时尚品牌，针对女性客人进行推介说明。

相关知识

一 概况

(一)自然地理概况

1.地理位置

意大利位于欧洲南部,包括亚平宁半岛及西西里岛、撒丁岛等岛屿。北以阿尔卑斯山为屏障,与法国、瑞士、奥地利、斯洛文尼亚接壤,东、南、西三面分别临地中海的属海亚得里亚海、爱奥尼亚海和第勒尼安海。

2.气候

意大利大部分地区属亚热带地中海型气候。根据意大利各地不同的地形和地理位置,全国分为以下三个气候区:南部半岛和岛屿区、巴丹平原区和阿尔卑斯山区。这三个区的气候各有不同的特点。南部半岛和岛屿地区是典型的地中海型气候,大西洋气团占优势,夏季为热带气团,冬季为温带气团。意大利南部1月份平均气温为2—10℃,7月份为23—26℃。巴丹平原属于亚热带和温带之间的过渡性气候,具有大陆性气候的特点,夏季较热,冬季较冷,1月份平均气温为2—4℃,7月份为20—24℃。阿尔卑斯山区是全国气温最低的地区,冬季下雪较多,1月份平均气温为-12—1℃,7月份为4—20℃。阿尔卑斯山区的气候有明显垂直分布的特点,随着海拔的升高,气温逐渐下降。

3.地形地貌

意大利北部有阿尔卑斯山脉,中部有亚平宁山脉。意、法边境的勃朗峰海拔4810米,居欧洲第二;意大利多火山和地震,亚平宁半岛西侧有著名的维苏威火山,西西里岛上的埃特纳火山是欧洲最大的活火山。意大利最大的河流是波河,发源于阿尔卑斯山南坡,水能蕴藏丰富。较大湖泊有加尔达湖、特拉西梅诺湖、马焦雷湖、科摩湖等。

(二)人文概况

1.国名、国旗、国徽、国歌、国花、国树、货币

国名:意大利,全称意大利共和国。

国旗:意大利国旗呈长方形,长与宽之比为3∶2。旗面由三个平行相等的竖长方形相连构成,从左至右依次为绿、白、红三色。意大利原来国旗的颜色与法国国旗相同,1796年才把蓝色改为绿色。据记载,1796年拿破仑的意大利军团在征战中曾使用由拿破仑本人设计的绿、白、红三色旗。1946年意大利共和国建立,正式规定绿、白、红三色旗为共和国国旗。

国徽：意大利国徽呈圆形。中心意大利图案是一个带红边的五角星，象征意大利共和国；五角星背后是一个大齿轮，象征劳动者；齿轮周围由橄榄枝叶和橡树叶环绕，象征和平与强盛。底部的红色绶带上写着"意大利共和国"。

国歌：《马梅利之歌》。

国花：雏菊。

国树：五针松。

货币：欧元。

2.人口、民族

意大利人口约6060万（2016年），主要由古罗马人、拉丁人、伊特鲁里亚人、希腊人、伦巴第人（亦译伦巴底人、伦巴德人）、哥特人等构成。

3.语言、宗教

意大利人主要讲意大利语，西北部的瓦莱·达奥斯塔、东北部的特伦蒂诺-上阿迪杰和弗留利-威尼斯朱利亚等少数民族地区的民众分别讲法语、德语和斯洛文尼亚语。意大利大部分居民信奉天主教，其余居民信仰新教、东正教、犹太教、伊斯兰教及佛教。

二 简史

意大利半岛史前就有人类活动迹象，最早可追溯到旧石器时代早期。公元前9世纪伊特鲁里亚人曾创造灿烂的文明。公元前754年罗马建城。古罗马先后经历王政（公元前753—公元前509年）、共和（公元前509—公元前27年）、帝国（公元前27—476年）三个阶段，存在长达一千年之久。共和时期，罗马基本完成疆域扩张，帝国时期，成为以地中海为中心，跨越欧、亚、非三大洲的帝国。西罗马帝国于476年灭亡，东罗马帝国于1453年灭亡。公元962年至11世纪，意大利北部和中部成为"日耳曼民族神圣罗马帝国"的一部分，而南部则为拜占庭领土，直至11世纪诺曼人入侵意大利南部并建立王国。12—13世纪在意大利的神圣罗马帝国统治瓦解，分裂成许多王国、公国、自治城市和小封建领地。随着经济实力增强，文化艺术空前繁荣。

15世纪，人文主义和文艺复兴运动在意大利应运而生，16世纪在欧洲广泛传播。15世纪末，法国和西班牙争夺亚平宁半岛斗争激化，导致了持续数十年的意大利战争。自16世纪起，意大利大部分领土先后被法国、西班牙、奥斯曼帝国占领。18世纪民族精神觉醒。1861年3月建立王国。1870年攻克罗马，完成领土统一。此后，意大利同其他欧洲列强进行殖民扩张竞争，曾先后占领了厄立特里亚（1885—1896年）、索马里（1889—1905年）、利比亚和爱琴群岛（1911—1912年），并在中国天津取得一块商业租界（1902年）。一战时获得了东北部特伦蒂诺-上阿迪杰、弗留利-威尼斯朱利亚和多德卡尼索斯等地区。

1922年10月31日，墨索里尼上台执政，实行长达20余年的法西斯统治。其间包括入侵埃塞俄比亚（1930—1936年），帮助佛朗哥在西班牙打内战和与德国结成罗马-柏林轴心（1938年），随后卷入二战（1939—1945年）并沦为战败国。1946年6月2日全民公投，废除君主立宪,同年7月12日组成共和国第一届政府。二战后,参加马歇尔计划、签署"大西洋公约"并积极参加欧洲一体化进程,是欧盟创始国之一。

三 经济发展状况

意大利是发达工业国,是欧洲第四大、世界第九大经济体。中小企业发达,中小企业占企业总数的98%以上,被誉为"中小企业王国"。地区经济发展不平衡,北方工商业发达,南方以农业为主,经济较为落后。私有经济为主体,占国内生产总值的80%以上。服务业约占国内生产总值的2/3。国内各大区经济差距较大,南北差距明显。

意大利自然资源贫乏,能源和主要工业原料供给依赖进口。实体经济发达,是欧盟内仅次于德国的第二大制造业强国。意大利是欧盟内仅次于法国的第二大农业国,农产品质量享誉世界,239种农产品获得欧盟最高认证,是欧盟国家中拥有该级别认证最多的国家。2016年,意大利葡萄酒出口总额超过56亿欧元。与意大利一贯的竞争对手法国和西班牙相比,意大利是唯一一个出口总量和出口总额都实现增长的国家。2016年意大利农业食品出口总额为383.6亿欧元,意大利葡萄酒的出口总值占据了其中14.7%的份额。

服务业在国民经济中占有重要地位,多数服务业与制造业产品营销或供应有关。意大利是世界贸易大国之一,为世界第9大出口国、第12大进口国。对外贸易是意大利经济的主要支柱。外贸产值占国内生产总值40%以上。个人消费品、机械设备以及服务在国际市场占据非常重要的地位。

四 政治

意大利政治体制为议会制共和制。总统为国家元首和武装部队统帅,代表国家的统一,由参、众两院联席会议选出。总理行使管理国家职责,由总统任命,对议会负责。

五 文化

(一)文明

欧洲文明,广义地说也可泛指现代西方文明,从历史上看,主要是由希腊罗马的古典文明、中世纪的基督教文明和文艺复兴以来的近现代文明构成。在欧洲各国中,只有意大利是上述三大文明都得到充分发展的地方,它既是罗马的故国,又是教皇与教廷的驻地,更是文艺复兴的源头与中心。

在欧洲土地上,只有意大利经历了年代最长而又一脉相承的历史沧桑,也只有意大利能展示出最为辉煌却又丰富多样的文化积淀。公元14—15世纪,意大利文艺空前繁荣,成为欧洲"文艺复兴"运动的发源地,但丁、达·芬奇、米开朗基罗、拉斐尔、伽利略等文学与科学巨匠对人类文化的进步做出了无可比拟的巨大贡献。如今,在意大利各地都可见到精心保存下来的古罗马时代的宏伟建筑和文艺复兴时代的绘画、雕刻、古迹和文物。意大利是拥有联合国教科文组织世界遗产最多的国家（47个），意大利拥有世界上半数最伟大的艺术品，意大利全国估计有 100,000 个各种形式的纪念物（博物馆、宫殿、建筑物、雕像、教堂、艺术画廊、别墅、喷泉、历史建筑与考古遗迹）。

意大利在历史及文化上的遗产仍然是相当巨大的。歌剧和音乐是意大利文化中闻名于世的部分，意大利料理和食品通常被认为是世界上最受欢迎的文化之一，电影艺术和时尚文化也都举世闻名。

（二）文学

现代的意大利语是奠基于佛罗伦斯诗人但丁·阿利吉耶里，他的著名作品《神曲》被认为是中古时代欧洲最出色的文学作品。意大利历史上拥有许多著名的文学家，例如乔万尼·薄伽丘、曼左尼、塔索、阿里奥斯托及弗朗西斯克·彼特拉克（以十四行诗而闻名）等。焦尔达诺·布鲁诺、马斯里奥·菲奇诺、尼可罗·马基亚维利及维都是意大利杰出的哲学家。现代意大利文学家也多次获得诺贝尔文学奖的肯定，包括国家诗人焦苏埃·卡尔杜奇于 1906 年获奖，自然主义作家格拉齐亚·黛莱达于 1926 年获奖，小说家路伊吉·皮兰德娄于 1934 年获奖，诗人萨瓦多尔·夸西莫多于 1959 年获奖及埃乌杰尼奥·蒙塔莱于 1975 年获奖，剧作家达里奥·福于 1997 年获奖。

六 民俗与节日

（一）饮食

意大利菜系非常丰富，菜品成千上万，除了大家耳熟能详的比萨饼和意大利面之外，它的海鲜和甜品也都闻名遐迩。源远流长的意大利餐，对欧美国家的餐饮产生了深厚影响，并发展出包括法餐、美国餐在内的多种派系，故有"西餐之母"之美称。

意大利菜肴最注重原料的本质、本色，成品力求保持原汁原味。在烹煮过程中非常喜欢用蒜、葱、西红柿酱、干酪，讲究制作沙司。烹调方法以炒、煎、烤、红烩、红焖等居多。通常将主要材料或裹或腌，或煎或烤，再与配料一起烹煮，从而使菜肴的口味异常出色，缔造出层次分明的多重口感。意大利菜肴对火候极为讲究，很多菜肴要求烹制成六、七成熟，而有的则要求鲜嫩带血，例如罗马式炸鸡、安格斯嫩牛扒。米饭、面条和通心粉则要求有一定硬度。

品味意大利餐极为讲究，一般先吃头盘，如汤或面食、利梭多饭、玉米糕、比萨饼。主菜包括海鲜盘和肉盘。然后是色拉、甜品或奶酪，意大利的甜品琳琅满目，比较出名的有意式芝士饼、西西里三色雪糕、提拉米苏等。

（二）服饰

意大利是服装之乡，素以服装设计制造、皮鞋生产和首饰加工闻名于世。意大利人注重服饰，这是意大利民族传统的一个侧面。他们穿衣服讲究合体；注重服装的色泽和款式，上衣、裤子和皮鞋颜色搭配讲究协调；服装的颜色和样式要与自己的肤色与性格相适应。他们逢年过节，或去剧院观看演出，以及前往亲戚、朋友家做客，衣着十分讲究。一般妇女穿戴、打扮得很漂亮,她们喜欢穿裙子,很少穿长裤。服装样式很多,颜色各异,无奇不有。中老年男士也穿红色上衣、碎花衬衫。意大利人习惯在不同的场合穿不同的服装。

(三)礼仪与禁忌

1.礼仪

意大利人热情好客,待人接物彬彬有礼。见面礼是握手或招手示意;对长者、有地位和不太熟悉的人,要称呼他的姓,加上"先生""太太""小姐"和荣誉职称;和意大利人谈话要注意分寸,一般谈论工作、新闻、足球,不要谈论政治和美式橄榄球。

在意大利,女士受到尊重,特别是在各种社交场合,女士处处优先。宴会时,要让女士先吃,只有女士先动刀叉进餐,先生们才可用餐。在正式场合,穿着十分讲究。无论男士、女士都不得穿短裤、短裙或无袖衬衫到教堂或天主教博物馆参观。如果有人打喷嚏,旁边的人会马上说:"萨路德(祝你健康)"。另外,当着别人打喷嚏或咳嗽,被认为是不礼貌的事,所以本人要马上对旁边的人表示"对不起"。

2.禁忌

意大利人忌讳交叉握手,忌讳数字"13"。凡住房号、剧院座位号等都不准有13的字样。赠送纪念品时,切忌送手帕,认为手帕是亲人离别时擦眼泪用的不祥之物;送花时忌送菊花,因为菊花盛开的季节正是他们扫墓的时候;送花的花枝、花朵应为单数。

(四)重要节日

意大利有大约三分之一的日子属节日,节日之多,在欧洲国家中首屈一指。节日多这一事实是意大利人崇尚自由、浪漫天性的体现,也是意大利人注重传统的见证。意大利节日分为宗教节日、民间传统节日、国家纪念日,大部分是宗教及民间传统节日。主要节日有主显节(1月6日)、狂欢节(复活节前40天)、复活节(3月22日至4月25日)、解放日(4月25日)、国庆节(6月2日)、八月节(8月15日)、万圣节(11月1日)、圣诞节(12月25日)。

1.圣诞节

圣诞节是纪念基督教创始人耶稣生日的节日。从公元2世纪起,罗马人就开始举行纪念耶稣诞辰的活动。公元357年,教皇利贝里奥把庆祝日定于12月25日。现在,圣诞节是一年中最重要的节日,其作用类似我们的春节,是全家人的团圆日。每年圣诞,天主教教皇都要在梵蒂冈举行一系列盛大的宗教仪式以兹庆祝。

2.主显节

主显节在每年的1月6日,是纪念耶稣显灵的节日,也是意大利的儿童节。相传,东方三贤士见到一颗代表耶稣的明亮的星星,于是,在1月6日那天来到伯利恒拜见诞生不久的耶稣,这就是宗教上所说的耶稣显灵和三贤朝圣。传说中,在这一天,会有一位骑着扫帚的巫婆从屋顶的烟囱钻进屋里来,把礼物装在靴子里送给小孩。听话的孩子可以收到很多礼物,而淘气的孩子只能收到黑炭块。于是,大人们就把给孩子的各种礼物装在长筒靴中,放在壁炉上。淘气的孩子会收到样子像黑炭块的糖。

3.狂欢节

狂欢节一般在2月份。各个城市一般都会组织各种庆祝活动,有化装游行、各种文艺演出等。人们也穿戴整齐,相拥着来到广场、公园。有的扮成各种动物,有的化装成各种明星,有的身着古人的衣物。戴着面具的、涂着油彩的,汇聚成一个神奇的世界。人们手中拿着彩色的纸条或纸屑、瓶装的液体泡沫、充气的塑料棒,向认识和不认识的人身上撒去、喷去、敲去,撞击出一片片欢乐。意大利以狂欢节著称的城市是位于海滨的维亚雷焦。此外,威尼斯、罗马、米兰、佛罗伦萨的狂欢节也各具特色。

七 旅游业

（一）旅游业概况

意大利是传统旅游大国,早在20世纪50年代,就接待过世界1/4的游客,居世界首位。在世界旅游业竞争激烈的今天,意大利旅游业仍居世界前列。意大利旅游业发达,旅游收入是意大利弥补国家收支逆差的第二大来源(第一为服装出口)。目前,意大利旅游部门就业人数达123万,与旅游业有间接关系的其他部门就业人员还有近140万,成为意大利最有活力的部门。

（二）著名旅游城市和旅游景点

意大利拥有享誉世界的城市,它们有独特的城市风貌、优美的自然风光,也有可炫耀的历史和文化,一直以来都是全世界最热门的旅游地之一。意大利主要城市有罗马、米兰、佛罗伦萨、威尼斯、那不勒斯等。意大利的世界遗产数量位居世界第一:毁于一旦的庞贝古城、闻名于世的比萨斜塔、文艺复兴的发祥地佛罗伦萨、风光旖旎的水城威尼斯、古罗马竞技场等。

1.罗马

意大利首都罗马是有着辉煌历史的欧洲文明古城、天主教中心、罗马教廷所在地、前罗马帝国首都。罗马位于亚平宁半岛中部的台伯河畔,总面积为1507.6平方公里,其中市区面积208平方公里。罗马市现由55个居民区组成,罗马市是意大利最大的城市。由于它建在7座山丘之上,并有悠久的历史,故被称为"七丘城"和"永恒之城"。

2.米兰

米兰是意大利第二大城市,位于波河平原西北部,阿尔卑斯山南麓。米兰是现代化的国际大都市,意大利最大的大都市和欧洲及世界最大的都会区之一,也是意大利铁路、公路枢纽,有运河通波河支流提契诺河与阿达河。米兰是意大利的经济引擎、经济首都、全国最大的工商业和金融中心,有汽车、飞机、摩托车、电器、铁路器材、金属制造、纺织、服装、化学、食品等工业。米兰大教堂是欧洲最大的哥特式大理石建筑之一,始建于1386年。还有著名的布雷拉美术宫、拉斯卡拉剧院和博物馆等。

3.都灵

都灵是意大利第三大城市、大工业中心之一。位于波河上游谷地,海拔243米。冬温夏热,年降水量1000毫米左右,冬春降水较多,且多山谷风。都灵现为意大利最大的工业中心之一,尤以汽车制造业闻名于世。都灵是欧洲的电力炼钢和电子加工中心之一。都灵城区多广场,多文艺复兴时期的艺术珍藏和建筑古迹。有圣乔瓦尼巴蒂斯塔教堂、瓦尔登西安教堂等以及豪华的宫殿。沿波河左岸多公园。还有创立于1405年的都灵大学、多所理工科高等院校和国家约瑟夫·弗迪音乐学院,以及现代科技研究实验中心。都灵还拥有艺术珍宝丰富的古老教堂和宫殿,都灵大教堂中的瓜里尼小教堂,保留着包耶稣尸体的床单(著名的都灵裹尸布)。

4.威尼斯

威尼斯是意大利最著名的城市,位于意大利东北部,离大陆约4公里,坐落在威尼斯湖约118个大大小小的岛屿上。150多条运河和400座桥梁纵横交错,把这118个岛屿联成一个城市整体,使之成为世界上最具有吸引力的旅游城市。威尼斯附近的圣马可广场被誉为最浪漫的广场,鸽子是这里最大的特色。相传圣马可大教堂是用来供奉福音作者圣马可的教堂;圣马可是威尼斯的守护神,标志物是狮子,因此,狮子也是威尼斯的标志物。贡多拉是威尼斯最贵的交通工具,相传以前的船夫都是年轻又帅气的小伙子,边划船还边唱着情歌。

5.那不勒斯

那不勒斯是意大利重要港市和南部的工业中心、著名的旅游城市,位于意大利半岛南部西侧第勒尼安海的那不勒斯湾北岸。地处那不勒斯平原,城东南为丘陵山地,有著名的维苏威火山,火山南麓有庞培古城废墟。那不勒斯湾形势险要,港阔水深,外侧南北有卡普里和伊斯基亚等小岛,防浪避风,为军、商两用的天然良港。

庞贝城是亚平宁半岛西南角坎佩尼亚地区一座历史悠久的古城,位于意大利南部那不勒斯附近。庞贝城是一座背山面海的避暑胜地,始建于公元前6世纪,公元79年毁于维苏威火山大爆发。但由于被火山灰掩埋,街道房屋保存比较完整,从1748年起考古发掘持续至今,为了解古罗马社会生活和文化艺术提供了重要资料。2016年6月,庞贝古城被评为世界十大古墓稀世珍宝之一。

6.佛罗伦萨

佛罗伦萨在意大利语中意为"鲜花之城",位于阿诺河谷的一块平川上,四周丘陵环抱。文艺复兴的概念在佛罗伦萨产生。作为欧洲文艺复兴时期的文化中心,佛罗伦萨给现代人留下了数不胜数的历史建筑和历史珍品。米开朗基罗广场、韦基奥古桥和附近的比萨斜塔等均是最重要的游览景点。

7. 罗马斗兽场

罗马斗兽场(又译圆形竞技场)是罗马时代最伟大的建筑之一,也是保存最好的一座圆形竞技场。位于罗马城中威尼斯广场的东南面,奥勒利安城墙内。古城结构保存良好,为世界典范。罗马斗兽场是世界八大名胜之一,也是罗马帝国的象征。斗兽场的外观像一座庞大的碉堡,占地 20000 平方米,围墙周长 527 米,直径 188 米,墙高 57 米,相当于一座 19 层现代楼房的高度,场内可容纳 10.7 万观众。

8. 比萨斜塔

比萨斜塔是意大利比萨城大教堂的独立式钟楼,位于意大利托斯卡纳省比萨城北面的奇迹广场上。比萨斜塔从地基到塔顶高 58.36 米,从地面到塔顶高 55 米,钟楼墙体在地面上的宽度是 4.09 米,在塔顶宽 2.48 米,总重约 14453 吨,重心在地基上方 22.6 米处。圆形地基面积为 285 平方米,对地面的平均压强为 497 千帕。倾斜角度 3.99 度,偏离地基外沿 2.5 米,顶层突出 4.5 米。1174 年首次发现倾斜。

(三)购物

意大利的特色产品很多,大到古玩、皮具、丝绸、家居用品、金银饰品,小到时装、配饰、化妆品、水晶玻璃制品、纸工艺品等,种类多样,品牌齐全,并且原产地商品质量颇高、价格低廉。意大利负有盛名的有意大利巧克力、意大利咖啡、意大利冰淇淋、橄榄油、意大利时装、狂欢节面具、玻璃制品、手工花边、木制工艺品、费列罗巧克力、红勤酒。

意大利退税最低购物金额为 155 欧元,退税率为 12%。除了机场免税店,城中许多店家门上贴有"Tax Free"标志的都可享受退税,但要注意相关条款,比如是否消费要达到规定金额。

工作任务 2 西 班 牙

任务导入

一个旅游团在西班牙准备观看西班牙弗拉明戈舞,该团队领队如何理解和欣赏弗拉明戈舞,并适时为团队客人进行介绍。

任务解析

在为客人介绍弗拉明戈舞前,领队要提前学习弗拉明戈舞的相关知识。首先是了解弗拉明戈舞的背景和地位,知晓弗拉明戈舞的表演形式和表演特点,理解弗拉明戈舞的内涵,指出弗拉明戈舞的欣赏要点。

1.了解弗拉明戈舞的背景和地位

"弗拉明戈"一词源自阿拉伯文的"逃亡的农民"一词。大约在15世纪中叶,随着一批吉卜赛人流浪到安塔露西亚,"弗拉明戈"从此在西班牙流行起来。这种乐舞融合了印度、阿拉伯、犹太,乃至于拜占庭的元素,后来又注入西班牙南部的养分,居住在西班牙安达鲁西亚的吉卜赛人(又称弗拉明戈人),使其定型并扬名。弗拉明戈舞(Flamenco Dance),作为当今世界最富感染力的流行舞种,是吉卜赛文化和西班牙的安达鲁西亚民间文化的结合。弗拉明戈舞现在已经成为与西班牙斗牛齐名的民间艺术,地位好比中国的京剧,是西班牙的国粹。如今,来西班牙旅游的人,重要的行程之一就是欣赏弗拉明戈舞。

2.知晓弗拉明戈舞的表演形式

弗拉明戈是集歌、舞和吉他演奏为一体的艺术。表演时,必须有吉他伴奏,并有专人在一旁伴唱。弗拉明戈舞有单人舞、双人舞还有群舞。传统的弗拉明戈舞通常是由舞者在歌唱与吉他伴奏下进行即兴表演。弗拉明戈舞蹈风格着重于内在的爆发力,脚步动作强烈并极具弹性,含有挑衅性的舞姿造型,强烈的节奏和复杂的脚尖、脚掌、脚跟击打地面,这是男性舞者的特点,而柔雅优美的手臂、手腕、躯干动作则构成女性舞者的特点。响板的运用来自西班牙的安达卢西亚民间舞蹈,在手指击打响板的过程中,强调舞步与身体、脚步和情绪的协调配合。

3.理解弗拉明戈舞的内涵

吉卜赛人从小在弗拉明戈舞的环境里长大,吉卜赛人生活的颠沛流离、放纵与自由,使弗拉明戈舞呈现出自由、热情和矛盾。自小能歌善舞的吉卜赛人将艰难生活的忧伤情绪抒发在自创的歌舞当中,这就是弗拉明戈舞的由来,这种传统艺术一代传一代,带来的不是欢乐的气氛,而是悲伤情绪的宣泄。

今天,"弗拉明戈"这个词,不仅是一种特定舞蹈的名称,也被用来形容一种人生态度。根据字典上的解释,弗拉明戈指一类追求享乐、不事生产、放荡不羁,并经常生活在法律边缘的人。在艺术家心中,"弗拉明戈"不仅是歌、舞和吉他音乐的三合一艺术,也代表着一种慷慨、狂热、豪放和不受拘束的生活方式。前两年服饰界流行的波希米亚风,正是这种精神的浪漫体现。

4.指出弗拉明戈舞的欣赏要点

对游客而言,观赏正宗的弗拉明戈舞是他们去西班牙旅游的目的之一。领队可以告知客人可以从大摆裙服装的摆动、响板声音变化、舞蹈节奏快慢、吉他弹唱、歌者歌唱、舞蹈者的肢体动作、舞蹈者的眼神等角度进行欣赏。

弗拉明戈舞表演的精华是它的歌唱。弗拉明戈表演的开场,总是以歌手的歌唱引出舞蹈的前奏。同时,吉他演奏与伴奏也非常重要,不管舞者还是歌者,都要"听从"吉他的指挥。虽然弗拉明戈舞表演处处都是即兴的火花,但舞者的一切舞姿都在吉他音乐节奏的掌握中。

在弗拉明戈舞蹈中,除了歌曲、吉他和响板的伴奏外,舞者时而配合节奏拍手,时而脚踩地加强韵律。随着吉他音乐表现的变化,舞者的肢体表现也随之变化。舞蹈者常常情不自禁地一面踏地一面甩响指,在现场加上歌声、拍手声、喊叫声、响板声,还有那飞舞的华丽绚烂的大摆裙,气氛十分热烈。领队可以告知作为欣赏者如果能随着音乐击掌或喊"欧嘞"则更容易融入弗拉明戈艺术氛围之中。

任务拓展

1. 假如你是领队,请简单为客人介绍西班牙斗牛的历史和内容形式。
2. 请为客人简单介绍西红柿节的活动内容。

相关知识

一、概况

(一)自然地理概况

1. 地理位置

西班牙位于欧洲西南部伊比利亚半岛,处于欧洲和非洲、大西洋和地中海的咽喉位置。西邻葡萄牙,西北为大西洋,东北与法国、安道尔公国接壤,北濒比斯开湾,南隔直布罗陀海峡与非洲的摩洛哥相望,东和东南濒临地中海。

西班牙国土面积为505925平方公里,其大陆部分约占伊比利亚半岛面积的85%,是欧盟第二大国,仅小于法国。西班牙海岸线长约7800公里,境内多山,是欧洲高山国家之一。

2. 气候

西班牙三面临海,气候多种多样。全国中心梅塞塔高原属大陆性气候;北部和西北部是海洋性气候;南部以及地中海沿岸地区,约占全国面积的3/4,属干燥的亚热带气候或地中海气候。西班牙四季分明。最冷月份为1—2月,平均气温是:东部、南部为8—13℃;北部为2—10℃。最热月份是8月,平均气温是:东部、南部为24—36℃;北部为16—21℃。

3. 地形地貌

西班牙地处半岛,境内多山,是欧洲高山国家之一,平原仅占11%。中部有梅塞塔高原,北部和南部近海地区为山地,沿海平原狭窄。北部沿海一带为林业资源主要集中地,故有"绿色西班牙"之称。中部的梅塞塔高原是一个山脉环绕的闭塞性高原,约占全国面积的3/5。北有东西绵亘的坎塔布里亚山脉和比利牛斯山脉。比利牛斯山脉是西班牙与法国的界山,长430多公里。西班牙的最高点在南部的内华达山,主峰穆拉森山海拔3478米,是伊比利亚半岛的屋脊。由于山脉逼近海岸，平原很少而且狭窄，比较宽广的只有东北部的埃布罗河谷地和西南部的安达卢西亚平原。

(二)人文概况

1.国名、国旗、国徽、国歌、国花、国树、货币

国名：西班牙全称西班牙王国，是一个位于欧洲西南部的君主立宪制国家。

国旗：西班牙国旗呈长方形，长宽之比为3∶2。旗面自上而下由红、黄、红三个平行长方形组成。中间黄色部分占旗面1/2，左侧绘有国徽。红、黄两色是西班牙人民深爱的传统色彩，象征着人民对祖国的一片赤胆忠心。西班牙于1785年使用了红、黄、红的旗帜挂在船上，成为西班牙的代表色。黄色部分偏左侧绘有西班牙国徽。分别代表组成西班牙的四个古老王国。

国徽：西班牙国徽中心图案为盾徽。盾面上有六组图案：左上角是红地上黄色城堡，右上角为白地上头戴王冠的红狮，城堡和狮子是古老西班牙的标志，分别象征卡斯蒂利亚和莱昂；左下角为黄、红相间的竖条，象征东北部的阿拉贡；右下角为红地上金色链网，象征位于北部的纳瓦拉；底部是白地上绿叶红石榴，象征南部的格拉纳达；盾面中心的蓝色椭圆形中有三朵金百合花，象征波旁-卡佩家族的统治。盾徽上端有一顶大王冠，这是国家权力的象征。盾徽两旁各有一根海格立斯柱子，亦称大力神银柱。左、右柱顶端分别是王冠和帝国冠冕，缠绕着立柱的饰带上写着"海外还有大陆"。

国歌：《皇家进行曲》。

国花：石榴花。

国树：甜橙。

货币：欧元。

2.人口、民族

西班牙人口约4784.7万(2016年)。西班牙是一个多民族的国家，由1个主体民族和若干个少数民族构成，其中2/3居民为卡斯提利亚人，1/3居民属于少数民族。西班牙有加泰罗尼亚族、巴斯克族和加利西亚族等民族。此外，西班牙还有少量吉卜赛人。

3.语言、宗教

西班牙官方语言和全国通用语言为西班牙语。少数民族语言如加泰罗尼亚语、加利西亚语及巴斯克语在本地区亦为官方语言。西班牙人在经贸往来时一般使用本国官方语言。从事对外事务的政府官员和商人一般会讲英语或法语。西班牙居民主要信奉天主教。其余也有新教徒、犹太教徒和伊斯兰教徒。

二 简史

西班牙全称西班牙王国，是南欧的文明古国之一，曾被古罗马人、西哥特人和阿拉伯人统治。1492年哥伦布发现新大陆后，西班牙逐渐成为海上强国，并开始向海外扩张，成为跨欧、美、亚、非四大洲的第一个殖民帝国。

1588年西班牙"无敌舰队"被英国击溃,国家开始衰落。1898年"美西"战争失利后彻底衰落。1936年爆发内战,1947年佛朗哥宣布西班牙为君主国,并自任终身国家元首。1975年11月佛朗哥病逝,胡安·卡洛斯一世国王登基。1976年7月国王任命苏亚雷斯为首相,西班牙开始向西方议会民主政治过渡。1978年12月,宣布实行君主立宪议会制。1982年工人社会党首次在大选中获胜组阁,执政长达14年。1996—2004年,人民党上台执政。2004年至今,工社党执政。

1986年西班牙正式加入了欧洲经济共同体,在欧盟事务中承担重要的责任,在投票权方面是部长委员会的第五大国。1998年5月成为首批进入欧元区的国家之一。2010年上半年西班牙担任欧盟轮值主席国,上一次是在2002年上半年。

(三) 经济发展状况

西班牙属于经济发达国家,1986年加入欧共体,综合国力在欧盟居第五位,在世界排名第八。由于近年来实施了卓有成效的改革,西班牙成为南欧国家社会和经济改革的"领头羊",加入欧盟后,银行业总体实力迅速得到提升。由于受全球金融危机影响,西班牙金融风险加大,房地产泡沫破灭,失业率飙升,经济急速下滑,社会发展面临严峻挑战。

西班牙主要工业部门有食品、汽车、冶金、能源、石油化工、电力等行业。纺织、服装和制鞋业是西班牙重要传统产业。以下六大产业的技术位列世界前沿:航空航天工业、生物技术(生物制药)行业、机械设备制造业、公共工程建设和管理、可再生能源——太阳能产业、风力发电及水处理行业。汽车工业是西班牙支柱产业之一,世界上最大的6家汽车跨国集团都在西班牙设有工厂。西班牙的服务业是国民经济的重要支柱之一,包括文教、卫生、商业、旅游、社会保险、运输业、金融业等,其中尤以旅游和金融业较为发达。

(四) 政治

西班牙国家政体为议会制君主立宪制。行政体制为总理制,即行政首脑为总理,国家元首为荣誉职务。实行议会君主制,改革议会,实行两院制,设参议院和众议院。首相是政府首脑,由议会推选,国王任命。

(五) 文化

(一) 文学

西班牙最早的文学作品是10世纪时出现的史诗。文艺复兴时期的代表作品是塞万的《堂吉诃德》,这部脍炙人口的世界名著是欧洲长篇小说发展史上的一座里程碑,它对西班牙文学、欧洲文学乃至整个世界文学的影响都是不可估量的。20世纪西班牙最著名的诗人加西·洛尔卡,其代表作《伊格纳西奥·桑切斯·梅希亚斯挽歌》被誉为西班牙文学中"最优秀的哀歌之一"。当代西班牙著名作家有卡米洛·何塞·塞拉(1989年荣获诺贝尔文学奖)、米盖尔·德利维斯、爱德华多·门多萨、哈维尔·马利亚斯等。自19世纪末以来,西班牙共有5位文学家荣获诺贝尔文学奖。

（二）音乐

西班牙的音乐极为丰富多彩，并带有东方色彩，热情奔放，其音乐与演奏水平在世界上享有盛誉。19世纪，西班牙音乐逐渐取得世界级的影响，先后在马德里和巴塞罗那创办了音乐学院。历史上著名作曲家有阿尔维尼斯、格拉纳多斯、法雅和罗德里戈。当代西班牙拥有一批世界上最优秀的歌唱家，如普拉西多·多明戈、何塞·卡雷拉斯与意大利的卢恰诺·帕瓦罗蒂齐名，并称为当代"世界三大男高音"；克劳斯和阿拉加尔也是当今世界的男高音中的顶尖人物，并称"西班牙男高音双巨星"。安赫莱斯为20世纪世界最著名女高音歌唱家之一，卡伐耶有"当代歌剧皇后"之称，贝尔甘扎是世界杰出的女中音歌唱家，胡利奥·伊格莱西亚斯是国际闻名的通俗歌曲歌手。西班牙还出现了一批世界级乐器演奏家，拉罗恰是久负盛名的女钢琴家，享有"钢琴皇后"之美称。卡萨尔斯和卡萨多为杰出的大提琴演奏家，小提琴家萨拉萨蒂被誉为"帕格尼尼再世"。

（三）美术

西班牙美术家在世界美术史上占有重要的地位，文艺复兴时期和17世纪画坛人才辈出，创造了许多传世佳作。戈雅是18世纪西班牙最伟大的画家之一，代表作有《卡洛斯四世一家》《裸女》等；毕加索是20世纪最具有创造性、影响最大的西班牙艺术巨匠，代表作有《格尔尼卡》《亚威农少女》《三个乐师》《哭泣的女人》等；此外，当代著名艺术家还有抽象派画家米罗，代表作有《小丑狂欢节》《农场》《金蓝》等；意象派画家达利，代表作有《记忆的永恒》《哥伦布之梦》等。

（四）西班牙斗牛

西班牙有"斗牛王国"之称，斗牛是西班牙的"国粹"。在全国各种节日活动中，斗牛是重要内容。斗牛一直是西班牙贵族显示勇猛骠悍的专利项目。西班牙斗牛选用的是生性暴烈的北非公牛。由特殊的驯养场负责牛种的纯正。一般驯养四五年后即可使用。斗牛表演通常在下午进行，每场由三个斗牛士分别斗六头牛。斗牛表演是西班牙为数不多的准时开始的活动。如晚到，须等一头牛斗完后方可入场。

（五）弗拉明戈舞

弗拉明戈舞与斗牛并称为西班牙两大国粹。弗拉明戈是西班牙的一种综合性艺术，它融舞蹈、歌唱、器乐于一体，源于传统吉卜赛人民居住的地方。如今，弗拉明戈俨然成为具有西班牙特色和代表性的艺术之一。秉持了吉卜赛的自由随性，融合了欧洲的高贵华丽以及美洲的奔放热情的弗拉明戈早已享誉世界舞台，被越来越多的人接受和喜爱。弗拉明戈的精华是其歌，常常用吉他音乐伴奏，同时表演即兴舞蹈。

六 民俗与节日

（一）饮食

西班牙是个资源丰富、经济发达的国家，其园艺业在世界上占有重要地位，同时也是葡萄、油橄榄和柑橘的大产区,其沿海盛产沙丁鱼。西班牙是美食家的天堂,每个地区都有著名的饮食文化。

西班牙盛产土豆、番茄、辣椒、橄榄。烹调喜欢用橄榄油和大蒜。西班牙美食汇集了西式南北菜肴的烹制方法,其菜肴品种繁多,口味独特。西班牙的主要美食有派勒利、鳕鱼、伊比利亚火腿、葡萄酒、虾、牡蛎、马德里肉汤等。

(二)服饰

西班牙人在正式社交场合通常穿保守式样的西装,内穿白衬衫,打领带。他们喜欢黑色,因此一般穿黑色的皮鞋。西班牙妇女外出有戴耳环的习俗,否则会被视为没有穿衣服一般被人嘲笑。

(三)礼仪与禁忌

1.礼仪

西班牙人通常在正式社交场合与客人相见时,行握手礼。与熟人相见时,男性朋友之间常紧紧地拥抱。西班牙人友善热情,少有种族偏见,喜欢舞蹈、音乐、喝酒、聚会,对艺术与文化的保存非常重视。宴请与约会宜事先通知。赴约时,女士应戴上耳环,男士应穿黑皮鞋。赴家宴须向主人送礼,常送酒、巧克力、工艺品等,一般不宜送鲜花、衣服和化妆品等个人化的物品。喜饮凉水,不喝热开水。西班牙人在圣诞节前有相互送礼的习惯。赠送礼品很注重包装并有当面拆包赞赏的习惯。西班牙人赴约一般喜欢迟到一会,尤其是应邀赴宴。餐桌上一般不劝酒,也无相互敬烟的习惯。西班牙人只有在参加斗牛比赛活动时才严守时间,但客人应当守时,即便对方晚到,也不要加以责怪。西班牙人性格开朗,热情,但容易激动,有时发生争吵是很正常的,他们对此已习以为常。

2.禁忌

西班牙属基督教文化圈,许多禁忌与欧美基督教国家相同,如视13为不吉利数字,忌用黄色(象征疾病、嫉妒等)、紫色(是教会专用的"神圣颜色")、黑色(象征死亡),忌用菊花(为丧礼用花)等。西班牙人口味偏重酸、辣,忌食油腻过重、味道过咸的食品。

(四)重要节日

西班牙的节日丰富多彩,每年约有200多个节日,除了国庆节、元旦、圣诞节、复活节、圣周等一些重要的传统节日外,每个地区都有自己的带有浓郁地方色彩的节日,如奔牛节、西红柿节、圣周。

1.奔牛节

奔牛节在每年的7月6日至14日。奔牛节在西班牙的潘普洛纳所举行,属于圣佛明节的重头戏。奔牛节期间,主办单位会设立让牛群狂奔的路径,并且围好观赏的栅栏,以免让狂奔的牛只误伤了群众,如果只想凑热闹,又不想被牛吻,那么就可以好好站在栅栏外欣赏这个让人看起来血脉偾张的节庆活动,既有临场感,又没有危险之虞。数万名来自世界各地的奔牛爱好者将在为期9天的人与牛之间奔跑的危险游戏中尽情享受欢乐与刺激。

2.西红柿节

西红柿节在八月的最后一个星期三。和奔牛节一样,西红柿节也是西班牙闻名世界的传统节日,它最早开始于 1945 年,整个节日通常持续一个星期。西红柿节在东部小城尼奥尔举行。当天中午 12 点,随着一声令下,早已等候在人民广场及其附近街道上的人们,立即冲向满载西红柿的 6 辆大卡车,抓起这些"红色子弹"胡乱地向身旁熟悉或陌生的人们身上砸去。一个小时以后,斗士们个个"弹尽粮绝",筋疲力尽,"番茄大战"宣告结束。接着,布尼奥尔小城市民和成千上万的志愿者把所有能够利用的自来水龙头全部打开,纷纷投入另一场战斗——打扫街道。

3.圣周

从复活节前一个周日开始,直到复活节的七天时间被称为圣周。每年圣周的时间并非固定,要依据教廷年历才知道哪一个星期为圣周。圣周游行当天,许多信徒特地起个大早,出门买新鲜的棕榈叶,用来装饰自己家的阳台和窗口,很多人手持棕榈叶参加这一天的宗教游行。同时,当地居民男士一律穿着深色西装打领带,女士统统穿黑裙束黑纱发髻,高贵而冷傲,据说是耶稣受难前一天的传统服饰。在整个圣周庆祝活动期间,所有大大小小的教堂都会全体出动,在不同的时间段上街游行,场面尤为壮观。

七 旅游业

(一)旅游业概况

西班牙素有"旅游王国"之称。西班牙旅游业发达,是国家重要经济支柱和外汇的主要来源之一,旅游业产值占国内生产总值的 12% 左右,相关行业就业人数占全国就业人数的 16%,入境人数和旅游收入各位于世界第二。全国共有近一万家旅行社,共有各种旅馆 14228 家,床位约 130 万张。联合国世界旅游组织总部就设在西班牙首都马德里。

西班牙拥有十分优越的旅游资源,其王牌项目是"3S",即 Sun(太阳)、Shore(海滩)、Sea(海洋)。"3S"是绝大多数游客去西班牙的目的。西班牙的旅游口号为"阳光普照西班牙"。

现在西班牙旅游业发展火热,据西班牙国家统计局公布,2017 年前四个月,西班牙旅游业吸引外国游客 2000 万人次,同比增长 11.6%;外国游客在西班牙消费创历史新高,达 203.94 亿欧元,同比增长 15.3%。

(二)著名旅游城市和旅游景点

西班牙拥有十分优越的旅游资源,其大部分国土气候温和,山清水秀,阳光明媚,风景绮丽。在 3000 多公里蜿蜒曲折的海岸线上,遍布着许多天然的海滨浴场。西班牙拥有许多王宫、教堂和城堡,还有许多古老独特的民族文化传统和别具一格的民族文化娱乐活动。西班牙著名旅游胜地有马德里、巴塞罗那、塞维利亚、太阳海岸、美丽海岸等。

1.马德里

马德里是西班牙首都、欧洲著名历史古城,有400多年的历史,是全国的政治、文化、经济和金融中心。马德里现代建筑与文物古迹相映生辉,市内有规模名列欧洲榜首的马德里大学、36个古代艺术博物馆、100多个博物馆、18家图书馆和100多个雕塑群。著名的景点有太阳门、普拉多博物馆、西班牙皇宫、哥伦布广场、瑞内索菲亚美术馆、大广场等。

西班牙皇宫是欧洲第三大皇宫,仅次于凡尔赛宫和维也纳皇宫,建在曼萨莱斯河左岸的山岗上,是世界上保存最完整且最精美的宫殿之一。皇宫建于1738年,26年后才完工。其外观具有卢浮宫的建筑美,内部装潢是意大利式的,整个宫殿豪华绝伦。普拉多博物馆建于1758年,原为自然科学博物馆,1819年改为绘画博物馆,收藏绘画、雕塑佳作约5000件,生动地记载了西班牙数百年来艺术风格的演变发展,许多珍品被誉为欧洲绘画史上的瑰宝。

2.巴塞罗那

巴塞罗那位于地中海西岸,是全国第二大城市。巴塞罗那港是全国重要的综合性港口。巴塞罗那气候宜人,古迹遍布,是西班牙著名的旅游胜地,素有"伊比利亚半岛的明珠"之称。因成功举办1992年第25届奥运会而闻名全球。著名景点有毕加索博物馆、巴塞罗那大教堂、神圣家族大教堂、蒙锥克古城堡、奥运中心等。

神圣家族大教堂是西班牙最伟大的建筑师安东尼奥·高迪设计的。这是一座象征主义建筑,它的四座尖塔代表了12位基督圣徒。圆顶覆盖的后半部则象征圣母玛利亚。整个建筑华美异常,是建筑史上的奇迹。奥运中心设在蒙锥克山上。蒙锥克山奥林匹克体育场和与其毗邻的圣乔尔迪体育馆为1992年奥运会的主要比赛场。

3.塞维利亚

塞维利亚为塞维利亚省省会和安达卢西亚自治区首府,是全国第四大城市、南部地区第一大城市,也是西班牙唯一有内河港口的城市,是西班牙南部经济、贸易、旅游和文化重镇。该市有汽车、机械等工业,塞维利亚大学也在这里。

4.太阳海岸

太阳海岸位于西班牙南部的地中海沿岸,长200多公里,被誉为世界六大完美海滩之一,也是西班牙四大旅游区之一。这里气候温和,阳光充足,全年日照天数达300多天,故称太阳海岸。夏天气温为32—40℃,冬季气温为14—16℃。该海岸连接近百个中小城镇,原来人烟稀少的沿海村庄现在都已成为现代化旅游点,是欧洲最受欢迎的旅游度假胜地之一。

(三)购物

西班牙具有特色的旅游纪念品有西班牙彩绘瓷器、摩洛哥皮件、铜器、坐垫、地毯、吊灯、拖鞋、木雕、青蓝绘陶品、安达卢西亚式吊灯、瓷砖、拼图家具以及西班牙风味的大花裙、蕾纱披肩,还有一种与法国香槟酒媲美的名叫卡瓦酒的气泡酒。西班牙以实用、个性为设计主题的衣饰、皮革及鲸皮制品、吉他、托利多铜具、装饰品、玻璃器皿、古玩及瓷器等购物商品为中国旅游者所喜欢。

退税商品应在离境前3个月内所购买,凭退税凭单到机场现金退税点,经过机场的海关退税柜台加盖印戳(有时要检查所有物品),然后在机场内的银行或指定柜台办理退税领取现金;若是信用卡退款,需将经过海关盖戳的信封投递回店方,店方将退税款汇入当事人信用卡,等待入账时间较长。大多数退税公司支持中国支付宝退税,方便快捷。

项目三
中欧与东欧地区

◇ 知识目标

1. 了解中欧与东欧的地理位置、气候等自然环境和各主要旅游国家的人口、历史、民俗、经济发展状况等人文概况。
2. 熟悉中欧与东欧主要旅游国家旅游景区的概况。
3. 掌握中欧与东欧主要旅游线路的概况及特色。

◇ 能力目标

1. 能简单介绍中欧与东欧的自然与人文概况。
2. 能对目前旅行社推出的中欧与东欧旅游线路进行推广宣传。
3. 能为客人提供中欧与东欧旅游咨询服务。

◇ 素质目标

1. 培养学生的信息素养。
2. 培养学生的阅读能力、文字表达能力。
3. 培养学生的线路分析、营销等综合职业素养。

工作任务 1　德　　国

📡 任务导入

某旅行社导游员小张从计调员处接到一个来自德国 32 人的会议外宾团,计调员嘱咐小张,一定要做好相应的接待准备。小张素闻德国人严谨,所以也格外紧张起来。

请问,导游员小张要做好相应的接待准备,需要为德国客人做好什么工作呢?

✉ 任务解析

作为导游服务人员,小张要做好德国外宾团的接待工作,应该分三步完成任务。

1. 熟悉德国客人基本情况,熟悉接待计划

熟悉接待计划是做好德国外宾团接待工作的首要前提。导游员要对旅游团成员的基本情况进行了解,如德国客人的姓名、性别、年龄结构、职业、宗教信仰及生活禁忌等,方便接待工作和具体旅游活动的展开。德国人一般信仰基督教新教和天主教,忌讳"13",对"13 日、星期五"特别忌讳。了解到德国人的禁忌信息后,应该在宾馆入住的楼层、房号、餐桌座号上不要出现"13"等相关信息。与此同时,德国人重视称呼,禁忌直呼德国人的名字。如果称呼职衔,德国客人会很高兴。

2. 针对德国客人的特点,制订详细的接待计划并落实接待事宜

制订详细的接待计划就是要在时间、地点、次序上做准备,特别是针对德国客人严谨守时的特点,在制订并实施详细的接待计划中,导游员要比接待的外宾客人更早到达约定的地点。在接站送站和其他时间的安排上,不能让守时的德国客人等候导游员。

德国人纪律严明,讲究信誉并且非常重视时间观念,德国人极端自尊。作为接待德国客人的接待服务人员,其要针对德国人严谨的生活习惯,在落实接待事宜时,要反复落实,以免出现纰漏,避免引起德国客人的反感。

3. 做好知识、心理准备

导游服务人员的小张要更新德国的常规知识(例如本地概况、风俗习惯)。德国客人非常重视礼节,也非常重视形象。作为导游员,小张应该对自身的着装进行精心挑选,要适宜展现风采。在初次见面时,迎接德国客人递上除蔷薇和菊花之类的鲜花,与德国客人亲切握手时要注视其本人。诸如此类的细节准备能获得德国客人的好感。进行知识准备时,要对德语进行强化训练,特别是专有特有词汇要进行反复熟练,并及时更新景区景点相关信息,以免出现客人不满的现象,同时,了解德国客人不吃辣等相关饮食习惯,及时在餐饮服务时做好服务工作。

> 任务拓展

（1）如果你是导游员小张，请以德国啤酒文化为起点来谈谈德国饮食文化。

（2）请阅读背景资料，简单谈谈德国的著名节日慕尼黑啤酒节的影响力。

慕尼黑啤酒节

慕尼黑啤酒节又称"十月节"，起源于1810年10月12日，因在这个节日期间主要的饮料是啤酒，所以人们习惯性地称其为啤酒节，每年九月末到十月初在德国的慕尼黑举行，持续两周，到十月的第一个星期天为止，这一天是慕尼黑一年中最盛大的活动。慕尼黑啤酒节与英国伦敦啤酒节、美国丹佛啤酒节并称为世界最具盛名的三大啤酒节。

慕尼黑啤酒节于2013年9月6日至21日亮相北京奥林匹克公园。这也是德国慕尼黑啤酒节首次在北京给予官方授权的节庆活动。啤酒节近7万平方米的场地由4座各具特色的啤酒大篷组成，分别是慕尼黑啤酒节大篷、皇家啤酒大篷、茜茜公主大篷以及新天鹅堡大篷。大篷在装饰风格上充分体现德国巴伐利亚地区特色，在篷内布局上也完全按照德国标准啤酒大篷打造，其中的主篷慕尼黑啤酒节大篷面积达到13000平方米。参加当时活动的啤酒供应商全部是德国最著名、最具代表性的啤酒厂商，如德国两家最大、历史最悠久的啤酒商HB啤酒和国王啤酒，所有供应的啤酒均是从德国原装进口。

> 相关知识

一 概况

（一）自然地理概况

1.地理位置

德意志联邦共和国位于欧洲中部，北临北海和波罗的海，与波兰、捷克、奥地利、瑞士、荷兰、比利时、卢森堡、法国等国家接壤。

2.气候

德国地处温带，西北部海洋性气候较明显，往东、南部逐渐向大陆性气候过渡。德国处于大西洋东部大陆性气候之间的凉爽的西风带，温度大起大落的情况很少见。降雨分布在一年四季。夏季北德低地的平均温度在18℃左右，南部山地为20℃左右；冬季北德低地的平均温度在1.5℃左右，南部山地则为－6℃左右。因各地区地理条件的不同，德国最高温度在20—30℃，最低温度在1.5—10℃。

3.地形地貌

德国地势北低南高，可分为五大地理区域：北德平原、中德山地、西南中山台地、南德阿尔卑斯山前沿地带和巴伐利亚阿尔卑斯山麓。北德平原，平均海拔不到100米；中德山地，由东西走向的高地块构成；西南部莱茵断裂谷地区，两旁是山地，谷壁陡峭；南部的巴伐利亚高原和阿尔卑斯山区,其中拜恩阿尔卑斯山脉的主峰祖格峰海拔 2963 米,为全国最高峰。德国主要河流有莱茵河、易北河、威悉河、奥得河、多瑙河等。

(二)人文概况

1.国名、国旗、国徽、国歌、国花、国树、货币

国名:德国全称德意志联邦共和国。

国旗:德国国旗呈长方形,长与宽之比为 5∶3。自上而下由黑、红、黄三个平行相等的横长方形相连而成。旗面自上而下依次由黑、红、黄三个平行相等的横长方形相连而成。盾形徽章"联邦之盾"位于中央。黑鹰象征着力量和勇气。黑色代表勤勉与力量,红色象征国民的热情,金色则代表重视荣誉。

国徽:德国国徽以土黄色盾牌为背景,背景上是一只黑色的雄鹰,雄鹰的喙和两爪为红色。

国歌:《德意志之歌》。

国花:矢车菊。

国树:橡树。

货币:欧元。

2.人口、民族

德国总人口 7975 万(2016 年),是欧盟人口最多的国家,每平方公里人口密度为 226 人,是欧洲人口最稠密的国家之一。主要是德国人(德意志人),有少数丹麦人和索布人。外籍人占人口总数的 8.9%,其中最多的是土耳其人。

3.语言、宗教

德国国语为德语。德国人主要宗教为基督教新教和天主教。

二 简史

公元 800 年,法兰克王国在查理大帝统治时期达到鼎盛,成为法兰克大帝国。公元 814 年查理大帝去世,法兰克帝国随即分崩离析,形成了东、西两个王国。西法兰克王国后来演变成今天的法国,而讲德语的东法兰克王国的居民演变成今天的德国。第二次世界大战以前,在德国 1000 多年的历史上曾经历过三个帝国,这期间也有一个共和国。

德国历史上的第一帝国是指公元 962—1806 年的神圣罗马帝国。公元 962 年,德意志国王奥托一世在罗马由教皇加冕称帝,称为"罗马皇帝",德意志王国便称为"德意志民族神圣罗马帝国",这便是古德意志帝国,或称为第一帝国。

1806 年,帝国被拿破仑一世推翻。第二帝国是指 1871—1918 年的德意志帝国,它是普鲁士通过三次王朝战争统一起来的。第二帝国的寿命很短,仅存在了 47 年。1914 年开始的第一次世界大战以德国的失败和第二帝国的瓦解而告终。战争也导致德国第一次建立了联邦共和国。由于共和国宪法是在魏玛城召开的国民议会上通过的,因此这个共和国又称为魏玛共和国。

1933年1月30日,以希特勒为首的德国国家社会主义工人党(即纳粹党)上台执政,建立了法西斯独裁统治,宣告了魏玛共和国的终结。

第三帝国是指1933—1945年的法西斯德国,希特勒于1939年9月1日发动了第二次世界大战。1945年5月8日,德国在投降书上签字,第三帝国宣告完结。德国为美、英、法、苏四国分区占领。1949年5月,在美、英、法合并的西占区通过《基本法》,宣布成立德意志联邦共和国(即西德)。同年10月,苏联占领区内成立德意志民主共和国(即东德)。到了20世纪80年代中后期,在东西方关系逐渐缓和的氛围中,东西德国日益走向统一,1990年7月实行了货币统一,1990年10月3日实现了政治统一。

三 经济发展状况

德国是高度发达的工业国,工业偏重于重工业。德国汽车和机械制造、化工、电器等部门是工业的支柱产业。德国农业发达,机械化程度很高。德国除煤、盐外,自然资源比较贫乏。

德国是欧洲最大的经济体,是全球国内生产总值第四大国(国际汇率),以及国内生产总值第五大国(购买力评价)。德国是欧盟和欧元区的创始成员之一。

德国汽车生产量仅次于中国、美国和日本,是全球最大的汽车生产国之一。世界最有影响力的汽车品牌奔驰、宝马、奥迪、大众、保时捷都位于德国,著名汽车品牌欧宝也诞生在德国(现属于美国通用汽车集团)。

四 政治

德国国家政体为议会共和制,国家结构为联邦制,联邦总统为国家元首,联邦总理为政府首脑。联邦政府由联邦总理、联邦副总理及联邦部长组成。最高立法机构由联邦议院和联邦参议院组成。

五 文化

德国素有"诗人和哲人的国度"之美誉。歌德、席勒、海涅是享誉世界的伟大诗人。歌德的代表作有小说《少年维特之烦恼》,诗歌《浮士德》。席勒的代表作有剧本《强盗》和《阴谋与爱情》等。马克思、恩格斯是伟大的哲学家、马克思主义的创始人。康德、黑格尔、费尔巴哈、尼采均是世界著名的哲学家。享誉世界的德国音乐大师有巴赫、贝多芬、舒伯特、门德尔松、舒曼、勃拉姆斯等。贝多芬对近代西洋音乐的发展有深远影响,主要作品有交响曲9部,其中尤以《英雄》(第三交响曲)、《命运》(第五交响曲)、《田园》(第六交响曲)、《合唱》(第九交响曲)最为著名。丢勒是欧洲文艺复兴时期最为杰出的美术家之一,代表作为油画《四圣图》、木刻组画《启示录》、铜版画《骑士、死神、魔鬼》。

六 民俗与节日

（一）饮食

德国由于身处欧洲大陆之中心，饮食文化与内陆地区之物产分布息息相关。德国的啤酒、葡萄酒在全世界享有盛名。啤酒在德国有"液体面包"之称。德国是世界饮酒大国，酒类年消耗量居世界第二位，其中啤酒的销量居世界首位。啤酒、葡萄酒是德国家家必备的饮料，朋友相聚必有酒来助兴。德国人的主食是面包、土豆、奶酪、黄油、香肠、牛奶和水果等。

整体上德国人较为爱好肉类和啤酒（德国啤酒大致上可以分为白啤酒、清啤酒、黑啤酒、科什啤酒、出口啤酒、无酒精啤酒等六大类）。其中德国人尤其爱吃猪肉，大部分有名的德国菜都是猪肉制品，例如香肠。

相较于欧洲中南部的精致饮食，德国的传统饮食普遍较粗犷，但仍具特色。传统菜肴如烤猪肘等，佐以马铃薯泥、酸甜甘蓝食用。在德国，面包被认为是营养丰富、最利于健康的天然型食品，但德国人从不单独食用面包，而是要抹上一层厚厚的奶油，配上干酪和果酱，加上香肠或火腿一起食用。

德国人喜食奶酪，其品种多达600多种，奶酪是德国人早餐桌上必备之品。鱼、糖果、糕点等也是德国人喜好的食品。无论是罐头鱼、冻鱼、鲜鱼、熏鱼，还是鱼色拉、虾、鲜贝等都很受德国人的欢迎，德国人年人均食鱼达15公斤。糖果、巧克力、糕点等的销售量也十分可观。

（二）服饰

德国人在穿着打扮上的总体风格是庄重、朴素、整洁。在一般情况之下，德国人的衣着较为简朴。男士大多爱穿西装、夹克，并喜欢戴呢帽。妇女们则大多爱穿翻领长衫和色彩、图案淡雅的长裙。德国人在正式场合露面时，必须要穿戴整整齐齐，衣着一般多为深色。在商务交往中，他们讲究男士穿三件套西装，女士穿裙式服装。德国人对发型较为重视。在德国，男士不宜剃光头免得被人当作"新纳粹"分子。德国少女的发式多为短发或披肩发，烫发的妇女大半都是已婚者。

（三）礼仪与禁忌

1.礼仪

德国人待人诚恳，注重礼仪。德国通行西方礼仪。两人相遇时，不管认识与否，都相互打招呼，问声"您好"。朋友见面以握手为礼，告别时亦如此。在交往过程中，大多数人往往用"您"以及在姓氏之前冠以"先生"或"女士"作为尊称。德国人非常注重规则和纪律，很讲究清洁和整齐，也很重视服装穿戴，看戏、听歌剧时，女士穿长裙，男士要穿礼服，至少要穿深色的服装。

德国人非常守时，多喜欢清静的生活，除特殊场合外，不大喜欢喧闹。送礼在德国也很受重视，应邀去别人家做客时，一般都带礼物。在欢迎客人（如车站、机场等场所）、探望病人时,也多送鲜花。所送之礼物都要事先用礼品纸包好。许多人常在收到礼物后会马上打开观看,并向送礼人表示感谢。

在德国和其他西方国家,女士在许多场合都受到优先照顾,如进门、进电梯、上车等,都是女士优先。男士要帮女士开轿车门、挂衣服、让座位等。女士对此只说声"谢谢",而不必感到不好意思,或者认为对方不怀好意。在同人交谈时,德国人很注意尊重对方,不询问人家的私事(如不问女性的年龄、不问对方的收入等),也不拿在场的人开玩笑。就餐谈话时,不隔着餐桌与坐得较远的人交谈,怕影响别人的情绪。

2.禁忌

德国忌讳数字"13",视"13日""星期五"为不祥的日子。不喜欢红色、红黑相间色及褐色。尤其忌讳墨绿色(为纳粹军服色)。德国人讨厌菊花、蔷薇图案(视为不吉),忌以郁金香为馈赠品,他们认为它是无情之花,忌讳蝙蝠图案(象征吸血鬼)。他们还忌讳核桃,不愿见到核桃(视为不祥)。不喜欢过辣的食品,忌吃狗肉。对德国人切忌送核桃、菊花、玫瑰、蔷薇。送花时,花的数量不能是13或者为双数;鲜花不用纸包扎。忌送太个人化物品(服装、化妆品等)。礼品包装纸不用白色、黑色和棕色,也不用彩带系扎。

与德国人交谈,不要打听个人私事,回避德国统一后的国内政治问题。他们不爱听恭维话,忌讳4人交叉式谈话。忌讳在公共场所窃窃私语。德国人口味清淡,喜酸甜味。忌食核桃,不大吃鱼虾和海味,不爱吃油腻、过辣的菜肴。

(四)重要节日

国家节假日除圣诞节、复活节、元旦、国际劳动节、耶稣降临日、国庆日之外,德国的主要民间民俗节日还有狂欢节、慕尼黑啤酒节、斯图加特感恩节等。德国全年法定节假日有新年(1月1日)、国际劳动节(5月1日)、耶稣开天节(复活节后的第七个星期日)、德国统一日(10月3日)、忏悔节(11月)、圣诞节(12月25—26日)、慕尼黑啤酒节(每年9月最后一周至10月第一周)、基本法颁布日(5月23日)。

1.狂欢节

关于狂欢节的来历,德国民间有很多传说,除具有宗教色彩的说法外,还有一种说法认为狂欢节就相当于德国农民的春节,德国农民借此表达度过严冬、迎来春天并祈望新年丰收的喜悦心情。

一般来说,德国狂欢节始于每年的11月11日11时,止于第二年复活节前40天,前后长达两三个月时间。各地区庆祝狂欢节的形式不尽相同,但有几项活动形式是一样的,如选举狂欢节的"王子"和"公主"、"星期四女人节"、化装大游行与大型狂欢集会和舞会。科隆狂欢节是德国最为热闹的狂欢节,它的主角是小丑和狂人,他们怪诞的装扮、无所顾忌的举止令众人叫绝。

2.慕尼黑啤酒节

慕尼黑啤酒节源于1810年,为庆贺巴伐利亚储君卢德亲王与萨克森-希尔登豪森的黛丽丝公主共结百年之好而举行的一系列庆祝活动。这一传统节日一直延续至今。近年来,随着德国经济的高速发展,慕尼黑啤酒节的规模越办越大。慕尼黑市政府对啤酒节也十分重视。这个节日的影响已远远超出慕尼黑,而成为一个世界闻名的节日。

3.斯图加特感恩节

斯图加特感恩节又称人民节,是仅次于慕尼黑 10 月啤酒节的一个较大的节日。每年都有 500 多万人至斯图加特市参加这一盛大的节日,时间大致在每年的 9 月底、10 月初。斯图加特感恩节有其节日的中心地。这个中心地设在斯图加特市巴德—堪恩施塔特区的一片开阔地上,被称为"堪恩施塔特草地"。

七 旅游业

(一)旅游业概况

在 20 世纪 90 年代,德国旅游业已经成为德国境内的第三大支柱产业,为德国发展带来了巨大经济效益。德国是欧洲旅游发展中的热门国家。德国政府高度重视旅游业发展,注重入境游的发展,从战略方面部署全面发展。通过各个高端的会议来为旅游业发展定位,制定相关的旅游发展专题来吸引不同的游客到境内游玩。德国旅游局每年都有自己的主题,积极开展各种文化活动,让每一个游客了解德国。

(二)著名旅游城市和旅游景点

德国拥有丰富的自然和人文旅游资源。南部的阿尔卑斯山为中欧名山,是欧洲重要的夏季疗养地和冬季运动中心。中部黑森山地犹如绿色海洋,是德国最受欢迎的旅游区之一;莱茵河是德国的黄金水道和最大河流,多瑙河沿岸景色秀丽,博登河是世界著名的疗养胜地。

德国历史悠久,古建筑以王宫、教堂、古城堡、市政厅等为主要代表。拥有 3000 多家不同种类和规模的博物馆。德国也是世界著名的博览会与展览会举办国。

1.柏林

柏林是德国首都,主要景点有勃兰登堡门、波茨坦广场、国会大厦、柏林墙遗址、柏林大教堂、电视塔、贝加蒙博物馆、莫愁宫、柏林动物园等。

勃兰登堡门位于柏林市中心,是参考雅典城门的造型设计建造而成的,大门上面有胜利女神的雕像,是柏林城市的象征和德国统一的象征。

2.科隆

科隆位于莱茵河畔,拥有自罗马时代以来悠久的历史和文化,科隆不仅以其悠久的历史闻名于世,同时还是世界著名的展览会城。主要景点有科隆大教堂、博物馆和莱茵河等。

科隆大教堂是世界最著名、最壮丽的大教堂之一。1248 年动工,1880 年正式完成,占地 8000 平方米,气势宏大,是世界最高的双塔式哥特式教堂,于 1998 年列入世界文化遗产,现已成为科隆最著名的标志。

3.法兰克福

法兰克福是德国的金融中心、博览会城市、商业制造业中心和空中门户。它也是世界图书业的中心,世界最大规模的书展在此举行。每年至少有5万个会议在这里召开。主要景点有旧市政厅、歌德博物馆、法兰克福展览中心、罗马广场、大教堂等。

4.慕尼黑

慕尼黑是德国的第三大城市,是著名的"啤酒之都",也是德国瑰丽的宫廷文化中心。慕尼黑有"四多":博物馆多,喷泉多,雕塑多和啤酒多。主要的景点有圣母玛利亚教堂、圣彼得教堂、老王宫、宝马博物馆、宁芬城堡、奥林匹克公园等。其中圣母玛利亚教堂建于1488年,高109米,是慕尼黑的标志性建筑。橘红的屋顶和两座有绿色圆顶的高塔,是其最特别之处。一年一度的慕尼黑啤酒节吸引了世界各地游客前来狂欢。

(三)购物

德国是欧洲的中心,其产品也一直以质量上乘著称于世。德国制品以坚实、耐久而著名,尤其出色的是品质良好的工具、机械,如照相机、光学仪器、钟表、钢笔、刀刃。另外,德国的木刻、皮革、宝石制品也很精美。目前,比较受我国游客欢迎的德国商品有摄影镜头、德国双立人刀具、WMF 餐具系列。锅具系列则以 Fissler 和 WMF 最为有名。户外品牌 Jack Wolfskin,德国的保健品如大蒜精油、泡腾片、各种维生素产品,德国啤酒,巧克力,黑森林巧克力蛋糕和布谷鸟钟以及施华洛世奇的水晶都是极为推崇的购物清单必备。

所有德国商店每年都会举行两次减价清货大行动,时间分别是圣诞节结束后至2月,以及6月尾至7月。根据规定,非欧盟国家的游客在德国购物且数额超过25欧元时,享有免税优惠。在德国,标有"VAT Refund For Tourists"字样的商场表示可以退税,每个商场的退税政策不一样,而且有时间限制,一般只能当天在对应的商场退税。

在商店出售的物品售价中包括了19%的增值税(根据您购买商品的价格,价格越高,退税比例越高,一般退税比例为10%左右),在购物之后的三个月内,游客都可凭盖有离境海关签章的退税单办理退税手续。

退税分为两种,一种是在海关退税,也就是退10%左右,直接在机场海关盖章拿钱;另外一种是有些商店提供在店内的退税服务,退税是退增值税19%(相当于商品价格的15%左右)。

工作任务2　瑞　士

任务导入

网上搜索并观看"瑞士巴塞尔狂欢节"视频,并作为旅行社线路销售人员向客人推荐瑞士旅游娱乐活动。

任务解析

旅行社线路销售人员要对客人推荐瑞士旅游娱乐活动，必须要了解瑞士有哪些知名的节庆娱乐活动及其他娱乐活动项目，可以通过视频和图片等方式将其传递给客人，引发客人对瑞士之旅的向往之情。

1. 推荐适宜的节庆娱乐活动

在推荐瑞士的娱乐活动时，要根据时令季节进行推荐。在瑞士除了传统的宗教节日外，最热闹和有参与感的就是巴塞尔狂欢节和洋葱节了。在瑞士如果能感受到当地节日的气氛，能参与到当地著名节庆活动中，对于目标销售客人而言，可以为完美的异国之旅画上重要的一笔。

狂欢节是瑞士天主教地区的传统节日，最初是在复活节前40天斋戒开始前进行的狂欢活动。狂欢节活动一般在每年的二月到三月。狂欢节期间，参与者们夸张地装扮，尽情地享受，狂欢队伍演奏着音乐，走街串巷。

洋葱节在每年11月的第四个星期的星期一在伯尔尼举行，是仅次于圣诞节的大节日。洋葱节集市上还有洋葱系列美食展示，游客可以品尝洋葱汤、洋葱饼，喝用葡萄酒熬的热汤，还可以购买用洋葱编成串的"洋葱娃娃""洋葱猪""洋葱昆虫"等工艺品。

2. 推荐其他娱乐活动

如果游客非节庆日时间出游，参加不了节庆娱乐活动，推荐瑞士滑雪活动是非常受欢迎的。瑞士滑雪世界闻名，素有滑雪天堂之美誉。除了节庆节日，还可以推荐滑雪活动项目。瑞士拥有1800多个天然冰川和230多座大型滑雪场，满足四季滑雪需要。推荐滑雪活动的同时，可以把《007》电影拍摄地和影片片段进行演示说明，以加强客人对滑雪娱乐活动的了解。

除此之外，瑞士素有钟表王国之称，钟表制造业是瑞士的传统产业。在瑞士，钟表厂几乎遍布全国。世界名牌表大部分出自瑞士，国家钟表出口量素来居世界第一位。瑞士的确无愧于"钟表王国"的称号。线路销售人员可以推荐相关的钟表观赏和制作体验等娱乐活动，并做相应介绍。

任务拓展

请从瑞士国家旅游局官网了解瑞士美食文化，模拟领队介绍瑞士美食和特产奶酪。

相关知识

一 概况

(一)自然地理概况

1.地理位置

瑞士国土面积 41284 平方公里,北部与德国接壤,东临奥地利和列支敦士登,南临意大利,西临法国。瑞士是位于欧洲中部的内陆国家,全国地势高峻,分为西北部的汝拉山、南部的阿尔卑斯山和中部瑞士高原三个自然地形区,平均海拔约 1350 米,湖泊众多。

2.气候

瑞士地处北温带,受海洋性气候和大陆性气候交替影响,四季分明,气候变化较大,年平均气温 9℃。瑞士夏季不热,冬季很冷。阿尔卑斯山区南部属地中海气候,夏季干旱,冬季温暖湿润。阿尔卑斯山以北地区气候具有明显的过渡性,自西向东,由温和湿润的温带海洋性气候向冬寒夏热的温带大陆性气候过渡。局部高海拔地区属于高原山地气候。

瑞士全国年平均气温为 8.6℃。中部地区 1 月份平均气温在 0℃左右,山区以外的地区 7 月平均气温在 20℃左右。瑞士每年的降水量在 1000—2000 毫米,3/4 地区平均年降水量超过 1000 毫米。

3.地形地貌

瑞士全国地势高峻,西北部的汝拉山区、中部的平原及南部的阿尔卑斯地区构成三个自然地形区。连接欧洲南北的主要干线穿越瑞士的阿尔卑斯山。瑞士的最低点位于阿斯科那市,海拔 196 米,这里属地中海气候,到处生长着棕榈树;瑞士的最高点是杜富尔峰,海拔 4634 米,属北极极地气候。阿斯科那与杜富尔峰的地面直线距离只有 70 公里。

(二)人文概况

1.国名、国旗、国徽、国歌、国花、国树、货币

国名:瑞士,全称瑞士联邦,因全境以高原和山地为主,有"欧洲屋脊"之称。

国旗:瑞士国旗呈正方形。旗底为瑞士红色,正中是一个白色"十"字。关于瑞士国旗图案的来历众说纷纭。至 1848 年,瑞士制定了新联邦宪法,正式规定红底白十字旗为瑞士联邦国旗。白色象征和平、公正和光明,红色象征着奋斗和爱国热情;国旗的整组图案象征国家的统一。这面国旗在 1889 年曾做过修改,把原来的红底白十字横长方形改为正方形,象征国家在外交上采取的公正和中立的政策。瑞士国旗的由来,还有一个说法是神圣罗马帝国皇帝腓特烈二世赏赐给施维茨州人作为自由标记的旗帜。

国徽:瑞士国徽是一枚绘有红底白十字国旗图案的盾徽,其意义与国旗一致。

国歌:《瑞士诗篇》。

国花:火绒草。
国树:欧洲白蜡树。
货币:瑞士法郎。

2.人口、民族

瑞士人口 806.4 万(2016 年),其中日耳曼瑞士人占 74%,法兰西瑞士人占 20%,意大利瑞士人占 4%,雷托罗曼人占 1%,均属欧罗巴人种。

3.语言、宗教

瑞士官方语言有四种:德语、法语、意大利语及列托罗曼语,每种语言的使用人数不同。列托罗曼语是瑞士山区少部分居民讲的语言,众多外国居民给瑞士带来了多样的语言。

瑞士使用最广泛的语言是德语。26 个州中有 17 个是德语州。西部地区主要讲法语,有 4 个法语州:日内瓦、汝拉、纳沙泰尔和沃州。有 3 个德、法双语州:伯尔尼、弗里堡和瓦莱州。使用意大利语的州主要是提契诺州,此外在格劳宾登州南部的 4 个山谷地区也讲意大利语。格劳宾登州使用罗曼语,也使用德语及意大利语。

瑞士居民主要信仰天主教和基督教新教,瑞士信奉天主教的居民约占 41.8%,新教教徒约占 35.3%,其他宗教教徒约占 11.8%,不信教的约占 11.1%。

二 简史

瑞士全称瑞士联邦,位于中欧,是一个永久中立国,许多国际性组织的总部都设在瑞士。据记载,瑞士最早是凯尔特人的活动区域。1033 年开始,瑞士受神圣罗马帝国统治。1648 年,欧洲诸国签订《威斯特伐利亚和约》,瑞士独立,成为主权国家。1798 年,拿破仑侵略瑞士,建立海尔维第共和国。1803 年,瑞士将法军驱除出境,瑞士扩张到 19 个州,恢复联邦。1815 年,举行维也纳会议,确认瑞士为永久中立国。1848 年,瑞士制定新宪法,设立联邦委员会,成为统一的联邦制国家。

三 经济发展状况

瑞士是发达的工业国家,人均国民生产总值约 82177.60 美元(2016 年)。机械、化工、纺织、钟表和食品 5 大工业部门为瑞士的工业支柱。机电金属业是瑞士最大的工业部门,产值占 GDP 比重约为 9%,包括冶金、机械工程、车辆制造、电子工业和精密零件加工等,同时是瑞士雇用人数最多的行业,从业人数达 33.8 万人。德国主要出口产品包括医疗器械、金属加工设备以及测量和校准仪器等。

医药化工业是仅次于机电金属业的第二大支柱产业,占 GDP 比重约为 5%。在全球医药化化工领域居领先地位。产品多达 3 万余种,其中特种化工产品所占比重超过 90%,是瑞士医药化工业的命脉和出口盈利的主要来源。主要产品大类包括医药和诊断技术、精细化工产品、维生素、香料香精、植保产品、兽药、工业用特种化工产品、染料和涂料等。

瑞士食品工业主要是利用本国生产的原料来发展的,瑞士出口的速溶咖啡和浓缩食品盛誉世界。雀巢公司是瑞士最大的工业垄断组织,是世界最大的食品公司。瑞士钟表业有

500多年的历史,享有"钟表王国"之称。瑞士的金融业非常发达,共有600余家银行,分支机构5070家,银行总资本达5000多亿美元,纳税额占国家税收的20%,有"金融帝国"之称。瑞士对外贸易十分发达,主要出口产品是机械、冶金、化工、医药、钟表、纺织品、服装及部分食品。

四 政治

瑞士是一个采用直接民主制的议会民主政体。瑞士联邦议会由两部分组成:由人民代表组成的国民院(200人)以及由各州代表组成的联邦院(46人)。联邦议会负责选举联邦委员会,该委员会是全国的集体国家元首,由7名成员组成。

瑞士最高国家元首为联邦主席,亦称主席,但只为形式上的领导人。真正的权力源自七席联邦委员会,由国家七个机关的部长(包括现任联邦主席)组织构成。联邦委员会全体成员集体作为国家元首。联邦主席由联邦委员会七名委员轮任,对外代表瑞士,任期一年。

五 文化

(一)钟表王国

瑞士资源贫乏,所以特别重视生产用料少、价值大、精密度高、又容易出口的工业产品,如精密机械、钟表等。尤其是钟表,所用原料很少,但价格很高,历来被瑞士人看作是生财之道。

钟表制造业是瑞士的传统产业,在瑞士已有500多年的历史,迄今一直保持世界领先地位,瑞士因此被称为"钟表王国"。在瑞士,钟表厂几乎遍布全国。世界名牌表大部分出自瑞士,国家钟表出口量素来居世界第一位。在首都伯尔尼有1000多家钟表店,整个城市就像一个巨大的钟表展览馆,有"表都"之美誉。

(二)滑雪天堂

瑞士是专业滑雪的国度。瑞士人和滑雪的关系,大概就像巴西人和足球、中国人和乒乓球的关系差不多。瑞士是滑雪爱好者的天堂,瑞士有200多个雪场,每年冬季,瑞士都会成为滑雪胜地。

瑞士虽小,大概只相当于两个半北京市的大小,却拥有4000米以上的高山48座,全国一半以上的国土面积在海拔1200米以上,冬季的平均日气温都在摄氏零度左右,雪线始于2500米,1800多个天然冰川满足四季滑雪需要,拥有230多座大小滑雪场。瑞士优质的雪源是人工造雪机打出来的雪无法相比的。雪朗峰拥有阿尔卑斯山脉最长的高空缆车以及最陡峭的雪坡,是詹姆斯·邦德的电影《女王的秘密使命》中令人悚然的战斗场面的拍摄背景。位于南部采尔马特很少刮风、宏伟壮丽的马特宏峰三个滑雪区都拥有极为优越的冰雪条件,是世界享有盛誉的滑雪胜地之一。这里的滑雪期也是阿尔卑斯山区最长的。采尔马特是世界知名的滑雪胜地,设施完备。采尔马特终年晴空万里,极少降水,再加上这里是阿尔卑斯山脉海拔最高的滑雪胜地,一年365天都可以在这里尽情享受滑雪的乐趣。

(三)博物馆

瑞士的语言受邻国语言的影响,文化也具有多元化。瑞士的博物馆别具特色,是世界上具有最多博物馆的国家之一。瑞士博物馆里珍藏着许多具有价值的文物,包括各个国家的手工艺品以及国画之类的。瑞士是世界上人均拥有博物馆最多的国家之一。瑞士大多数州都有不同类型的博物馆。瑞士博物馆中以钟表博物馆具有特色。位于钟表之乡,因钟表制造而列为世界文化遗产的拉绍封德国际钟表博物馆名闻遐迩,是世界上最大的时钟博物馆,馆内收藏 4500 多种著名的钟表和各种华贵的腕表,琳琅满目,令人目不暇接。位于苏黎世的瑞士国家博物馆是全国最大的博物馆,直属联邦内政部管辖。

六 民俗与节日

(一)饮食

瑞士在饮食方面深受法国、意大利和德国等邻国的影响,饮食也是十分的丰富。最具有代表性的是瑞士 Fondue(干酪)和瑞士小火锅和巧克力美食。干酪是瑞士最受欢迎的食物,是用溶酪做成的。瑞士小火锅是首先用一大块奶酪作为锅底放在小锅里用火熬成汤汁状,然后以不同口味的奶酪作为锅底,最后拿事先准备好的土豆条、苹果条、面条、海鲜等涮着吃。瑞士是世界上巧克力消费量最高的国家,瑞士的面点、甜食点心和巧克力都是世界有名的,巧克力尤其以品种丰富著称。

瑞士的菜肴不仅包括各个种类的意大利面,不同吃法的土豆片,蔬菜,肉类(小牛肉、牛肉、猪肉、鸡肉甚至马肉),鱼类(主要是鲜鱼肉),还有海鲜。在法语、德语和意大利语区,法式、德式和意式烹饪的影响颇盛,且质量上乘。每个地区都有其特色:法语区有干酪火锅和Racelette(乳酪溶化制成的菜肴);德语区有香肠、烤肉和土豆饼;格劳宾登州地区有风干牛肉片和火腿;提契诺州地区有意大利特色美食。

(二)服饰

瑞士人的着装方面,男性一般穿过膝的长裤,袖子宽大的衬衫和短夹克;女性穿丝质上衣,长裙,天鹅绒背心。在酒店的餐厅和重要的社交场合,男士需要穿正式的西装和打领带。黑色的领带一般在特定的情况下才使用。

(三)礼仪与禁忌

1.礼仪

瑞士的社交礼仪与禁忌、对文明礼貌的要求等与其他西方国家基本相同。公共场合,瑞士人相互接触时,"你好""谢谢""请"一类的礼貌用语使用频繁,尤其在德语区,人们口头上总带着这几个字。瑞士人习惯行握手礼,握手时两眼注视对方。亲朋好友见面,有时也施拥抱礼,女子则施吻面礼。

瑞士人酷爱清洁,十分重视环境污染问题。不愿看到在公共场所(公寓、阳台、餐厅等处)晒衣服,认为这样做不雅观。

像其他西方人一样,瑞士人不愿别人打听自己的私事,尤其是不愿谈论金钱与个人收入。他们爱谈论体育、旅游、政治及有关瑞士的话题。瑞士人赠花很有讲究,他们珍视火绒草,用它象征至高无上的荣誉,常将它作为最珍贵的礼物奉献外宾,以表达友好、诚挚、崇敬。

在瑞士进行商业会晤最好事先安排,并要严守约会时间。受邀请到瑞士人家中做客,通常送的礼物是鲜花、巧克力或葡萄酒,但不要送红玫瑰。在餐厅就餐时,不愿听到餐具相互碰撞的响声和咀嚼食物的声音。

瑞士人不喜欢随意触碰他人的身体,一旦碰到他人的身体,马上就会说对不起。有礼让妇女和老人的习惯,即使彼此都是男性,也会给有急事的人让路。瑞士人喜欢安静,在房内行走总是尽可能避免发出过大响声。

2.禁忌

瑞士人忌讳猫头鹰,认为它是一种祸鸟,给人以刺探、欺骗、阴谋和险恶的印象。不习惯接受别人送3支红玫瑰,因为3支带有浪漫色彩。若以1支或20支为礼,还是可以接受的。如果被邀请到家吃饭,赴宴时应该向女主人献上一束打开的鲜花。不要送菊花或白色的紫菀,因为它们只有在葬礼上才使用。不愿炫耀自己的财富,也耻于透露自己的困窘,认为炫耀财富是不礼貌的。因此对金钱一般避而不谈。但如果谈及房产,瑞士人却从不忌讳。

(四)重要节日

瑞士节日与西方节日大致一样,如圣诞节、复活节、感恩节。但是瑞士也具有以下特色节日。

1.洋葱节

洋葱节于每年11月的第四个星期的星期一在伯尔尼举行。这个节日至今已有三个半世纪的历史,是仅次于圣诞节的大节日。摆摊的小贩天不亮就来到大集市,把洋葱编成串或制作成形态各异的工艺品出售。如"洋葱娃娃""洋葱猪""洋葱猫"和"洋葱昆虫"最受欢迎。在洋葱节上,大家相互抛撒彩色纸屑,并沿路向游客扔彩色纸屑,还用塑料锤敲打游客,连两三岁的幼童都从父母手中的袋里掏彩色纸屑抛撒。洋葱节集市上还有洋葱系列美食展示,游客可以品尝洋葱汤、洋葱饼,喝用葡萄酒熬的热汤。

2.狂欢节

狂欢节是瑞士天主教地区的传统节日,最初是在复活节前40天斋戒开始前进行的狂欢活动。在瑞士,各个城市都有自己的狂欢节,且日期不同。狂欢节起源很多,混合了异教徒的春季庆典,基督仪式及非宗教的民间传统。如今狂欢节的宗教色彩已经逐渐淡化,成为瑞士人告别冬季、迎接春天的重要活动。在某些州,人们按照异教传统,使用面目狰狞的面具驱赶恶魔。狂欢节期间,参与者们夸张地装扮,尽情地享受,可谓疯狂至极。狂欢队伍演奏着音乐,走街串巷。

巴塞尔的狂欢节是瑞士规模最大、最受欢迎的节日,举办时间为斋节开始后的第一个星期一。卢塞恩狂欢节是瑞士第二大狂欢节。卢塞恩狂欢节一般在二月份,规模虽不及瑞士最大的巴塞尔狂欢节,但是卢塞恩狂欢节以列队音乐演出而闻名瑞士全国。

七 旅游业

(一)旅游业概况

19世纪20年代,英国人前来攀登阿尔卑斯山,瑞士从此有了旅游业。今天,旅游业已成为瑞士继机械、化工之后的第三大支柱产业。瑞士拥有旅游旅馆5000多家,旅游从业人员占全国就业总人数的6％以上。旅游业一直是瑞士经济的主要收入来源之一。有数据显示,在瑞士从事旅游业相关工作的人数约占全国劳动人口的4.5％。

瑞士旅游业在国民经济中举足轻重,但是该行业受外汇汇率走势和气候情况影响较大。瑞士法郎取消与欧元挂钩后,瑞士货币瑞郎强势升值给本国旅游业带来了不可忽视的冲击。据欧盟统计数据显示,瑞士2016年酒店业旅游者住宿仅为3540万人次,同比下降了0.5％,外国游客在瑞士的住宿率则下滑了1.9％。2016年瑞士旅游业陷入困境。目前瑞士正将目光从传统的欧洲市场向新兴市场国家转移,着重吸引如中国、印度、俄罗斯等新的游客群体。中国目前是瑞士第四大旅游客源市场。瑞士旅游业对中国游客采取如加强瑞士对中国游客的中文接待能力,增开中国签证中心等的方式促进吸引中国游客。

(二)著名旅游城市和旅游景点

瑞士温和的气候、明丽的山水、纯净的空气,以及处于欧洲心脏的地理位置,都成为瑞士发展旅游业的绝佳条件。瑞士境内阿尔卑斯山脉雪峰连绵,不仅造就了如画的风景,也是滑雪和登山运动的发源地。作为欧洲的一个内陆小国,瑞士被称为"欧洲的心脏",为"永久中立国"。同时被称为"世界花园""世界公园""钟表王国""金融之国""欧洲乐园""欧洲水塔"等。

1.伯尔尼

伯尔尼是瑞士的首都,也被誉为"表都",是瑞士的政治中心。联邦政府各机构、各国驻瑞士的大使馆、万里邮政联盟和国际铁路运输总局都设在此地。该城有1000多家钟表店,好像一个巨大的钟表展览馆。伯尔尼也是瑞士的铁路枢纽之一。小城因特拉肯距离伯尔尼市约50公里,地处图恩湖和布里茵茨湖之间,海拔只有56470米,是瑞士著名的风景区之一。这里群山环抱,绿色草场广阔开敞,瑞士著名的少女峰终年白雪冠顶,倒映绿色湖中,远山近水,湖光潋滟,置身此地,如在画中。

2.苏黎世

苏黎世是瑞士第一大城市、苏黎世州首府、瑞士的经济之都及工商业和金融中心,也是西欧重要的金融中心。苏黎世还是瑞士主要的金融、科学和文化中心。苏黎世的证券交易所交易额在西欧交易所中首屈一指,也是西方最大的黄金交易市场之一。

3.日内瓦

日内瓦是世界钟表之都、瑞士第二大城市,也是重要的世界大宗商品交易中心。日内瓦位于日内瓦湖西南角,风光秀丽,是瑞士的旅游中心,也是世界旅游胜地之一。日内瓦的万国宫如今是联合国驻欧洲办事处的所在地。首饰业是日内瓦古老的传统行业,可与钟表齐名。市内最热闹的是勃朗峰大街和沿湖两岸地区。

万国宫坐落在日内瓦阿丽亚娜公园内,过去是国际联盟的所在地,而今是联合国驻日内瓦办事处的总部。它是日内瓦作为一个国际城市的象征,也是世界近代史的一个缩影。西庸古堡,位于日内瓦湖的东端,突出于日内瓦湖上的由巨石组成的小半岛上,是瑞士最负盛名的古迹之一。宗教改革国际纪念碑在日内瓦大学的后边,沿古城墙的遗址有一堵巨大的墙,名曰宗教改革国际纪念碑,又称宗教改革者墙。

4.巴塞尔

巴塞尔位于莱茵河湾和德法两国交界处,是瑞士第二大城市、瑞士化工医药工业的中心。瑞士的三大化工集团:西巴—盖吉、霍尔曼—乐施、山度士都在巴塞尔。国际清算银行和国际重建发展银行的总部设在巴塞尔。著名的世界钟表珠宝展览会和国际医药展览会每年都在巴塞尔举行。

5.洛桑

洛桑是瑞士第五大城市、沃州的首府。洛桑因是国际奥委会总部及奥林匹克博物馆的所在地而被称为"奥林匹克之都",瑞士联邦法院、洛桑国际管理学院(IMD)、洛桑大学、联邦理工学院、世界酒店培训中心等各类文理学院、组织机构、艺术院校均坐落于此。奥林匹克博物馆位于洛桑莱蒙湖畔,1993年建成。博物馆门口排放着希腊艺术立柱,燃烧着奥运之火。馆内展厅约3400平方米,藏有与奥运会有关的各类艺术品、纪念品,其中包括邮票、火炬、奥运会张贴画、纪念币、奖章和绘画等。馆内电影厅放映介绍奥林匹克百年发展史、历届夏季和冬季奥运会盛况的电影片,深受旅游者欢迎。该馆还有一个世界一流的研究中心,设有图书馆、录像部、图片室和资料中心。

6.卢塞恩

卢塞恩又称琉森,是卢塞恩州的首府,位于瑞士中部,是瑞士中部的经济和文化中心。卢塞恩市最重要的经济基础是旅游业和各种服务行业,如运输、医疗和企业咨询等。卢塞恩也是一个博物馆城,城内保留了很多带有美丽壁画的历史建筑和各种各样的塑像、喷泉。来到这里,恍若置身于中古世纪。卢塞恩一直是瑞士的传统旅游胜地,号称是瑞士最美丽、最理想的旅游城市。罗伊斯河从城市中间流过,卡贝尔等桥梁连接两岸美丽的湖水,阿尔卑斯山与中世纪的建筑互相映衬,如诗如画的美景令人倾倒。

7.莱蒙湖

在瑞士1498个湖泊中,莱蒙湖是最大的一个,它也是西欧最大的湖泊,面积为582平方公里,蓄水量达890亿立方米,其中心线的长度为72.3公里,周长167公里。在瑞士一侧的北岸(俗称右岸)长95公里,在法国一侧的南岸(俗称左岸)长72公里。湖的最宽处为14,000米,最深处为310米。莱蒙湖中,最引人注目的是一个巨大的人工喷泉。冲天而起的高大水柱,从湖面直射天际,蔚为壮观。

8.莱茵瀑布

莱茵瀑布位于瑞士沙夫豪森州和苏黎世州交界处的莱茵河上。瀑布最宽处为150米，最大落差为21米，水深13米。夏季平均流量每秒700立方米。莱茵瀑布已有1万多年的历史，2万年前尚无瀑布，后因冰川活动和莱茵河改道，形成了现在的景象。

9.图恩湖

因特拉肯市西面是图恩湖，东面是布里恩茨湖。两湖都为狭长形，略向北翘，加在一起像一弯中间断开的新月。其中图恩湖面积较大，但湖水不深，游人可乘船畅游，也可驱车或搭火车沿湖观光。湖的北岸还可隔着粼粼湖波，南望阿尔卑斯山，别有一番情趣。与湖同名的图恩市是一个景物宜人的古城，在图恩湖的西北端，有一个12世纪末的古堡，是扎灵根家族一个公爵打败图恩当地贵族后建造的，主体建筑成一座方形塔，四角各有一个角塔。主塔内有三层归历史博物馆（1888年建造）使用，展品是古兵器、古挂毯，还有瑞士军服及武器的历代演变。

10.施皮茨风景区

施皮茨镇位于伯尔尼东南30多公里处、图恩湖南岸的一个水湾边上，海拔628米，属伯尔尼高原。这里碧水如镜，雪峰环抱，空气清新，是瑞士著名的休养、滑雪和水上运动胜地。施皮茨古堡始建于1200年，外部建筑风格为中世纪伯尔尼式，内部装饰风格则融合了哥特、文艺复兴和巴洛克等艺术形式，质朴典雅，是瑞士不多的古迹之一。古堡曾是伯尔尼执政官的夏宫，故不同于欧洲其他古城池，并无护城御敌之设施，而主要是居住功能。古堡地下也以葡萄酒窖代替了关押俘虏的牢狱。庭院南端是一座建于公元762年的小教堂，兼具早期罗马伯尔尼乡村风格。该古堡自1929年以后属公共所有，由一个专门基金会负责管理，并建成博物馆对外开放，馆内展品为城堡历届主人的遗物及古代家具。每年夏季这里还举行古典音乐会，吸引四方宾客。

（三）购物

瑞士丰富的产品、卓越的商品质量，使之成为购物者天堂。要说世界知名的瑞士特色商品，要属钟表、巧克力和瑞士军刀了。选购一块著名的瑞士手表才不虚此行。精美的手表，各式各样，价格一般低于其他国家。巧克力的种类丰富，价格也适中，最适合作为礼物。在瑞士值得购买的商品还有纺织品、刺绣、精制手帕、亚麻布制品、皮革制品、精密仪表、制图仪、瑞士军刀、八音盒、木雕、陶器和其他手工艺品以及漆器和艺术画册。地方特产有水晶石、彩绘瓷器、木质花瓶、珠宝、巧克力、乳酪、钟表等。名品推荐瑞士名表劳力士、欧米茄、浪琴等。

在瑞士购物，每件商品必须支付6.5%的增值税，该税已包含在商品的销售价格内。外国旅游者在瑞士购物满500法郎，可以返还该税款。旅游者可向商店索取"免税购物支票"，要求返还增值税。苏黎世和日内瓦机场和欧洲其他主要机场均提供"欧洲免税购物"服务，可以方便地得到退税款。在苏黎世、日内瓦等主要机场，免税商店有快捷的，及不花现金的返还系统。所有主要的信用卡在精品店和大多数百货商店均可使用。

工作任务3　奥地利、捷克、斯洛伐克、匈牙利、波兰

任务导入

王总在旅游卫视上看到介绍多瑙河沿岸风光的纪录片，于是萌发了要携带家庭成员及公司高层员工去中欧旅游的想法。他找到在旅行社工作的小李，小李根据王总的要求专门设计了一条旅游线路（见表4-1），请问小李设计的这条线路有什么特点？

表4-1　中欧豪华河轮12日游行程

时间	行　　程	住宿
D1	长沙—北京。 机场集合乘坐CA1344长沙—北京。 时间10:55—13:20	北京
D2	北京—法兰克福。 参考航班：CA965,时间:2:30—6:50。 搭乘国际航班前往法兰克福。 市内游览法兰克福：游览罗马广场、老歌剧院。 午餐后驱车前往纽伦堡。抵达后晚餐，入住酒店休息	纽伦堡
D3	纽伦堡—布拉格(290km)。 早餐后游览纽伦堡：工匠广场、柯尼希街、圣洛伦茨教堂。 午餐后驱车前往布拉格。抵达后晚餐，入住酒店休息	布拉格
D4	游览布拉格：古堡区、旧城广场、提恩教堂、旧市政厅等	布拉格
D5	布拉格—克鲁姆洛夫(175km)。 早餐后游览布拉格：瓦茨拉夫广场、圣尼古拉斯教堂等。 下午驱车前往克鲁姆洛夫。入住酒店休息	克鲁姆洛夫
D6	克鲁姆洛夫—帕绍(123km)。 早餐后游览克鲁姆洛夫城堡。 中餐后驱车前往帕绍。下午18:00在河轮码头登船并办理入住手续。 游轮上晚餐	游轮
D7	帕绍—林茨(靠岸时间6:00,回船时间20:00)。 早餐后下船，驱车前往萨尔茨堡。游览萨尔茨堡：大教堂、莫扎特广场、商业街等。返回船上晚餐	游轮

续表

时间	行　　程	住宿
D8	林茨—梅尔克（靠岸时间 7:00，回船时间 12:00）。 早餐后上岸游览梅尔克修道院、葡萄酒庄。 返回游轮。游轮上用餐，欣赏两岸美丽风光，途中经过瓦豪河谷。上船晚餐	游轮
D9	维也纳（靠岸时间 5:00，回船时间 20:00）。 河轮早餐后上岸游览维也纳，参观霍夫堡宫、城市公园、金色大厅等。 返回河轮晚餐	游轮
D10	维也纳—布拉迪斯拉发（靠岸时间 8:00，回船时间 19:00）。 早餐后上岸布拉迪斯拉发游览，参观城堡、老市政厅、斯洛伐克第一广场，赴奥特莱斯购物，回船上晚餐	游轮
D11	布拉迪斯拉发—达布达佩斯。 早餐后下船，游览达布达佩斯，参观英雄广场、城市公园、马加什教堂、国会大厦等。 搭乘 CA722(21:10—13:05)返回北京。	飞机上
D12	北京—长沙。 飞机参考航班：CA1363(17:20— 20:00)，返回长沙。 结束本次旅游	

任务解析

（1）王总想去中欧旅游的原因其实是受到多瑙河风光纪录片的影响，所以小李在设计线路的时候，要尽可能多地把多瑙河沿途的风光融入进去。小李设计的这条线路有 5 天是在多瑙河的豪华游轮上度过，不但能够尽情地欣赏多瑙河沿岸的景色，还能上岸游览。靠岸的城市如萨尔茨堡、维也纳等也都是多瑙河畔著名的旅游城市。

（2）由于景点比较分散，行车会占据大部分时间，同时每天都在不同的城市住宿，给游客的生活带来了极大的不便。而且多瑙河流经国家小而多，过关手续麻烦，耽误时间。但这条线路采用了游轮游览的方式，有 5 天 6 晚在游轮上度过，没有了每日的奔波和等待，极大地免除了舟车劳顿，也免除了每晚更换酒店之苦。整个行程安排得很宽松，属于观光休闲型产品。

（3）豪华游轮也是这条线路的一个亮点。游轮上设施设备齐全、餐饮可口丰富，可视为一个移动的四星级酒店。更难能可贵的是游轮不但全程提供中文服务，还免费提供 WIFI，这十分符合中国游客的需求。

任务拓展

王总对小李设计的线路十分满意。但这只是一个设计初稿,王总要求小李进一步完善计划书,即对行程表中各城市所参观的景点及景点特色进行润色,并希望小李能向王总及同行人员说明和介绍本行程。

相关知识

一 概况

(一)自然地理概况

1.地理位置

奥地利、捷克、斯洛伐克、匈牙利、波兰五国在地理上属于欧洲中部,其中波兰、捷克、奥地利西临德国,波兰、斯洛伐克、匈牙利东接白俄罗斯、乌克兰、罗马尼亚,此区域南面是巴尔干半岛,北为波罗的海,是欧洲的中心地带。

2.气候

中欧处在温带气候带,中欧西部部分地区为温带海洋性气候,东部为温带大陆性湿润气候。气温适中,气温变化不大,最冷的1月份平均气温在0℃左右,山区约零下10℃,12—3月为冬季,阿尔卑斯山区冬季一直持续到5月,夏季平均气温在20℃左右,最热月份为6—8月。年降水量为500—1000毫米。

3.地形地貌

中欧地形从北到南呈阶梯形,其中北部为波德平原,位于德国、波兰境内,面积约30平方千米,是欧洲主要平原,也是中欧重要的农业地带。中部以丘陵山地为主,多为河谷地。南为阿尔卑斯山脉、喀尔巴阡山脉。

(二)人文概况

1.国名、国土面积、人口(2016年)、首都、货币(见表4-2)

表4-2 五国国名、国土面积、人口(2016年)、首都、货币一览表

国　　名	国土面积(万平方千米)	人口(万)	首都	货币
奥地利共和国	8.39	875	维也纳	欧元
捷克共和国	7.89	1056	布拉格	捷克克朗
斯洛伐克共和国	4.90	543	布拉迪斯拉发	欧元

续表

国　　名	国土面积(万平方千米)	人口(万)	首都	货币
匈牙利共和国	9.30	982	布达佩斯	匈牙利福林
波兰共和国	31.27	3795	华沙	兹罗提

2.国名、民族、语言、宗教、国际关系(见表4-3)

表4-3　五国国名、主要民族、官方语言、宗教信仰、国际关系一览表

国名	主要民族	官方语言	宗教信仰	国际关系
奥地利共和国	奥地利族	德语	天主教	永久中立国
捷克共和国	捷克族	捷克语	天主教、基督新教	北约成员国
斯洛伐克共和国	斯洛伐克族	斯洛伐克语	天主教、基督新教	北约成员国
匈牙利共和国	匈牙利族	匈牙利语	天主教、基督新教	北约成员国
波兰共和国	波兰族	波兰语	天主教	北约成员国

二 简史

公元8—11世纪,斯洛伐克、捷克、波兰、匈牙利纷纷建立起独立国家,12世纪奥地利成为公国;1699年,奥地利控制了匈牙利。1866年,奥地利建立奥匈帝国,波兰被奥匈帝国瓜分,后捷克也处于奥匈帝国统治之下。1908年,奥匈帝国吞并了波黑,成为一战的导火索。一战后奥匈帝国瓦解,其中原先内莱塔尼亚的一部分成为奥地利第一共和国;捷克与斯洛伐克联合成立捷克斯洛伐克共和国;波兰成立共和国;匈牙利成立民主共和国,后又改为君主立宪制的匈牙利王国。

1938年,德国入侵波兰。1939年,德国占领捷克斯洛伐克全境。1944年德军占领匈牙利。二战后,奥地利、波兰、捷克斯洛伐克、匈牙利等相继解放、独立。

奥地利于1945年独立后创建第二共和国。

匈牙利于1946年成立共和国,1949年实行社会主义,改名为人民共和国,1989年,匈牙利社会主义工人党放弃执政,再次改名为匈牙利共和国。

捷克斯洛伐克于1945年解放,1960年改国名为捷克斯洛伐克社会主义共和国,1989年捷克共产党失去执政党地位,1990年成立捷克和斯洛伐克联邦共和国。1993年捷克和斯洛伐克和平分离,捷克、斯洛伐克成为独立的主权国家。

波兰于1944年成立新政府,1947年走上社会主义的发展道路,1989年改国名为波兰共和国,史称第三共和国。

三 经济发展状况

中欧地区是世界上经济较发达的地区之一,其中奥地利是一个高度发达的资本主义国

家,也是当今世界上最富裕的国家之一,其他国家总体在欧洲位列中等,各国服务业发达,均占主导地位。

农业主要在波兰、捷克和匈牙利三国有较大发展,这些国家拥有较为广阔的耕地面积,主要出产小麦、大麦、甜菜、玉米等,是仅次于俄罗斯、法国的欧洲粮食产地,而经济作物出产较少。北部诸国较侧重重工业,而南部则以轻工业为主,在大多数国家中,工业产值占国民生产总值的比例都在二成到三成。匈牙利的汽车工业、制药业、电子产品生产,奥地利的水晶工艺,波兰的钢铁工业,捷克的酿酒工业在欧洲甚至世界都很出名。

四 政治

捷克、斯洛伐克、匈牙利的政体均为议会制。奥地利为联邦议会制,波兰为半议会半总统制。

五 文化

音乐,是此地域最引以为豪的艺术。肖邦、海顿、莫扎特、舒伯特、约翰·施特劳斯等都诞生于此。这里的人们天生就对音乐有着无比的热爱。肖邦国际钢琴比赛被誉为世界最具权威的钢琴比赛之一,而两大世界级的音乐会——维也纳新年音乐会和奥地利萨尔茨堡音乐节每年也吸引着全世界音乐爱好者的目光。维也纳国家歌剧院是世界最有名的歌剧院之一,维也纳爱乐乐团是世界上首屈一指的交响乐团。

六 民俗与节日

(一)饮食

中欧地区是一个多民族的地区,故在饮食上呈多样性。

奥地利菜肴融合了欧洲许多国家的特点,牛排、肉丸加上黄油等调味烹调出高热量的美食,加上美味的白葡萄酒,就是他们最好的美食享受了。奥地利的甜食点心举世闻名,其中撒哈巧克力蛋糕和萨尔茨堡发糕绝世文明。啤酒是奥地利人传统的饮料。

匈牙利的饮食兼顾东西方文化的影响,喜欢用简单的色彩调制出令人心动的美味,食品辛辣,油腻,主要以洋葱、番茄和青椒佐色与调味。鱼和山珍在匈牙利食品中占据重要位置,鹅肝菜肴享誉全球。

捷克人的日常饮食以猪肉排、甜酸菜和馒头片为主,捷克人喜欢喝啤酒。

波兰人的饮食习惯与中欧其他国家有些相似,由于其特殊的饮食习惯以及历史因素,因而波兰饮食同时具有法国、意大利和犹太特色。波兰人吃饭时先喝汤,汤的种类有甜菜汤、蛋花冷汤、大麦汤,有的大麦汤还加上蛋和香肠。波兰人除忌讳吃猪、牛、羊的内脏(肝)外,也不太喜欢吃虾、海味及清蒸烹制的食品菜肴。

（二）礼仪与禁忌

捷克人讲究谦逊礼让和遵守公共秩序，在公共场合不大声喧哗、拥挤。忌讳谈论政治问题及家庭琐事。对举止轻浮的人非常讨厌，忌讳红三角图案。

奥地利人拜访会预先约定并准时赴约，见面及辞别与每一个人亲切握手。会带礼物参加私人宴请。参加音乐会、看歌剧等穿深色服装，参加婚礼、朋友聚会穿浅色服装。

波兰人一般行握手礼，亲人和朋友别后重逢时常拥抱，一般拥抱一次，关系亲密者相互按左右左的次序拥抱3次。对已婚妇女有吻手礼的习惯。忌讳就餐者是单数，他们认定此乃不吉之兆。

匈牙利人讲究穿戴，不修边幅被认为是缺乏教养，他们忌13和星期五，认为打破了玻璃和镜子将有倒霉的事发生。

（三）重要节日

除宗教节日外，各国较为隆重的节日还有奥地利4月27日的独立日、10月26日的国庆节，捷克10月28日的国庆日，斯洛伐克1月1日的建国日、9月1日的宪法日，匈牙利11月16日的独立日、6月4日的民族凝聚日，波兰11月1日的清明节、11月11日的独立日、5月3日的国庆日。

七 旅游业

（一）旅游业概况

地处多瑙河沿岸的中欧国家，自然资源及人文景观极其丰富，旅游业普遍比较发达。旅游业已成为此区域外汇收入的主要来源。截至2017年，五国共有45处世界遗产（波兰13处、匈牙利7处、捷克12处、斯洛伐克5处、奥地利8处），是世界上自然遗产较为集中的地区之一。

（二）著名旅游城市和旅游景点

1.布达佩斯

布达佩斯是匈牙利的首都，也是匈牙利最大的城市。坐落在多瑙河中游两岸的布达佩斯是欧洲著名古城，有"多瑙河明珠"的美誉，早先是遥遥相对的两座城市，后经几个世纪的扩建，在1873年由位于多瑙河左岸的城市布达和古布达以及右岸城市佩斯合并而成。著名的景点有以下几处。

城堡山，位于多瑙河畔，始建于13世纪，是最早的布达佩斯旧城，它就像一座巨大的博物馆，展示了布达佩斯城发展的历史和匈牙利民族的过去。

盖莱尔特山，位于城堡山南侧，山顶有自由女神的铜像。自由女神高举橄榄枝，昂首仰望，端庄安详，是匈牙利民族的象征。

圣母玛利亚教堂，建于13世纪。曾有许多国王在此举行加冕仪式，故又称"加冕教堂"。西大门两侧各有一塔，一座高达80米，而另一座又矮又粗。教堂内文物颇多，以马尔加国王的盾形纹章、描述圣母归天的14世纪浮雕、贝拉三世及其王后的石棺、王冠、权杖等最为珍贵。

国会大厦,布达佩斯市国会大厦建于1884年,长268米,最宽处为116米,圆顶高96米,是当时世界上最壮观的哥特式建筑之一,是匈牙利的象征。

2.华沙

华沙是波兰的首都,也是欧盟总部所在地,更是中欧诸国贸易的通商要道,自古以来就是非常繁华的地方。华沙还是历史名城,著名的华沙公约就是在此签订。华沙也是世界上绿化最好的城市之一。著名的景点有以下几处。

华沙古城,是华沙最古老的地方,也是首都最有特色的景点之一。它建于13、14世纪之交,扩建于15世纪,改建于17世纪,建筑风格为哥特式风格。每座建筑物的外貌都保持了原来的建筑风格,而其内部结构和设施则是按照现代化建筑技术进行改建的。

维兰诺夫宫,是波兰国王的夏宫,是一组造型别致、雕塑精美的巴洛克式建筑群。整个建筑平面呈长方形,主楼为双层建筑,后来增建了南、北两翼,南翼为肖像画廊,北翼有前厅、书房、卧室、钟房、图书馆和皇宫教堂等。宫内雕塑精美,其中有表现国王战斗和凯旋的浮雕,有国王索别斯基夫妇肖像。夏宫还曾是外国元首访问波兰时的下榻地,戴高乐、尼克松以及周恩来总理都在此住过。

无名烈士墓,位于毕苏茨基广场,是波兰举行各种节庆、纪念仪式的重要场所。按照波兰外交礼仪规定,外国重要代表团来访或驻波兰使节到任,均要向无名烈士墓献花。

3.维也纳

维也纳位于多瑙河畔,是奥地利首都,也是奥地利最大的城市和政治中心,拥有1800年的历史,因市内古典音乐气氛浓厚,被誉为"世界音乐之都"和"乐都"。其市中心古城区被列为世界遗产,著名景点有以下几处。

国家歌剧院,是世界上最著名的歌剧院之一,素有"世界歌剧中心"之称,也是维也纳的主要象征。维也纳国家歌剧院是世界四大歌剧院之一,始建于1861年,历时8年完工,坐落在维也纳老城环行大道上,原是皇家宫廷剧院。

金色大厅,建于1867年,1869年竣工,是意大利文艺复兴式建筑。是维也纳最古老、最现代化的音乐厅,也是世界上著名的音乐厅之一。在这里每年举办"新年音乐会"。维也纳交响乐团每季度至少在此举办12场音乐会。

霍夫堡宫,是奥地利哈布斯堡王朝的宫苑,坐落在首都维也纳的市中心。皇宫依地势而建,分上宅、下宅两部分。上下两宅各有一个花园。上宅是帝王办公、迎宾和举行盛大活动的地方,下宅作为起居借宿用。

萨尔茨堡,是中欧地区最大的古城堡。建于1077年,城堡内有街道,四周的城墙又高又厚,这里曾经是历代萨尔茨堡市主教的居住地。整个城堡的面积很大,有庭院及多座建筑物,如大主教举行盛大宗教仪式的厅堂、音乐厅、主教居室、兵器馆、囚犯馆和中世纪刑具展览馆等。萨尔茨堡老城在1996年被联合国教科文组织列入世界文化遗产名录。

4.布拉格

布拉格为捷克首都,是全球第一个整座城市被指定为世界文化遗产的城市。市内拥有为数众多的各个历史时期、各种风格的建筑,其中特别以巴洛克风格和哥特式风格更加引人入胜。布拉格建筑给人整体上的观感是建筑顶部变化特别丰富,并且色彩极为绚丽夺目,号称欧洲最美丽的城市之一。著名景点有以下几处。

布拉格城堡,位于捷克伏尔塔瓦河的丘陵上,是布拉格王室的所在地,如今是捷克总统为外国元首来访举行欢迎仪式和接受各国大使递交国书的地方。建于9世纪,距今1000多年历史。经过多次改建、装饰和完善,城堡集中了各个历史时期的艺术精华,是捷克较吸引人的游览胜地之一。

查理大桥,是布拉格在伏尔塔瓦河上修建的第一座桥梁。查理大桥以其悠久的历史和建筑艺术成为布拉格最有名的古迹之一。桥长520米,宽10米,有16座桥墩,大桥两端是布拉格城堡和旧城区,是历代国王加冕游行的必经之路。

5.布拉迪斯拉发

布拉迪斯拉发位于多瑙河畔,河对岸就是奥地利,是斯洛伐克共和国的首都和经济文化中心,也是斯洛伐克最大的城市。老城的建筑多具有匈牙利建筑风格。其中布拉迪斯拉发城堡是最古老和最具有代表性的建筑。

(三)购物

奥地利的施华洛世奇水晶是全球知名品牌。匈牙利最值得购买的商品为葡萄酒,最有名的是"牛血酒"(公牛血),是用三种优质葡萄酿造而成,因酒色深红带黑,犹如牛血而得名。波兰特产为琥珀、纸雕、木雕、地毯、玻璃画。

捷克、斯洛伐克值得购买的纪念品有木偶、水晶、陶瓷、皮衣等。

工作任务4 俄 罗 斯

任务导入

某旅行社8月份将组织一批大学生去莫斯科进行为期20天的游学活动。他们将造访当地大学并与当地大学生、普通群众进行交流活动。为了让"90后"的学生能适应当地的生活,并能更好地跟当地的居民进行交流,旅行社安排小王负责行前说明会。小王应该怎么开好说明会?

任务解析

(1)此次出国游学为期20天,学生必须要尽快适应当地的生活,所以小王首先应跟学生们交代在俄罗斯生活与在国内生活的不同之处,并提醒做好相关的准备,如倒时差,北京属东八区、莫斯科属东三区,理论上北京比莫斯科快五个小时,因夏令时的原因实际时差为四个小时。小王应该提醒各位同学在出发前倒好时差。同时小王应对目前莫斯科的物价水平有一个交代,莫斯科的物价非常高(如一瓶矿泉水大概折合人民币10元左右),生活成本较高。访客在莫斯科生活应有相关准备。再看该团出行时间是8月份,小王应该就8月莫斯科的天气情况做简单说明。每年的 8 月份,在莫斯科三分之一的时间是下雨的。这期间虽然处于夏天,但是温度并不高,且温差比较大,气温在 12—22℃,应该提醒学生准备好夏装及秋装,必须准备一件外套。

(2)小王应该让学生在出发前对俄罗斯的历史、文化、经济、政治有一定的了解,这样才能更好地跟俄罗斯的大学生进行交流。如俄罗斯是一个历史悠久的民族,它曾经创造过灿烂的文化。在俄罗斯的历史长河中,产生过普希金、托尔斯泰等文学大家。1917 年,俄国十月革命成功后,俄罗斯曾建立起了世界上最大的社会主义国家,称为苏维埃社会主义共和国联盟,简称苏联。1991 年苏联解体。如今俄罗斯经过二十多年的发展,经济逐步得到恢复,国际地位也日益提升。

任务拓展

中、俄红色旅游合作交流活动即将在长沙召开。小王所在的旅行社负责接待一家来自莫斯科的旅行社代表团。请问小王如何讲解才能让莫斯科的同行更好地了解中国的历史与文化?

一 概况

(一)自然地理概况

1. 地理位置

俄罗斯国土面积为 1707.54 万平方公里,居世界第一位。北邻北冰洋,东濒太平洋,西接大西洋。东西最长为 9000 公里,南北最宽为 4000 公里。与挪威、芬兰、爱沙尼亚、拉脱维亚、立陶宛、波兰、乌克兰、阿塞拜疆、哈萨克斯坦、中国、蒙古、朝鲜等多个欧亚国家毗邻。

2. 气候

俄罗斯幅员辽阔,除北冰洋沿岸属苔原气候(寒带气候)或称极地气候、太平洋沿岸属温带季风气候外,大部分地区处于北温带,以亚寒带大陆性气候为主。温差普遍较大,冬季漫长寒冷,夏季短促温暖,春秋两季很短。1 月平均气温为 -37— -1℃,7 月平均气温为 11—27℃。年平均降水量为 150—1000 毫米。

3. 地形地貌

俄罗斯的地形以平原为主,约占国土总面积的 70%。中西伯利亚高原面积为 150 万平方公里,是世界上最大的高原之一。全境以南北走向的叶尼塞河为界分为东、西两部分。境内 300 余万条河流纵横交错,其中伏尔加河是欧洲最长的河流。有 200 多万个湖泊,贝加尔湖是世界上最深的淡水湖。

(二)人文概况

1.国名、国旗、国徽、国歌、国花、货币

国名:俄罗斯是从"罗斯"一词演化而来的,源于中世纪,指由斯堪的纳维亚半岛南下的瓦兰几亚人,他们来自瑞典东海岸的一个叫罗登的居民区,称为"罗斯"。汉译名"俄罗斯"是通过蒙古语转译过来的。

国旗:俄罗斯国旗呈横长方形,长与宽之比约为 3∶2。旗面由三个平行且相等的横长方形相连而成,自上而下分别为白、蓝、红三色。三色旗源自彼得大帝采用的红、白、蓝三色旗,是代表泛斯拉夫的颜色。白色代表寒带地区一年四季白雪茫茫;蓝色代表亚寒带气候区,象征俄罗斯丰富的地下矿藏和森林、水力等自然资源;红色是温带的标志,也象征悠久的历史和对人类文明的贡献。

国徽:俄罗斯国徽为盾徽,红色盾面上有一只金色的双头鹰,鹰头上是彼得大帝的三顶皇冠,鹰爪抓着象征皇权的权杖和金球。鹰胸前是一个小盾形,上面是一名骑士和一匹白马。双头鹰象征俄罗斯国家团结和统一,是俄罗斯的国家象征。

国歌:《俄罗斯,我们神圣的祖国》。

国花:向日葵。

货币:卢布。

2.人口、民族

俄罗斯现有人口 1.44 亿(2016 年),居世界第 7 位。有 193 个民族,其中俄罗斯人占 79.8%。主要少数民族有鞑靼、乌克兰、楚瓦什、巴什基尔、白俄罗斯、摩尔多瓦、日耳曼、乌德穆尔特等民族。

3.语言、宗教

俄语是俄罗斯官方语言,主要少数民族都有自己的语言和文字。主要宗教为东正教,其次为伊斯兰教。

(二) 简史

俄罗斯人属于斯拉夫民族。15 世纪下半叶伊凡三世建立俄罗斯中央集权国家——莫斯科大公国。1574 年,伊凡四世自封为沙皇,国号为"俄国"。16—17 世纪,伏尔加河流域、乌拉尔和西伯利亚各族先后加入俄国,使其成为一个多民族国家。17 世纪中期,乌克兰和俄罗斯合并为一个统一的国家。1721 年,彼得一世改国号为"俄罗斯帝国"。19 世纪与 20 世纪之交,俄罗斯成为军事封建帝国主义国家。1917 年 11 月 7 日(俄历 10 月 25 日)十月社会主义革命后,建立了世界第一个社会主义国家。1922 年,俄罗斯联邦、南高加索联邦、乌克兰、白俄罗斯成立苏维埃社会主义共和国联盟(后扩大为 15 个加盟共和国,简称苏联)。1991 年苏联解体,俄罗斯与白俄罗斯等建立独立体国家联合体,将国家正式命名为

"俄罗斯联邦"。

1949年10月2日,苏联与中国建立外交关系。

三 经济发展状况

俄罗斯自然资源丰富,种类多,存蓄量大,自给程度高。森林覆盖面积、天然气和铁的储量均为世界第一,水利资源、煤、铁、铝的储量均居世界第二位,黄金储量居世界第四至第五位,铀储量居世界第七位。石油储量65亿吨,超过世界探明储量的十分之一。国防工业、核工业和航空航天业在世界上占有重要地位,武器产品出口到全球各地。俄罗斯经济基础较强,资源丰富,能源充足,工业发达,门类齐全,科技实力雄厚,交通通信等基础设施较好,是世界工业大国。

四 政治

俄罗斯实行联邦议会总统制。总统为国家元首、联邦武装力量最高统帅、国家最高行政首脑。联邦议会由联邦委员会和国家杜马组成,为最高立法机关。全国政党有140多个。目前由俄罗斯最大的政党——统一俄罗斯党执政。截至2018年俄罗斯大选前,弗拉基米尔·弗拉基米罗维奇·普京已经三次当选为俄罗斯总统。

五 文化

(一)文学

俄罗斯领土跨越了欧、亚两洲,融合了东、西方两种文化,其在文学艺术等领域源远流长,名人辈出,在世界上享有盛誉。俄罗斯文学发轫于10世纪与11世纪之交。17世纪初,曾经出现过一些作品,多为融宗教、历史于一体之作。18世纪,俄罗斯文学实现了质的飞跃,进入了古典主义文学产生和繁荣的新时期。19世纪,俄罗斯文学迈上了资产阶级浪漫主义和批判现实主义的新路,这是俄罗斯文学的鼎盛时期,文坛上名家辈出,名著如林。普希金是俄国浪漫主义诗歌的主要代表、俄罗斯近代文学的奠基人和俄罗斯标准语的创建者,代表作有《自由颂》《青铜骑士》和《黑桃皇后》等。列夫·托尔斯泰是俄国伟大的批判现实主义作家,囊括了19世纪以前人类创作的一切文学体裁,主要代表作有《战争与和平》《安娜·卡列尼娜》和《复活》等,对世界文学产生了巨大影响,反映了俄国社会整个时代的矛盾,被列宁称为"俄国革命的镜子"。高尔基是跨越俄、苏两个时代的无产阶级作家、苏联社会主义文学的奠基人,主要作品有《海燕之歌》《童年》《在人间》《我的大学》和《母亲》等。

(二)音乐

19世纪下半叶是俄罗斯音乐的繁荣期,乐坛上出现了许多著名的世界级音乐大师和作曲家。彼·伊·柴可夫斯基是这一时期最伟大的音乐家,创作了10部歌剧、6部交响曲、4部协奏曲、3部舞剧以及幻想序曲等,他的作品被称为"俄罗斯之魂",所创作的歌剧《叶甫盖尼·奥涅金》《黑桃皇后》，芭蕾舞曲《天鹅湖》《睡美人》以及交响幻想曲《罗密欧与朱丽叶》等成为传世之作。"十月革命"以后著名作曲家肖斯塔科维奇的作品被誉为20世纪音乐高峰之一，作品有15部交响曲，钢琴、小提琴、大提琴协奏曲各2部，其中第七交响曲《列宁格勒》交响曲是在列宁格勒被德国法西斯围困期间完成的，以悲壮著称。

（三）绘画

俄罗斯的美术源远流长，绘画有着悠久的历史。在美术绘画史上，19世纪60年代以"巡回展览画派"为代表的批判现实主义画派的创作内容和艺术水平都达到了世界高度。其中著名画家有伊·尼·克拉姆斯科伊，代表作是《荒野中的基督》和《列夫·托尔斯泰》；伊里亚·叶菲莫维奇·列宾，代表作是《伏尔加河上的纤夫》《拒绝忏悔》和《宣传者被捕》；伊·伊·列维坦，代表作是《小白桦树林》《金色的秋天》和《弗拉基米尔大道》等。20世纪以来，俄罗斯的美术绘画在革命历史题材、领袖题材以及风俗画方面也取得了不小的成绩。

（四）芭蕾舞

芭蕾舞繁荣于俄罗斯，19世纪末法国古典主义和浪漫主义芭蕾开始衰落，法国的芭蕾艺术一蹶不振，芭蕾的中心由法国转入俄罗斯。虽然俄罗斯不是芭蕾的发源地，但其在很大程度上丰富了芭蕾这一艺术形式。俄罗斯芭蕾注重戏剧性情节，富有强烈的艺术感染力。著名的芭蕾舞剧目有《天鹅湖》《罗密欧与朱丽叶》和《吉赛尔》等。自1969年起，每四年都会在莫斯科举行一届芭蕾舞国际比赛。去俄罗斯欣赏芭蕾，最好选择莫斯科大剧院芭蕾舞团和圣彼得堡马林斯基剧院芭蕾舞团，这两大芭蕾舞团历史悠久，世界有名。

（五）马戏

马戏在俄罗斯的表演历史可谓源远流长，从18世纪起，每一位沙皇都有自己专属的皇家马戏表演者，这些表演者以马戏、驯兽为家族事业，世代相传，形成了许多今天仍然活跃在世界马戏表演舞台的著名马戏世家。20世纪50年代，俄罗斯政府组建了当时世界规模最大、表演水平最高的马戏表演团体——"俄罗斯国家大马戏"。而那些早已为世人熟知的俄罗斯著名传统表演世家正是"俄罗斯国家大马戏"的中坚力量。"俄罗斯国家大马戏"从成立至今，一直是世界马戏表演领域的佼佼者。从"蒙特卡罗国际马戏杂技比赛"到中国"吴桥国际杂技节"，"俄罗斯国家大马戏"永远是世界各项杂技、马戏大赛的最高奖和金奖的"长胜将军"。"俄罗斯国家大马戏"最擅长驯演大型猛兽，如狮、虎、熊、象等都是传统的表演项目，驯养难度非常大、演出异常精彩。滑稽小丑、大跳板和高空飞人都是"俄罗斯大马戏"的经典演出项目。

六 民俗与节日

（一）饮食

俄罗斯人以面包为主食。喜食牛、羊肉，不爱吃猪肉。注重菜品量大、实惠。喜欢焖、煮、烩的菜，喜欢酸、甜、咸和微辣的食品。午餐、晚餐不可无汤，讲究汤浓，要有冷盘。爱饮烈性酒，酒量一般都很大。

（二）服饰

俄罗斯人注重仪表，爱好打扮，对衣着打扮有相当高的品位和审美眼光。与吃相比较，俄罗斯人更偏爱穿。在穿着服饰上尤其讲究色彩和谐、整体的搭配。家中的衣橱里，起码备有三种不同场合穿着的衣服。每逢参加较大的社会活动，衣服一定要熨平，胡子要刮净，还要涂雪花膏、洒香水。

俄罗斯现代的服饰大多趋于国际潮流。男子多穿西服，戴呢帽、礼帽，冬天戴皮帽，穿皮鞋、皮靴或毡靴。妇女穿连衣裙、西服上衣或西服裙，穿高跟鞋，冬天也穿皮靴，戴呢帽或皮帽。

（三）礼仪与禁忌

俄罗斯人用面包和盐迎接贵宾，这是最高的敬意和热烈的欢迎。尊重妇女是俄罗斯的社会风气。到俄罗斯人家中做客，要准时不要早到。进屋后要先向女主人问好，然后再向男主人和其他人问好。俄罗斯人喜欢数字"7"，认为"7"意味着成功和幸福。俄罗斯人认为"13"不吉利，忌讳13个人聚在一起。认为黑色不祥，不喜欢黑猫。把镜子看成是神圣之物不可打碎。在俄罗斯有个说法"每个人都有两个神灵，左方为凶神，右方为善良的保护神"。因此，熟人见面不用左手握手问好，学生考试不用左手抽签。

（四）重要节日

除宗教节日外，俄罗斯著名的节日还有谢肉节（2月底至3月初）、卫国战争胜利日（5月9日）、诗歌节（6月6日）、三圣节（复活节后第50天）、国庆节（6月12日）、和谐和解日（11月7日）。

1.谢肉节

谢肉节，又称送冬节、烤薄饼周，是一个从俄罗斯多神教时期就流传下来的传统俄罗斯节日。后来由于俄罗斯民众开始信奉东正教，该节日与基督教四旬斋之前的狂欢节发生了联系。现在谢肉节的开始日期为每年东正教（基督教的分支）复活节前的第8周。

2.三圣节

三圣节在复活节后第50天，又称圣降灵节，是东正教中的一个重大节日，和斯拉夫人的悼亡节结合在一起，民族色彩浓重，流传很广，是俄罗斯民间最重要的夏季节日，最受青年人喜欢。节前，屋内外、院内外和街道上都收拾得干干净净、整整齐齐，家家房前都摆着桦树，室内也用桦树树枝装饰起来。姑娘们成群结队到森林里去采集各种药草。节日这天，青年们从教堂出来后，吃点儿饭，稍事休息，就聚集在一起到林中去编织花环、游戏、跳圆圈舞并把编好的花环挂到桦树上，放声高歌，然后各自回家。这是庆祝活动的第一部分，称为编花环。此外，要烧篝火，准备一定的菜肴，如鸡蛋、火腿、奶酪、酸奶以招待客人。第二部分是解花环。一个星期后，人们重新聚到同一空地上，唱歌、游艺、跳圆圈舞，然后开怀大吃。吃饱喝足之后，从桦树上取下节日那天编织的花环，戴在头上，而后做一个木偶，并将其穿戴起来，称为伊凡·古巴拉。大伙儿载歌载舞，欢乐地走到附近的江、河、湖、塘边，把伊凡·古巴拉扔入水中，接着把花环也扔入水中。在扔花环入水时，还伴有"猜猜看"游戏。谁的花环沉入水底，谁心中的愿望就能实现。

七、旅游业

（一）旅游业概况

俄罗斯旅游业近年来发展迅猛，尤其是入境游。免签政策及卢布贬值等因素极大地促进了中国旅游团队赴俄旅游，截至2017年，中国已成为赴俄罗斯旅游的最大客源市场。

（二）著名旅游城市和旅游景点

1. 莫斯科

莫斯科因建于莫斯科河畔而得名，它地处俄罗斯平原中部，不仅是俄罗斯的首都，也是俄罗斯最大的城市和政治、经济、文化、交通中心。莫斯科城区面积994平方千米，始建于12世纪中期。莫斯科城市布局是以红场为中心，像年轮一样一环一环地向四周扩散，最外面是宽阔的森林绿化带，故有"森林之城"的美誉。著名的旅游景点有以下几处。

克里姆林宫，坐落在莫斯科市中心，比邻红场。克里姆林宫实为建筑群，主体建筑包括大会堂、政府大厦、伊凡大帝钟楼、大宫殿等。核心建筑为大宫殿，由18世纪凯瑟琳女皇下令建设，占地2万多平方米，拥有700多个房间，黄色墙壁、绿色屋顶。这里曾是沙皇皇宫，在1917年"十月革命"胜利之后成为苏维埃中央政府的办公大楼，列宁当时就在这座大楼办公。现在是俄罗斯总统府所在地。

红场，位于莫斯科市的中心广场。这里在15世纪的时候就是一个贸易市场，17世纪开始成为莫斯科的商业中心。因地处克里姆林宫旁边，沙皇经常在此发布政令与阅兵，逐渐使其具备了浓厚的政治色彩。现在是国家举行各种大型活动及阅兵的地点，与克里姆林宫一起成为俄罗斯的象征。红场上最重要的建筑除了克里姆林宫以外，还有列宁墓、圣瓦西里教堂、国家历史博物馆等建筑。

普希金广场，位于莫斯科市中心，曾因有一座苦行修道院而得名苦行广场。1937年，为纪念俄国伟大诗人普希金逝世100周年，当时的苏联政府把广场改名为普希金广场。广场上耸立着4米多高的普希金青铜纪念像。纪念像基座上刻有普希金的一首诗："在这个残酷的世纪，我歌颂过自由，并且还为那些塞滞的人们祈求过怜悯和同情。"

莫斯科大彼得罗夫大剧院，简称大剧院，始建于1776年，是俄罗斯历史最悠久的剧院，坐落在莫斯科斯维尔德洛夫广场上。它的建筑既雄伟壮丽，又朴素典雅，内部设备完善，具有极佳的音响效果。

2. 圣彼得堡

圣彼得堡位于俄罗斯西北部波罗的海沿岸，是俄罗斯第二大城市。圣彼得堡是一座水上城市，分布在44个岛屿上，有"北方威尼斯"之称。它建于1703年，1712年俄罗斯把首都从莫斯科迁到圣彼得堡，直到1918年再迁回莫斯科，这200多年来圣彼得堡成为俄罗斯的文化、经济、政治中心。1924年圣彼得堡改名为列宁格勒，1991年再次恢复。著名的旅游景点有以下几处。

冬宫，坐落在圣彼得堡宫殿广场上，原为俄国沙皇的皇宫，十月革命后辟为圣彼得堡国立艾尔米塔什博物馆的一部分。它是 18 世纪中叶巴洛克式建筑的杰出典范，占地 9 万平方米。

艾尔米塔什博物馆，是世界最大的博物馆之一。馆内分史前文化、希腊罗马文化、东方文化和俄罗斯文化等。全馆共收藏艺术珍品 270 多万件。

彼得保罗要塞，是著名古建筑，要塞中有保存沙皇陵墓的彼得保罗大教堂及其钟楼、造币厂、兵工厂等建筑。后来沙皇把要塞作为政治监狱，监禁过许多革命人士。现已被辟为历史和建筑艺术博物馆。

"阿芙乐尔"号巡洋舰，建造于 1903 年，原为波罗的海舰队的巡洋舰，现为军舰博物馆，位于圣彼得堡涅瓦河上。"阿芙乐尔"在俄语中的意思为"黎明""曙光"。该舰长 124 米，宽 17 米，1917 年 10 月该舰炮轰东宫，打响了十月革命的第一炮，成为十月革命的象征。

3.贝加尔湖

贝加尔湖位于俄罗斯东西伯利亚南部，是世界上最深、蓄水量最大的淡水湖，面积约为 3.15 万平方公里，平均水深约 730 米，蓄水量占世界地表淡水的五分之一。中国古称北海，曾为中国北方部族主要活动地区，汉代"苏武牧羊"的故事就发生在这里。

（三）购物

俄罗斯特色纪念品有皮毛服装、陶制玩具、沃洛格达花边纺织品、木制品、琥珀、鱼子酱、伏特加酒、套娃等。

项目四
北欧地区

◇ 知识目标

　　1.了解芬兰、瑞典、挪威、丹麦、冰岛等北欧五国的地理位置、气候等自然环境和人口、历史、民俗、经济发展状况等人文概况。
　　2.熟悉芬兰、瑞典、挪威、丹麦、冰岛等北欧五国的主要旅游城市、旅游景区景点的概况。

◇ 能力目标

　　1.能简单介绍北欧的自然与人文概况。
　　2.能对目前旅行社推出的北欧旅游线路进行推广宣传。
　　3.能为客人提供北欧旅游咨询服务。

◇ 素质目标

　　1.培养学生的人文素养。
　　2.培养学生的阅读能力、文字表达能力。
　　3.培养学生知识运用的能力。

工作任务　芬兰、瑞典、挪威、丹麦、冰岛北欧五国

任务导入

中国国旅领队小张的朋友是一名摄影爱好者,他准备7月份赴北欧自由行。他在出发前找到小张,需要小张为他提供一些去北欧游览的建议。

任务解析

(1)7月份北欧正值夏天,小张应该就北欧的气候特点提出些建议。夏天是北欧最好的旅游季节,也是最适合摄影的季节。7月的北欧白昼时间长,阳光充足,且气温适宜,但温差很大,中午的时候最高温度在20℃以上,但一走到树荫底下马上进入深秋,所以北欧的街头有穿着露肩短袖的年轻人,也有穿着毛背心的中年人,还有穿着羽绒服的老年人。小张应该提醒朋友不但要带好夏天的衣服,也要准备秋天的衣服。

(2)因朋友是摄影爱好者,小张应该给朋友简单介绍下北欧具有历史文化背景的建筑、景点及具有地貌特点的自然景观,如闻名世界的美人鱼铜像,这是每一个到哥本哈根的游客都会拍照留念的地方,由于角度、光线不同,所拍出来的美人鱼可以是忧郁的,也可以是恬静的。而赫尔辛基大教堂的绿顶也对广大摄影爱好者有着深深的吸引力,至于松恩峡湾的壮观美景更是让各国摄影者趋之若鹜。

(3)小张应告诉朋友北欧国家与国内生活的不同之处。如首先就是时差问题,丹麦、挪威、瑞典的时间比北京的时间晚7个小时,但他们在夏季执行夏令时制,时间调快一小时,也就是说实际相差6个小时,而芬兰与北京相差6个小时,夏令时缩短为5个小时。同时各国物价较高,应有相应的心理准备,北欧各国在饮食上以西餐为主,口味也与国内不同。北欧人十分重视个人隐私,餐厅就餐时切忌高声喧哗。

任务拓展

中国国旅领队小张的朋友带着大量的精美照片从北欧旅游回来了。因为照片太多,有些照片不记得具体拍摄地了。他找到小张,需要小张帮他一起辨认。如果你是小张,请你结合对北欧景点的了解,一起辨认这些照片拍于什么地方,是哪些景点,并简单地介绍下这些景点。

相关知识

一 概况

北欧是一个政治地理概念,北欧五国是指位于北欧的丹麦、瑞典、挪威、芬兰和冰岛及其

附属领土如法罗群岛、格陵兰和奥兰的统称。北欧人口密度小、经济高度发达、居民生活水平高、历史文化底蕴深厚、自然风光旖旎,一直以来都是各国游客首选的旅游之地。

(一)自然地理概况

1.地理位置

在地理位置上,北欧西临大西洋,北靠北冰洋,南面与欧洲中部隔海相望,东面与东欧相连。北欧五国当中最东边的是芬兰,芬兰东面与俄罗斯接壤,西北部与瑞典、挪威接壤。丹麦则地处波罗的海之西南,北与挪威、瑞典隔海相望,南与德国接壤。冰岛及格陵兰岛则远在大西洋之北。

2.气候

由于北欧地处北温带向北寒带交界处,大部分地方终年气温较低。广大内陆地区主要为亚寒带针叶林气候。因纬度较高,故冬季漫长而严寒,月平均气温在0℃以下;夏季短促温暖,月平均气温在10℃以上。冬季黑夜时间长,正午太阳高度角小,又有积雪覆盖,地面辐射冷却剧烈,受不到海洋气团的调节。

丹麦及斯堪的纳维亚半岛西南部沿海深受北大西洋暖流影响,为温带海洋性气候。其气候特点是冬季温和,夏季凉爽,气温年较差小,年降水量适中,全年有雨,且秋冬较多。冬季气温一般在0℃以上,夏季最热月气温一般在10—20℃,年降水量一般在600—1000毫米。

3.地形地貌

北欧地区除斯堪的纳维亚山海拔较高外,总体地势比较低平。斯堪的纳维亚半岛是北欧地势最高的地区,斯堪的纳维亚山脉纵贯半岛中部,居挪威与瑞典之间,山脉西坡陡,直逼挪威海沿岸,东坡缓,逐渐向波的尼亚湾降低。所以,挪威是北欧地势最高的国家,地形以山地为主,西部沿海多峡湾地形。斯堪的纳维亚山脉曾是欧洲第四纪冰川的主要中心,大陆冰川覆盖了整个北欧地区,所以北欧到处可见冰川侵蚀与堆积地貌。芬兰境内湖泊众多,河流短小,故有"千湖之国"的称号。丹麦全境是一个和缓起伏的低地。冰岛是个碗状高地,它四周为海岸山脉,中间为一高原,岛上有100多座火山,其中至少有30座活火山。

(二)北欧五国人文概况

1.北欧五国国名、面积、人口(2016年)、首都、货币

北欧五国共占地350万平方千米(格陵兰占其中60%的土地),人口约2500万。北欧五国国名、面积、人口(2016年)及首都、货币如表4-4所示。

表4-4 北欧五国国名、面积、人口(2016年)、首都、货币一览表

国 名	面积(万平方千米)	人口(万)	首 都	货币
芬兰共和国	33.8	549	赫尔辛基	欧元
瑞典王国	45.0	958	斯德哥尔摩	瑞典克朗

续表

国　　名	面积（万平方千米）	人口（万）	首　　都	货币
挪威王国	38.5	509	奥斯陆	挪威克朗
丹麦王国	4.3	565	哥本哈根	丹麦克朗
冰岛共和国	10.3	33	雷克雅未克	冰岛克朗

2.语言、宗教

北欧人大多数都能说英语，瑞典语、挪威语、丹麦语发音及语法大致相同，相互交流可以不需要翻译。北欧国家以基督教的新教路德宗为主。因芬兰被俄国统治过，仍有部分人信仰东正教。

二 简史

丹麦和挪威曾是维京海盗的根据地。公元9世纪挪威形成统一的王国，并开始向冰岛移民，这些移民于930年建立冰岛联邦，1262年冰岛联邦臣属于挪威。

丹麦于公元985年形成统一王国，并于11世纪征服了挪威。

瑞典于公元1100年形成统一王国，并于1157年兼并芬兰。

1397年丹麦征服瑞典后成立卡尔玛联盟，成为北欧霸主。1523年瑞典脱离丹麦取得独立。1809年瑞典与俄国交战失败，把芬兰划给了俄国，而1814年丹麦与瑞典交战失败，丹麦被迫将挪威割予瑞典。

1905年挪威从瑞典独立。1917年俄国十月革命后，芬兰脱离俄国独立。

1918年，冰岛、丹麦签订联邦法，冰岛脱离丹麦为主权国家，但外交事务仍由丹麦控制。1944年冰岛共和国成立。

1950年，瑞典、芬兰、丹麦与中国建交，1954年挪威与中国建交，1971年冰岛与中国建交。

三 经济发展状况

北欧国家经济相当发达，生活非常富足，社会福利保障体系十分完善，是典型的"四高"国家：高收入、高福利、高税收、高物价。其中挪威是仅次于俄罗斯和沙特阿拉伯的世界第三大石油输出国。

由于人口少，北欧内部市场狭小，发展空间有限，必须依靠对外贸易合作。芬兰、瑞典和丹麦三国经济均属出口导向型经济，出口占国内生产总值（GDP）的比重接近或超过一半以上，远高于欧盟平均水平。虽然北欧国家人均收入较高，但都崇尚简约。

四 政治及国际关系

北约五国的政体既有君主立宪制也有共和制。其中芬兰和冰岛都是共和制，但芬兰是议会共和制,总统权利来自议会。冰岛是总统共和制,总统掌握着全国最高行政权力。挪威、瑞典和丹麦是君主立宪制,总理为政府首脑。挪威、丹麦、冰岛是北约成员国,芬兰和瑞典是非北约成员国;而芬兰、瑞典和丹麦是欧盟成员国,挪威、冰岛则是非欧盟成员国。

五 文化

北欧是童话的世界,也是神话的王国。这里名家辈出,如安徒生、易卜生、斯特林堡等人对欧洲乃至世界文学产生了巨大影响。尤其是被誉为世界上最伟大的童话作家安徒生,其代表作《卖火柴的小女孩》《丑小鸭》《皇帝的新装》等为全世界人民家喻户晓。瑞典作家斯特林堡,是瑞典现代文学的奠基人,被誉为世界现代戏剧之父。其代表作有《红房子》《朱丽小姐》等。

六 民俗与节日

(一)饮食

北欧地区饮食以欧式西餐为主,爱吃火腿和奶油蛋糕等食品。丹麦、冰岛人以面食、大米为主食,对面包食品情有独钟。瑞典人吃的精髓和传统是开口三明治,开口三明治被瑞典人称为"思摩古斯"。芬兰鱼寿司是芬兰最著名的小吃。丹麦最著名的是嘉士伯啤酒,口味纯正,被誉为世纪最佳啤酒。

(二)礼仪与禁忌

北欧人时间观念及契约精神很强,事先约定约会时间,应准时赴约。北欧人信奉基督教,所以忌讳数字"13"和星期五。正式场合一般行握手礼,忌讳交叉式握手和交叉式谈话。他们很注重隐私,故与他们交谈时注意不要谈论个人隐私问题,与人谈话时应保持1米左右的距离。

(三)重要节日

除了宗教节日及新年外,主要节日有挪威国庆日(5月7日)、丹麦立宪日(6月5日)、瑞典独立日(6月6日)、芬兰桑巴狂欢节(6月13日)、冰岛国庆日(6月17日)等。

七 旅游业

(一)旅游业概况

北欧有着深厚的历史文化及旖旎独特的自然风光,备受世界各地旅游爱好者的青睐,同时北欧各国政府也极其重视旅游业的发展,旅游基础设施相当完善。近年来,北欧各国积极在中国市场宣传推广旅游线路,中国也成为北欧入境旅游增幅最大的市场。

(二)著名旅游城市和旅游景点

1.芬兰旅游城市及景点

赫尔辛基,为芬兰首都,濒临波罗的海,三面环海,一面背山,被称为"波罗的海的女儿"。城内建筑风格独特,多用浅色花岗岩建成,又有"洁白之城"之称。

芬兰堡,位于赫尔辛基外海的小岛上。它是250多年前为防止俄国入侵而修建的一个海上军事要塞。占地面积80公顷,是当时欧洲特别引人注目的军事建筑典型,也是现存世界上最大的海上要塞,已被联合国教科文组织列入《世界文化遗产名录》。

赫尔辛基大教堂,建于1852年,大教堂通体白色,又被称为白教堂。它的顶端是带淡绿色圆拱的钟楼,高出海平面80多米,是赫尔辛基的重要地标和形象代言者。

岩石教堂,是赫尔辛基代表性景点之一,建于1968年。建筑师因地制宜从一整块岩石中开凿出来,从外边看,看不到一般教堂所具有的尖顶和钟楼,只有一个直径20多米的淡蓝色铜制圆形拱顶暴露在岩石的最上面。虽然外表平淡无奇,内敛而不张扬,但内部舒适无比,甚至奢华。

2.瑞典旅游城市及景点

斯德哥尔摩,为瑞典首都,是一座岛城。70余座桥梁将14个岛屿和1个半岛连为一体,使斯德哥尔摩成为瑞典第一大城市,也是北欧第一大城市,有"北方威尼斯"之称。每年一度的诺贝尔授奖仪式在此举行。

瑞典皇宫,位于斯德哥尔摩老城广场,建于17世纪,是瑞典著名建筑学家特里亚尔的作品。皇宫四壁有许多精美的壁画和浮雕,华丽的大厅里挂着大幅的历代国王和皇后的肖像画。每天中午时分,王宫卫队按古老传统举行隆重的换岗仪式。

斯德哥尔摩市政厅,于1911年动工,1923年建成。外体全部用红砖建成,其右侧是一个高105米、有3个皇冠的尖塔。内部主要参观金厅及蓝厅。金厅用1800万块彩色玻璃镶成了一幅幅壁画,蓝厅是每年12月10日举行诺贝尔奖颁奖典礼的地方。

诺贝尔纪念馆,位于瑞典中部的卡尔斯塔德,是一座被白桦林包围的乳白色的二层楼房。诺贝尔生命的最后两年在此度过。

夏宫,坐落在斯德哥尔摩西面15公里的王后岛上,现为瑞典国王常住之所。始建于16世纪,后几次重建翻新,已被联合国教科文组织列入世界文化遗产名录。

中国宫,位于风景如画的王后岛上。1753年瑞典国王为庆祝王后生日而建。初为木质结构,1763年用土石结构重建。20世纪50年代进行大规模翻修,遂成今日风采。兼有东方建筑的典雅与西方建筑的华丽。

瑞典历史博物馆,位于斯德哥尔摩布拉西赫门半岛上,建于1939年。馆内收藏着瑞典上自史前时期、下迄中世纪时期的历史文物。展出文物精美绝伦,以北欧"海盗时代"的最为引人注目。

瓦萨沉船博物馆,位于斯德哥尔摩动物园岛上,主要展示瓦萨号沉船。1628年瑞典海军为对抗丹麦海军,建造了双层战舰"瓦萨号"。当"瓦萨号"下水首航时不料因重心不稳,沉没于近海。成为当时轰动世界的海上重大事故。1961年"瓦萨号"被打捞出水,瑞典政府为"瓦萨号"量身定制了此博物馆。

3.丹麦旅游城市及景点

哥本哈根,为丹麦首都,是世界上唯一被国际自行车联盟授予"自行车之都"称号的城市。由于统治欧洲时间最久的皇族玛格丽特女皇二世皇族居住于此,因此别称"女皇之城"。因宫殿城堡为数众多,被誉为"北方的巴黎",1996 年被评为"欧洲文化之都",是北欧的商业和交通中心。

腓特烈教堂,位于哥本哈根市,又称"大理石教堂"。建于 1749 年,1894 年竣工,前后费时 100 多年。教堂建筑呈巴洛克风格,有一个直径 31 米的绿色大圆顶,这使得教堂成为斯堪纳维亚半岛最大的圆顶教堂。

美人鱼铜像,位于哥本哈根市长堤公园,于 1913 年落成。它是根据安徒生的童话《海的女儿》而创作的。美人鱼人身鱼尾,坐在一块巨大的花岗石上,远视恬静娴雅,悠然自得,近观却神情忧郁、冥思苦想。"不看美人鱼,不算到过哥本哈根",美人鱼铜像早已成为哥本哈根的标志。2010 年该雕像曾运抵上海入驻世博会丹麦馆与观众见面,成了丹中友谊的使者。

吉菲昂女神雕像,位于哥本哈根市中心,1908 年落成,是根据丹麦关于吉菲昂女神的神话而创作的。雕像由吉菲昂女神和四头奋力犁地的牛组成。

克伦堡宫,位于赫尔辛格市,是文艺复兴时期最具有代表性的一座城堡宫殿,被联合国教科文组织列入世界文化遗产名录。它通常被称为"哈姆雷特城堡",这源于英国著名作家莎士比亚巅峰之作《哈姆雷特》(又名《王子复仇记》)。

欧登塞,位于哥本哈根和日德兰半岛之间的菲英岛上,是哥本哈根通往日德兰半岛的必经之地,也是丹麦的第三大城市。城市虽小,却因是安徒生的故乡而享誉世界。

4.挪威旅游城市及景点

奥斯陆,意为"上帝的山谷",是挪威的首都。它位于奥斯陆峡湾深处,背依巍峨矗立的霍尔门科伦山,面朝斯卡格拉克海峡,三面环山,一面临海,既有海滨城市的美丽风光,又依托高山密林的雄浑气势,苍山与绿水相映,带有浓重的中世纪色彩和独具一格的北欧风光。

卡尔约翰大街,是奥斯陆市中心最繁华的一条街道,仅长 1.5 公里。街道两旁分布着市政厅、参议院、奥斯陆大教堂、奥斯陆大学、挪威国家大剧院、挪威王宫等。其中奥斯陆市政厅是诺贝尔和平奖的颁奖地。

挪威国家美术馆,位于奥斯陆市,收藏各种古代与现代挪威艺术品,有大量挪威浪漫画派的作品以及各国画家作品。收藏的易卜生大理石雕像,额头高大而宽阔,几乎占据整个面部的一半,是挪威著名雕塑家维格朗的代表作。

维格朗雕塑公园,位于奥斯陆市,公园始建于 1924 年,占地 80 公顷,共有 192 座雕像和 650 个浮雕。这些雕塑全部由挪威著名雕塑家古斯塔夫·维格朗在 1906—1943 年雕塑的以生命为主题的作品组成。这些作品分为"生命之桥""生命之泉""生命之柱"和"生命之环"四个部分。

松恩峡湾,峡湾是百万年前冰川运动时期地壳变动留下的遗迹。挪威的峡湾是世界上最壮观的峡湾景观之一,而松恩峡湾是世界上最长最深的峡湾。松恩峡湾长 204 公里,最深处达 1308 米,已被联合国教科文组织列入世界自然遗产名录。

5.冰岛旅游城市及景点

雷克雅未克,是冰岛的首都,也是世界上最北的首都城市。雷克雅未克意味"烟湾",这是因为城区多温泉,水汽迷漫而得名。

(二)购物

北欧特色商品有驯鹿制品、琥珀、手工羊毛衫、手工艺品、陶瓷器、皮革、餐具、瓷器、玻璃制品等。

模块四 知识闯关

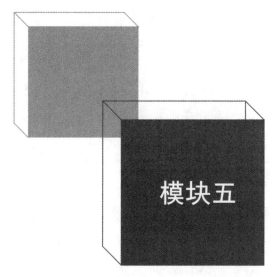

模块五

美洲地区

美洲分为北美洲和南美洲，位于太平洋东岸、大西洋西岸。美洲面积达 4206.8 万平方公里，拥有大约 9.5 亿居民，占世界人口总数的 13.5%。美洲是唯一一个整体在西半球的大洲。

北美洲和南美洲，以巴拿马运河为界，总称亚美利加洲，简称美洲。北美通常指的是美国、加拿大和格陵兰岛等地区，是世界上经济最发达的大洲，其人均 GDP 超越了欧洲，也是世界 15 个大区之一。北美最主要的两个国家——美国和加拿大均为发达国家，其人类发展指数较高，其经济一体化水平也很高。

北美和北美洲是两个不同的概念，前者是政治地理学概念，后者是自然地理学概念。北美和拉丁美洲（简称拉美，英文 Latin America）构成完整的美洲；而北美洲和南美洲也构成完整的美洲，由于北美的经济发展与欧洲相似，在文化特色中都与欧洲息息相关（欧化等），都处在发达国家地段，人种大部分是欧罗巴人种及欧洲裔，北美又有"第二欧洲"的别称。

项目
北美地区

◇ 知识目标

1. 了解加拿大、美国的地理位置、气候等自然环境和人口、历史、民俗、经济发展状况等人文概况。
2. 熟悉加拿大、美国主要旅游城市、旅游景区的概况。
3. 掌握加拿大、美国主要旅游线路的概况及特色。

◇ 能力目标

1. 能简单介绍加拿大、美国的自然与人文概况。
2. 能对目前旅行社推出的北美旅游线路进行推广、宣传。
3. 能为客人提供北美旅游咨询服务。

◇ 素质目标

1. 培养学生的人文素养。
2. 培养学生的阅读能力、文字表达能力。
3. 培养学生的线路分析、线路销售等综合职业素养。

工作任务1 加拿大

任务导入

阅读"加拿大东西岸落基山12天尊享之旅"的行程安排（https://www.cits.cn/outboundgroup/04001622006.htm），请分析该旅游线路的市场目标群体是什么？并说明理由。

任务解析

1. 市场目标群体

该旅游线路的市场目标群体是对北美（加拿大）文化有兴趣、年龄在30岁到60岁之间、经济基础较好的人群。

2. 目标市场分析

第一，该旅游线路较长，横跨整个加拿大东西岸及落基山脉，包含的旅游城市和景点丰富，温哥华、维多利亚、卡尔加里、班夫、蒙特利尔、魁北克、渥太华、多伦多等加拿大著名的城市和旅游景点均包含在内，是对加拿大的深度旅游。因此，目标市场是对加拿大文化或者北美文化怀有浓厚兴趣的人群。

第二，该旅游线路所需时间长达12天，两次最长飞行时间分别达15和12个小时。此外，加拿大地域辽阔，景点众多，该旅游线路行程安排紧凑，各旅游城市之间距离较远，途中所需的时间较长，再加上加拿大距离中国遥远，时差很大，与中国相比，在自然环境、气候、饮食习惯等方面差别也特别大，因此，长久的旅途劳累、时差、气候与生活习惯的差异必定是对身体甚至心理的一大考验。因此，目标市场还应该是30岁到60岁之间、健康状况良好、适应能力较强的人群。

任务拓展

继续阅读该线路的行程安排，试问，旅行社销售人员应如何向目标客人推销该线路？

相关知识

一 概况

（一）自然地理概况

1.地理位置

加拿大位于北美洲北部，西临太平洋，东濒大西洋，西北部邻美国阿拉斯加州，东北与格陵兰（丹麦实际控制）隔戴维斯海峡和巴芬湾遥遥相望，南接美国本土（东段按照除密歇根湖外的四大湖和阿巴拉契亚山为界，中段和西段基本按照北纬49度为国界线），北靠北冰洋，北极圈穿过北部。加拿大是世界上海岸线最长的国家，海岸线长24万多公里，国境边界长达8892公里，为全世界最长不设防疆界线。国土面积约998万平方千米（世界第2位），国土大部分位于北极圈之内。

2.气候

加拿大因受西风影响，大部分地区属大陆性温带针叶林气候。东部气温稍低，南部气候适中，西部气候温和湿润，北部为寒带苔原气候。北极群岛终年严寒。中西部最高气温达40℃，北部最低气温低至－60℃。

3.地形地貌

加拿大东部为低矮的拉布拉多高原，东南部是五大湖中的苏必利尔湖、休伦湖、伊利湖和安大略湖，和美国的密歇根湖连接起来形成圣劳伦斯河，夹在圣劳伦斯山脉和阿巴拉契亚山脉之间形成河谷，地势平坦，多盆地。伊利湖和安大略湖之间有壮观的尼亚拉加大瀑布。西部为科迪勒拉山系的落基山脉，许多山峰在海拔4000米以上。最高山洛根峰位于西部的落基山脉，海拔为5951米。北极群岛地区多是丘陵低山，受极地气候影响，冰雪覆盖。中部为平原区，面积占国土的一半左右。

（二）人文概况

1.国名、国旗、国徽、国歌、国树、国花、国兽、货币

国名：加拿大，印第安语中意为"村庄"和"集镇"。加拿大有十多种枫树，枫林遍布，素有"枫林之国"的美誉。

国旗：加拿大国旗常被通俗地称为"枫叶旗"。国旗左右两条红边表示太平洋和大西洋，白色正方形象征加拿大的广阔国土。枫树是加拿大的国树，中央11个角的红色枫叶是加拿大民族的象征。

国徽：加拿大国徽为盾徽，1921年制定，图案中间为盾形，盾面下部为一枝三片枫叶，上部的四组图案分别为三头金色的狮子、一头直立的红狮、一把竖琴和三朵百合花，分别象征加拿大在历史上与英格兰、苏格兰、爱尔兰和法国之间的联系。盾徽之上有一头狮子举着一

片红枫叶,既是加拿大民族的象征,也表示对第一次世界大战期间加拿大的牺牲者的悼念。狮子之上为一顶金色的王冠,象征英国女王是加拿大的国家元首。盾形左侧的狮子举着一面联合王国的国旗,右侧的独角兽举着一面原法国的百合花旗。底端的绶带上用拉丁文写着"从海到海",表示加拿大的地理位置——西濒太平洋,东临大西洋。

国歌:《啊!加拿大》。

国树:枫树。

国花:枫叶。

国兽:欧亚海狸(河狸)。

货币:加拿大元,符号C$。

2. 人口、民族

加拿大地广人稀,人口主要集中在南部五大湖沿岸。2017年人口为3650万。加拿大是典型的移民国家,居民主要为英、法等欧洲后裔。

3. 语言、宗教

加拿大的官方语言为英语(加拿大使用最广泛的语言)、法语(主要在魁北克省较多使用)。居民中信奉天主教的人占45%,信奉基督教新教的占36%。

二 简史

加拿大原为印第安人和因纽特人的居住地。从16世纪起,加拿大沦为法、英殖民地。1867年7月1日,英国将加拿大省、新不伦瑞克省和诺瓦斯科舍省合并为联邦,成为英国最早的自治领。此后,其他省也陆续加入联邦。1926年,加拿大获得外交上的独立。1931年,加拿大在英联邦内获完全独立。1949年英国将纽芬兰岛移交给加拿大,不久,加拿大加入北大西洋公约组织。战后,加拿大经济迅速发展,1976年以来,加拿大参加了西方主要资本主义国家的经济首脑会议,成为西方七大国中的一员。1982年,英国女王签署《加拿大宪法法案》,加拿大议会获得立宪、修宪的全部权利。1982年4月17日,加拿大国会通过新宪法,并得到英国国会通过废止旧宪,加拿大把7月1日的自治领日改名为加拿大日,加拿大事实上从英国独立。联邦成立时,将新国家定名为加拿大。

三 经济发展状况

加拿大是一个高度发达的资本主义国家,丰富的自然资源和高度发达的科技,使其成为世界上拥有最高生活水准、社会最富裕、经济最发达的国家之一。加拿大制造业、高科技产业、服务业发达,资源工业、初级制造业和农业是国民经济的主要支柱。加拿大以贸易立国,对外贸依赖较大,经济上受美国影响较深。加拿大矿产资源丰富,采矿业发达,是世界第三大矿产国,仅次于美国、俄罗斯,采矿业在国民经济中占很大比重。铜、铁等矿产品产量居世界前列;石棉、镍、锌、白银的产量居世界首位;石油、天然气非常丰富;电力工业异常发达,人均发电量居世界前列。加拿大森林资源丰富,林业产值居世界第三位,仅次于美国和俄罗斯;林产品的出口值居世界第一位;新闻纸产量和出口量均居世界第一;纸浆的产量和出口量居世界前列。农业机械化程度和劳动生产率水平高,农业产量和商品率都很高,小麦出口居世界第二位(仅次于美国),大麦出口居世界第一位。加拿大还是世界上最大的渔产品出口国,世界第八大商贸国,外贸总值占国内生产总值的30%。

四 政治

加拿大在行政上奉行议会负责制,政府包括联邦政府和地方政府两级政府。联邦政府包括总督、枢密院、总理和内阁。加拿大是英联邦国家之一,英国女王是名义上的国家领袖,总督是名义领袖的代表,由英国女王任命。总督一般是加拿大人,职责包括召集或解散议会,主持总理、最高大法官、内阁和枢密院的就职仪式,统率三军。实际上,总督权力受到宪法很大的限制,根据加拿大宪法,总督召集或解散议会必须在总理的提议下进行,其职责的履行必须遵循各有关部长的建议。枢密院是一个向政府提供"援助"和"咨询"的荣誉机构,其成员由总理推荐、总督任命,包括执政的总理和内阁成员、前任的总理和内阁成员、前任与现任的大法官等,任期终身。政府总理为执政党领袖。执政党指在国会大选中获胜,占大多数席位的政党。总理权力很大,除组建政府外,还建议总督人选、国会的解散等。

五 文化

(一)文学

加拿大的文学是其双重语言的一面镜子,由法语文学和英语文学两部分组成。两种文学都各自经历了不同的发展阶段。法语文学中著名的作家与作品有:弗朗索瓦·格扎维埃·加尔诺的《加拿大史》,加布里埃尔·鲁瓦的《转手的幸福》,加斯东·米龙的《验明身份》,安东尼·马耶的《拉小车的贝拉洁》。英语文学中著名的作家与作品有:弗朗西斯·布鲁克夫人所写的加拿大第一部小说《蒙塔格小传》,查尔斯·罗伯茨的《平日之歌》。2013年10月10日,瑞典文学院宣布将2013年诺贝尔文学奖授予加拿大作家爱丽丝·门罗。

(二)戏剧

加拿大的戏剧真正体现了这个国家的文化多样性。到19世纪初,加拿大的戏剧活动才在各地繁荣起来,剧院和剧场随之建立起来。到20世纪30年代,加拿大专业剧团的力量还不是很强大。1953年斯拉特福戏剧节之后,专业剧团得以发展起来。20世纪60—70年代是加拿大戏剧的繁荣时期,地区性专业剧团在各地兴起。

加拿大戏剧以其创新精神闻名于世。自1984年以来,太阳杂技团一直在其黄色和蓝色马戏场帐篷下使娱乐方式发生革命性变化。世界各地上百万名观众对其将戏剧、杂技和音乐结合在一起的惊人创举感到惊奇。

(三)音乐

无论什么流派,音乐在加拿大总有一席之地,超出了种族和文化界线。第一次世界大战中,爱国歌曲在加拿大十分流行。二战后的经济繁荣也给音乐带来了空前的繁荣。加拿大涌现出了一批世界水准的作曲家、演奏家和乐队，各种音乐杂志也相继在加拿大出现。20世纪60年代以后，加拿大又出现一批爵士乐和流行歌曲音乐家。尼尔扬、布里安·亚当斯、赛琳迪昂和莱昂纳尔·科昂深受全世界摇滚歌迷的喜爱，而罗什·瓦西纳、罗伯特·沙勒布瓦和达尼埃尔·拉瓦已赢得了法语听众的心。近年来，像沙尼亚·特温、阿拉尼·莫里塞特、悲呼组合和萨拉·姆拉什朗等新人也在国际上赢得了赞誉。在蒙特利尔举办的一年一度的爵士音乐节是所有爵士乐迷必去之处。古典音乐在加拿大也很受欢迎，许多城市都有自己的交响乐团，其中最有名的是蒙特利尔和多伦多交响乐团。加拿大最大的剧场是国家艺术中心，建于1965年，位于渥太华中心广场附近。

六 民俗与节日

（一）饮食

在加拿大人的饮食结构中，肉类和蔬菜的消费比重较大，面包消费量较少。其饮食习惯有如下特点：讲究菜肴的营养和质量，注重食品的新鲜；口味偏甜，一般不喜太咸；主食以米饭为主；喜食牛肉、鸡、鸡蛋、沙丁鱼、野味菜、西红柿、洋葱、土豆、黄瓜等；对用煎、烤、炸的方法制成的菜肴有所偏爱；喜食中餐，尤其是江苏菜、上海菜和山东菜；喜饮酒，尤其以白兰地、香槟和啤酒为最；水果中对柠檬、荔枝、香蕉、苹果、烟台梨非常喜爱；干果中喜食松子、葡萄干、花生米；习惯在饭后吃水果和喝咖啡；忌吃动物内脏和脚爪；不爱吃辣味菜肴。

（二）服饰

加拿大人的穿衣习惯与其他西方国家相同。在正式场合，如上班、去教堂、赴宴、观看表演等，都要穿着整齐，男子一般穿西装，女子一般为裙服。在非正式场合，穿着比较随便，夹克衫、圆领衫、便装随处可见。

（三）礼仪与禁忌

1.礼仪

加拿大人朴实、友善、随和，谈吐风趣，爱说笑，被喻为是世界上"永不发怒的人"。熟人见面一般直呼姓名，握手拥抱。交谈时选择大家都感兴趣的话题，喜欢谈政治尤其是本国的政治；忌谈年龄、收入、家庭婚姻状况等涉及个人隐私的问题。加拿大人不随便送礼，一般遇到同事分别、朋友过生日或结婚送礼会附上签名贺卡。加拿大人十分注重公共场合的文明礼貌，在教堂做礼拜、剧院看戏、听音乐会时都要衣着整齐，不随便说话、吃东西、出入；乘公共汽车、地铁要按顺序排队，主动出示月票或买票；在公共汽车或地铁上要主动给老人、小孩让座；随地吐痰是极为失礼的行为。

2.禁忌

加拿大人大多数信奉基督教新教和罗马天主教，少数人信奉犹太教和东正教。他们忌讳"13""星期五"，认为"13"是代表厄运的数字，"星期五"是灾难的象征；忌讳白色的百合花，因为它会给人带来死亡的气氛，人们习惯用它来悼念死人。不要问女士的年龄和体重；切记不要以中国人的习惯在对方名字前加"老"字;不要在别人家里或办公室内随意抽烟;不要对他人的宠物公然表示厌恶等。加拿大人以自己的国家为自豪,反对与美国作比较,尤其是拿美国的优越方面与他们相比,更是他们不能接受的。

(四)重要节日

加拿大的节日十分丰富奇特,全国性的节日有元旦(1月1日)、耶稣受难日(复活节前的星期五)、复活节次日(复活节后的第一个星期一)、维多利亚日(5月24日)、加拿大日(7月1日)、劳动节(9月1日)、感恩节(10月份第二个星期一)、停战纪念日(11月11日)、圣诞节(12月25日)。此外还有冬季狂欢节、枫糖节以及母亲节、父亲节和情人节等。

1.冬季狂欢节

冬季狂欢节是加拿大民族独特的节日,在每年2月的上、中旬举行,为期10天,是魁北克省居民最盛大的节日。狂欢节庆祝活动规模盛大,内容奇特丰富,具有浓郁的法兰西色彩,每年吸引近百万国内外游人。狂欢节前,人们把城市装饰一新,用雪筑起一座5层楼高的"雪的城堡"。节日期间,人们头戴红缨小绒帽,腰扎魁北克特有的红、绿、白三色巾,载歌载舞。市民们每年要推选一位"狂欢节之王",作为魁北克的临时"统治者"。他身穿白衣,头戴白帽,市长把一把象征权力的金钥匙交给他。"狂欢节之王"坐在第一辆彩车上,在人们的簇拥下游览全城。市民们选出的"狂欢节女王"身穿纱裙,头戴王冠,坐在最后一辆彩车上向人们招手致意。狂欢节期间,还要在圣劳伦斯河破冰,举行"冰河竞舟";在城郊的滑雪场举行轮胎滑雪比赛,还有雪雕、冰雕、狗拉雪橇、越野滑雪赛、冰上赛马等各种活动。

2.枫糖节

枫糖节是加拿大民族传统节日。每年3月至4月初是加拿大采集糖枫叶、熬制枫糖浆的节日。生产枫糖的农场披上节日的盛装,向国内外游人开放。一些农场还在周末提供免费品尝的枫糖糕和太妃糖。人们还热情地为游客们表演各种精彩的民间歌舞,请来宾欣赏繁茂、美丽的枫树。

七 旅游业

(一)旅游业概况

加拿大旅游业十分发达,旅游业是加拿大经济的重要组成部分。加拿大国内旅游十分发达,国内旅游人数和收入约占国内外旅游总人数和收入的75%。加拿大是重要的旅游接待国,旅游入境手续十分简便,欧洲、美洲和大洋洲大多数国家居民去加拿大旅游不需要先申请入境签证,还允许外国旅游者驾车入境旅游。

加拿大是世界主要客源输出国,每年大约有近3000万人次出境旅游。加拿大出国旅游之所以如此发达,与其富裕的经济生活、充裕的休假时间和宽松的旅游政策等是分不开的,出国旅游已成为加拿大人生活不可缺少的一部分。其出国游主要目的地包括美国、欧洲、南美、亚洲。由于加拿大气候特别寒冷的原因,他们喜欢去有阳光、沙滩的地方度假旅游,另外,加拿大是移民国家,探亲访友是他们出境旅游的另一个主要原因。加拿大出境旅游游客构成呈现"五多"特点:年长者居多,已婚者居多,女性居多,文化水平高者居多,高收入者居多。出国旅游的季节集中在1—3月。

2016年中加两国人员双向往来规模超140万人次,两国签证有效期延长到10年,人文交流与合作呈现蓬勃发展态势。2016年,中加两国总理共同宣布2018年为中加旅游年,2017年12月4日,2018"中加旅游年"标识发布仪式在北京举行。

(二)著名旅游城市和景点

加拿大的国内旅游活动主要集中于安大略、魁北克等东部人口最稠密的省份和西部的太平洋沿岸。主要旅游景点有以下几处。

1.渥太华

渥太华是加拿大首都,是全国的政治、经济、文化和交通中心,位于圣劳伦斯河支流渥太华河下游,是世界上最寒冷的首都之一。渥太华依山傍水,环境优美,渥太华河河水湍急,河中多岩岛、瀑布,支流里多河及其分支里多运河穿过市区,两岸绿草如茵。每年5—6月,充满荷兰风情的郁金香花盛开在街道两旁、运河两岸和国会山上。因此,渥太华被誉为"郁金香城"和"加拿大最美丽的城市"。里多运河与渥太华河汇流处的国会山上,由三大哥特式建筑群组成的国会大厦是本市的标志、国家的象征。夏季的每天上午10点,在国会大厦前的草坪上都会举行引人注目的"皇家骑警"传统换岗仪式。冬季里多运河则成了"世界上最长的滑冰场"(长7.8千米),每年2月有近百万名国内旅游者前来参加冰雕比赛和"狂欢节"。

2.多伦多

在印第安语中,"多伦多"的意思是"人群聚集之地",多伦多是加拿大第一大城市,是国际金融和工商业的大城市,著名的多伦多股票交易所在北美各交易所中居第三位,伊顿百货商场和辛普逊等百货公司驰名全国。多伦多也是全国文化教育中心,是全国最大的高等学府所在地。多伦多拥有世界最高的电视塔——多伦多电视塔。此外,多伦多还是华人聚居的城市之一,唐人街、商店、餐馆林立,还有五六家中国电影院。

3.温哥华

加拿大第三大城市温哥华市位于加拿大最西部,毗邻太平洋,依山傍海,山明水秀,气候宜人,多次被联合国评为最适宜人类居住的城市。温哥华地区主要包括温哥华市、烈治文市、本拿比市、素里市、三角洲市、二埠市、高贵林市和高贵林港市。温哥华地区为加拿大华裔比例最高的城市。温哥华和临近的滑雪胜地威斯勒市成功地举办了2010年冬季奥运会。

旅游业是温哥华的主要产业,各种大小不等的公园、滑雪场、高尔夫球场和其他景点数不胜数。除水族馆、动物园、展览馆和美术馆要收费外,几乎所有公园都是免费的。但如果到人烟稀少的地方旅游或宿营要小心灰熊、美洲豹和郊狼等动物。

4.蒙特利尔

蒙特利尔是加拿大的第二大城市、最大港口,也是世界著名的小麦输出港,是全国工业、商业、金融业、文化的中心;有全国最大的蒙特利尔银行等金融机构和股票交易所;工业产值居全国第一;作为文化中心,有艺术馆、博物馆、交响乐团、剧团等。蒙特利尔爵士乐节和幽默节为国际著名的文化活动。蒙特利尔交响乐团和加拿大芭蕾舞团是国际一流的艺术团。

5.魁北克城

魁北克城是加拿大最古老的城市、北美最古老的港口和最富有欧洲特色的城市。这里曾是历史上从大西洋进入北美大陆的咽喉要道,曾有"北美直布罗陀"之称。上城区是北美唯一拥有城墙的城市;钻石角之上的魁北克要塞,是北美最古老的军事要塞。下城区的皇家广场,被称为加拿大"法国文明的摇篮",街道两旁都是数百年前的古老建筑,街市面貌及活动具有浓厚的法兰西风格。建于1663年的拉瓦尔大学是北美最古老的大学。该市在200年前就与中国上海有贸易关系,被史学家称为"太平洋上的丝绸之路"。

6.艾伯塔省恐龙公园

艾伯塔省恐龙公园,位于加拿大西南部的艾伯塔省东南部的红鹿河谷地,是世界上已知的恐龙化石埋藏量最丰富的地区。加拿大政府在此兴建了世界最大的恐龙博物馆,现博物馆内陈列着30具完整的恐龙骸骨,1979年其被列入世界遗产名录。

(三)购物

在加拿大,化妆品、名牌服装价格比我国便宜。此外,加拿大的特产有冰酒、枫树果露、龙虾油、土著艺术品、西洋参、毛皮。购物均需要支付联邦税和各省或州的消费税。购物后请保管好所有发票,在团队离境时,于海关处办理退税手续。

工作任务2 美　　国

任务导入

仔细阅读"美国东西海岸＋国家公园＋大瀑布17天"行程计划(http://www.mafengwo.cn/sales/2470144.html),根据行程特点推销该旅游线路。

任务解析

(1)仔细阅读行程计划,找出该行程的特点。该行程最突出的特点是:17天的旅游行程中,包含了美国知名的旅游城市与景区(纽约、费城、华盛顿、洛杉矶、圣地亚哥、拉斯维加斯、盐湖城、锡安国家公园、布莱斯峡谷国家公园、黄石国家公园、大提顿公园、大峡谷国家公园等),另外,还有圣约派粹克大教堂、神秘的摩门教圣地盐湖城等具有异域文化特色的旅游景点,给旅游者提供了一次全面了解美国文化和美景的机会。

(2)根据行程特点,该旅游线路对应的目标市场为:家庭亲子游、高等教育考察旅游、休学旅游、学生夏令营。旅行社销售人员针对具体的市场目标群体进行线路推销。

任务拓展

通过网络平台或者旅行社收集两条不同的美国旅游线路,对比其中异同及对应的市场目标群体,并说明你的理由。

相关知识

一、概况

(一)自然地理概况

1.地理位置

美国本土位于北美洲大陆的南部,东临大西洋,西濒太平洋,北邻加拿大,南靠墨西哥和墨西哥湾。所属阿拉斯加州位于北美洲西北部,夏威夷州位于中太平洋北部。国土总面积约937万平方千米,本土东西长4500千米,南北宽2700千米,海岸线长22680千米。此外,美国还拥有关岛、美属萨摩亚群岛、美属维尔京群岛等领地和太平洋岛屿托管地。

2.气候

美国幅员辽阔,地形复杂,并受不同气流的影响,各地气候差别很大。本土仅佛罗里达半岛南端属热带,大部分地区属温带或亚热带气候。东北部沿海和五大湖区冬季寒冷,夏季温和多雨;东南部为亚热带气候区;中央平原和西部高原大陆性气候特征明显,冬季寒冷,夏季炎热;太平洋沿岸北部为海洋性气候区;南部属地中海式气候区。本土外的阿拉斯加属北极圈内的寒冷气候区;夏威夷位于北回归线以南,属热带气候区。

3.地形地貌

美国本土的地势东西两侧高、中间低,大体上分为三个地形区:东部为阿巴拉契亚山脉和大西洋沿岸低地,西部属科迪勒拉山系,中部为大平原。阿巴拉契亚山脉长约3000千米,与大西洋海岸间有狭窄的山麓高原和沿海地势较低的平原,被称为大西洋沿岸低地。科迪勒拉山系由东部的落基山脉、西部的喀斯喀特山脉、内华达山脉和太平洋沿岸的海岸山脉组成,纵贯北美洲西部。其中落基山脉是北美最大的分水岭,美国所有的大河均发源于此。内华达山脉的最高峰惠特尼山海拔4418米,为美国本土最高峰。内华达山脉东侧的"死谷",最低处低于海平面85米,为美国大陆最低点。中部大平原北起五大湖沿岸,南接墨西哥湾沿岸平原,从北到南贯穿整个美国中部,约占美国本土面积的1/2。

(二)人文概况

1.国名、国旗、国徽、国歌、国花、国鸟、国石、货币

国名:美国全称为美利坚合众国。1961年美国国会通过决议,正式承认"山姆大叔"为

美国的象征。

国旗：美国国旗为星条旗。旗面左上角为蓝色星区，星区内有9排50颗星，以一排6颗、一排5颗交叉排列，代表美国50个州。星区以外是红白相间的13条条纹，代表组成合众国的最初13个州。旗帜上的红色象征强大和勇气，白色象征纯洁和清白，蓝色象征警惕、正义和坚韧不拔。

国徽：美国国徽以白头鹰为主要图像，象征力量、勇气、自由和不朽。鹰之上的顶冠内有13颗白色五角星，代表最初的13个州。鹰的两爪抓着橄榄枝和箭，象征和平和武力。鹰嘴叼着的黄色绶带上用拉丁文写着"合众为一"，意为美国是一个由很多州组成的完整国家。

国歌：《星条旗永不落》。

国花：玫瑰花。

国鸟：白头鹰，即白头海雕。美国是世界上最先确定国鸟的国家。

国石：蓝宝石。

货币：美元，符号为"＄"，别称为美金、美元。

2. 人口、民族

美国人口约为3.26亿（截至2017年），人口数量仅次于中国和印度，居世界第三位。全国82%的人口居住在城市及其郊区。

美国是一个移民国家，有"民族熔炉"之称。其中白人占84.7%，主要是欧洲移民的后裔，黑人占11.1%，亚裔占1.5%，土著印第安人占0.3%。

3. 语言、宗教

美国没有法定的官方语言，但英语是事实上的国家语言和最通用的交流语言，一些美国人呼吁把英语提升为官方语言，有27个州已经通过地方法律确保英语的官方地位。除英语外，使用人口超过100万人的语言还有西班牙语、汉语、法语、塔加洛语、越南语和德语。

美国没有国教，人人有信仰或不信仰宗教的自由，美国是一个多民族、多宗教的国家。约占总人口91%的公民信仰宗教，主要信奉基督教新教和天主教，犹太教、东正教、佛教、伊斯兰教、道教等宗教亦有一定信众。

（二）简史

美国原为印第安人聚居地，15世纪末，西班牙、荷兰、法国、英国等开始向北美移民。英国后来居上，到1773年，已建立了13个殖民地。1775年爆发了北美人民反对英国殖民者的独立战争。1776年7月4日在费城召开了第二次大陆会议，组成"大陆军"，由乔治·华盛顿任总司令，通过了《独立宣言》，正式宣布建立美利坚合众国。1783年独立战争结束，1787年制定联邦宪法，1788年乔治·华盛顿当选为第一任总统。1812年后完全摆脱英国的统治。1860年反对黑奴制度的共和党人亚伯拉罕·林肯当选为总统。1862年9月，林肯宣布《解放黑奴宣言》后，南部奴隶主发动叛乱，爆发"南北战争"。1865年，战争以北方获胜而结束，从而为资本主义在美国的迅速发展扫清了道路。在1776年后的100年内，美国领土扩张至太平洋沿岸,面积扩大了近10倍。此后美国经济高速发展,19世纪后期,工业生产已跃居世界首位。20世纪以来,美国的科学技术、文化教育和国民生产总值一直居领先地位,成为世界最强国之一。为纪念1776年7月4日大陆会议在费城正式通过《独立宣言》,因而将每年的7月4日定为"美国独立日"(国庆日)。

(三) 经济发展状况

美国有高度发达的现代市场经济,其国内生产总值和对外贸易额均居世界首位。2007年美国爆发次贷危机,并于2008年迅速升级演变成大萧条以来最严重的国际金融危机。奥巴马政府实施大规模经济刺激计划应对危机。当前,美国经济总体保持温和增长态势。2017年1月,美国总统特朗普就职后,提出了"促进增长和挽回就业"的经济政策。

美国是一个资源大国,不论是土地资源还是矿产资源都非常丰富。现代工业所需的主要原料,如铁、银、铝、铜、锌、煤、石油、天然气、硫黄以及磷灰石等储藏量都居世界前列。工业以技术先进、门类齐全、资源丰富、生产实力雄厚、劳动生产率高而著称于世,成为世界上最大的工业国家。传统工业包括钢铁工业、汽车工业、建筑业、化学、食品加工、木材制作、橡胶和纺织等工业部门,以钢铁、汽车制造和建筑业为三大支柱。以高技术工业为核心的新兴工业部门则呈现蓬勃趋势,在微电子工业、计算机技术、激光技术、宇航技术、核能利用和新材料研制与开发方面,均处于世界领先地位。

美国现有耕地面积4.3亿公顷,占地球全部农业用地的10%,全国领土面积的20%,农业高度发达,机械化程度高,基本生产单位是农场。粮食总产量占世界的1/5,主要农产品有小麦、玉米、大豆等,均居世界领先地位。由于美国农产品生产供大于求,严重依赖国际市场,各类农产品大量出口。

美国对外贸易十分发达,是世界上最大的商品和服务贸易国。美国前五大出口市场为加拿大、墨西哥、日本、英国和中国,前五大进口市场为加拿大、中国、墨西哥、日本和德国。出口产品以机器和运输设备为主,其次是其他制造业产品,然后是农产品和化工产品。进口商品中,机器和运输设备居第一位,其次是其他制造业产品,然后是石油和矿物燃料化工产品。

(四) 政治

美国是西方实行分权制最典型的国家。自1787年美国制宪、1789年第一届联邦政府成立起,历经200多年,美国一直保持着国会、总统和联邦法院三权分立这一基本权力格局,这构成了美国政治的一大特点。总统是国家元首、政府首脑兼武装部队总司令。总统通过间接选举产生,任期四年。政府内阁由总统、副总统、各部部长和总统指定的其他成员组成。内阁实际上只起总统助手和顾问团的作用,没有集体决策的权力。国会为最高立法机构,由参议院和众议院联合组成,主要职权有立法权、行政监督权、条约及官员任命的审批权和宪法修改权。

五 文化

(一) 文学

美国刚刚独立时,在文学上没有形成自己的体系,早期受英国文学影响较大。19世纪中期形成了自己的独立体系并且进入了繁荣发展时期。19世纪末至20世纪初,美国涌现出一大批享有盛名的文学巨匠和文学巨著。其主要作家和代表作有纳撒尼尔·霍桑的《红字》,哈里特·比彻·斯托夫人的《汤姆叔叔的小屋》,马克·吐温的《哈克贝利·费恩历险记》和杰克·伦敦的《铁蹄》。20世纪,美国现实主义文学进入全盛时期。德莱塞的《嘉莉妹妹》《珍妮姑娘》《欲望三部曲》,辛克莱·刘易斯的《大街》《巴比特》以及欧内斯特·海明威的《太阳照样升起》《永别了,武器》《战地钟声》《老人与海》等都是这一时期很有影响力的作品,一大批诺贝尔文学奖获得者纷纷涌现。

(二) 电影

美国电影成就突出,美国是世界著名的电影王国。电影于1889年第一次出现在美国,当时新泽西州的西奥林奇托马斯·爱迪生实验室的主任威廉·迪克逊发明了第一个实用的电影摄影机。1894年,美国开办了第一家电影院,不过它同现代影院有天壤之别,观众只能排着队,把硬币投入小孔中,然后观看只有短短十几秒钟的小影片。尽管如此,它仍然吸引了无数观众。20世纪初美国出现专门放映电影的小影院,因为每人收费5美分,所以被称作"五分钱影院"。1923年后,有声影片问世,开创了电影史上的新纪元,制片中心好莱坞在世界电影业中一跃而居于领先地位,成为电影业的中心。好莱坞产生过许多蜚声世界的大明星,洛杉矶好莱坞区有一家电影院的院子和院子前面的一条人行道,是用一米见方的水泥砖铺砌而成,砖上大都刻着明星的姓名,有的还印有他们的手印和脚印,人称"明星街"。

(三) 戏剧

戏剧是一种比较古老的娱乐,有据可查的美国第一座剧院于18世纪上半叶出现在威廉斯堡,当时上演的主要是反映英国贵族生活的英国剧目。19世纪以后,美国才逐渐有了自己的戏剧表演家,形成了鲜明的民族风格。目前美国大大小小的城市几乎每天都有舞台演出,既有歌舞喜剧,也有严肃的舞台剧、现代剧以及轻松闹剧;从百老汇的"不夜大道"到郊区的晚餐剧院,无处不在献演。纽约市是公认的美国戏剧之都,每逢戏剧季节,纽约的剧院区百老汇都要上演几十出新戏。每年百老汇戏剧季节结束后,就有300多个夏季剧团开始活跃起来,他们到乡村、市郊、海滨和避暑胜地去巡回演出,深受人们欢迎。近年来,美国各地出现了许多定期换演剧目的小剧院,它们常在每年9月到次年6月间演出一系列剧目,此类演出一般票价低廉。"晚餐剧院"也一年比一年流行,到"晚餐剧院"去可以一边吃饭,一边欣赏舞台剧、音乐剧、喜剧或时事讽刺剧。此外,美国的大、中、小城市中还有约200个业余剧团,每逢演出季节,它们都能吸引观众约1.25亿人。

(四) 舞蹈

美国对于世界舞蹈艺术的贡献,就是使舞蹈自由化。20世纪初,美国最著名的舞蹈艺术家伊莎多拉·邓肯打破古典舞蹈的传统方式,把个人感受揉进舞蹈中,有力地扩大了现代舞蹈的影响。目前,美国还有许多芭蕾舞团活跃在美国各地,其中著名的有纽约市芭蕾舞团、美国芭蕾舞团、乔弗里芭蕾舞团、旧金山芭蕾舞团等。美国的舞蹈既有反映地方特色的,也有代表现代精神的,最能反映地方特色的或许应是夏威夷的土风舞,最能代表现代精神的则非霹雳舞莫属。

六 民俗与节日

(一)饮食

美国人的主食是肉、鱼、菜类,面包、面条、米饭是副食,一般喜欢比较清淡的口味,喜欢凉拌菜,还喜吃嫩肉排;不喜欢油腻,不爱吃蒜和过辣食物,也不爱吃清蒸菜肴和红烧菜肴,忌食动物内脏,不喜欢蛇一类的异常食物。美国人用餐一般不追求精细,但追求快速和方便,因而汉堡包、热狗、三明治、馅饼、炸面包圈和肯德基炸鸡等快餐风靡美国,深受美国人喜爱。美国人的主要饮料是咖啡,咖啡中是否加奶、加糖,依自己的口味而定。茶在美国也大受欢迎,可乐和各种果汁也是美国人的主要饮料,美国人习惯喝加冰的饮料、葡萄酒,大型宴会喝鸡尾酒,一般不喝烈性酒。美国有各式各样的餐馆,自助餐馆的食品价格比较便宜,也不必付小费。在正式餐馆就餐可挑选点菜、全餐或特餐的任何方式用餐,点菜最贵,而特餐(每天的份饭)最便宜。

(二)服饰

崇尚自然、偏爱宽松、体现个性,是美国人穿着打扮的基本特征。美国人平时的穿着打扮不太讲究,喜欢T恤装、运动装以及其他风格的休闲装。但是在正式的社交场合则十分注重服饰,参加宴会、集会和其他社交活动,一定要根据请柬上的服装要求选择好服装,以免失礼。在非社交场合,也讲究服饰礼仪,一般不能穿背心到公共场所或穿睡衣出门,晚上有客人来,也必须在睡衣外面套上外衣才能开门见客。常见的美国服装有牛仔服、礼服、三件一套的官服、夏威夷衬衫以及不拘一格的帽子和领带。

(三)礼仪与禁忌

1.礼仪

美国是一个多民族的移民国家,在习俗和礼节方面,形成了以欧洲移民传统习惯为主的特色。美国人谈吐幽默诙谐,比较浪漫随和,性格开朗,自由平等观念较强,平时见面相互介绍很简单。在正式的社交场合很讲究礼节,男子同女子握手不可太紧,握手时要摘下手套并注视对方,不可多人交叉握手。美国人在称呼中也很少用正式的头衔,除非是法官、政府高级官员、军官、医生、教授和高级宗教人士,不用行政头衔如局长、经理、校长等来称呼人。在社交场合,男子要谦让、保护女士。美国人在交谈中不喜欢涉及个人私生活的话题,不喜欢距离太近,在公共场所也要尽量同别人保持一定距离。在公共场合交谈,衣着要整齐,举止要文雅,不可随地吐痰、挖耳朵、抠鼻孔或咳嗽,不可声音过大。美国人不喜欢随便送礼,送礼讲究单数,但忌讳"3"和"13"。礼品要有精美包装。收到礼物时,要马上打开,夸奖并感谢一番。美国人很珍惜时间,浪费他们的时间等于侵犯了他们的个人权利。因此拜访美国朋友须预先约好,并准时赴约,准备好话题,谈完事即告辞。如果送上点小礼物,他们会很高兴。客人没有得到主人的同意不能参观房间。到美国人家中做客,别忘了问候孩子。

2. 禁忌

美国的禁忌同宗教有密切关系。他们忌讳数字"13",不喜欢星期五;忌讳黑色(象征死亡),不喜欢红色,偏爱白色(象征纯洁)、黄色(象征和谐)、蓝色(象征吉祥);忌讳蝙蝠图案(象征吸血鬼)、黑猫图案(象征不吉),偏爱白色秃鹰图案(国鸟);忌打破镜子,认为会招致大病或死亡;忌一根火柴为三个人点烟;街上走路忌"啪啪"作响。美国人不提倡人际交往间送厚礼,否则会被认为别有用心。不要称呼黑人为"Negro",最好用"Black"一词。在美国,同性不能一起跳舞,在别人面前脱鞋或赤脚会被视为不知礼节的野蛮人。美国人认为在别人面前伸出舌头是一件既不雅观又不礼貌的行为,甚至可以解释为瞧不起人。

(四)重要节日

美国公共假日有元旦(1月1日)、马丁路德·金诞辰日(1月的第三个星期一)、华盛顿诞辰日(2月的第三个星期一)、阵亡将士纪念日(5月的最后一个星期一)、独立日(7月4日)、劳动日(9月的第一个星期一)、哥伦布发现美洲纪念日(10月的第二个星期一)、退伍军人节(11月11日)、感恩节(11月的第四个星期四)、圣诞节(12月25日)。美国各州对节假日的规定各不相同。

1. 元旦

元旦即新年,是全美各州一致庆祝的主要节日。美国人过新年,最热闹的是除夕晚上,人们聚集在教堂、街头或广场,唱诗、祈祷、祝福、忏悔,并一同迎候那除旧更新的一瞬。午夜12点,全国教堂钟声齐鸣,乐队高奏著名的怀旧歌曲《一路平安》。在音乐声中,激动的人们拥抱在一起,怀着惜别的感伤和对新生活的向往共同迎来新的一年。新年有不少盛大的庆祝活动,加利福尼亚州的玫瑰花会是美国规模最大的新年盛典,费城有举行化装游行的传统。美国人还有一个有意思的习惯,就是在新年许愿立志,他们称之为"新年决心"。这决心通常不是什么宏图大志,而是一些朴实而实际的打算,例如"我一定戒烟""我要好好对待邻居"等。

2. 万圣节

万圣节前夜,即10月31日夜晚,是儿童们纵情玩乐的好时候。在孩子们眼中,万圣节是一个充满神秘色彩的节日。夜幕降临,孩子们便迫不及待地穿上五颜六色的化妆服,戴上千奇百怪的面具,提上一盏"杰克灯"跑出去玩。美国的学校和家庭常在万圣节前夜为他们组织丰富多彩的晚会和娱乐活动,万圣节前夜最流行的游戏是"咬苹果"。

3. 感恩节

感恩节的由来要一直追溯到美国历史的发端。1620年,著名的"五月花"号船满载不堪忍受英国国内宗教迫害的清教徒102人到达美洲。1620年和1621年之交的冬天,他们遇到了难以想象的困难,处在饥寒交迫之中,冬天过去时,活下来的移民只有50多人。这时,心地善良的印第安人给移民送来了生活必需品,还特地派人教他们怎样狩猎、捕鱼和种植玉米、南瓜。在欢庆丰收的日子,按照宗教传统习俗,移民规定了感谢上帝的日子,并决定为感谢印第安人的真诚帮助,邀请他们一同庆祝节日。初时感恩节没有固定日期,由各州临时决定,直到美国独立后,感恩节才成为全国性的节日。每逢感恩节这一天,美国举国上下热闹非凡,人们按照习俗前往教堂做感恩祈祷,城乡市镇到处都有化装游行、戏剧表演或体育比赛等。感恩节的食品富有传统特色,火鸡是感恩节的传统主菜。

七 旅游业

(一)旅游业概况

美国具有比较优越和复杂多样的自然环境和景观,而且经济发达,旅游基础设施完善,因而旅游业得到了高度的发展,是世界上最重要的旅游客源地和最大的旅游消费国,也是重要的旅游目的地。美国国内旅游十分普遍,是美国旅游业的主要收入来源,占全部旅游收入的69%,国内旅游的趋势是自驾汽车到距离不远的地方做短期旅行。美国入境旅游人数一直居于世界前列,目前占世界市场份额的15.6%,旅游收入居世界各国之首。其旅游客源国主要有加拿大、墨西哥,其次为日本、英国、德国、法国、意大利等。美国是国际旅游市场中最大的客源输出国,每年出国旅游人数和国际旅游支出均居世界第一。美国出境旅游市场的明显特征是以近距离流动为主,中年游客和单独旅行的比例较高,旅游动机上以休闲旅游为主,商务旅游大幅度增长,主要旅游目的地为加拿大、墨西哥、加勒比海、欧洲和亚洲。2017年,在全球旅游排名前10的国家中,美国的旅游接待总人次达12.5亿人次,全球排名第3位,其旅游总收入达10.3千亿美元,全球排名第一。

近年来,中美关系的改善以及商贸往来的频繁,进一步推进了美国旅华市场的增长。来华游客以散客为主,多为商务客或修学游客,团队游则以退休老年游客为主。旅游目的主要为观光、游览、品尝风味美食、体验民俗风情。

(二)著名旅游城市和景点

美国旅游资源丰富,因建国历史短暂,古迹较少,旅游景点主要有国家公园、自然风光和大型人工游乐场及文化设施。从自然环境和自然景观上来看,美国既有高大的山地,又有广阔的平原;既有世界著名河流密西西比河,又有风光美丽的五大湖;既有可开展冬季运动的高山环境,又有为夏季度假服务的优美海滩。美国重视对自然环境的保护,多年来全国建立了大量的国家公园和自然保护区。据统计,美国现有41个国家公园和669处自然保护区,总面积达9369万公顷。此外,还有321处国家游览地,面积达7700万英亩。

1.华盛顿

美国首都华盛顿,是为纪念开国元勋华盛顿总统而得名,位于波托马克河与阿纳科斯蒂亚河的汇合处。华盛顿市是一座绿树成荫、鸟语花香的美丽城市,布局十分整齐,从东部的国会大厦至西部的林肯纪念堂形成华盛顿市的中轴线,把华盛顿市分成东北、西北、东南、西南4个区。华盛顿聚集了美国所有的要害部门:总统府"白宫"、国会大厦、最高法院、国务院、国防部"五角大楼"等,因此,人们习惯地把华盛顿称作"华府"。此外,华盛顿还有许多纪念馆、博物馆、美术馆等,著名的有国家自然历史博物馆、自然博物馆、国立美术馆、宇宙空间博物馆等。

2. 纽约

纽约地处大西洋东北沿岸,是美国最大最繁华的城市和世界金融中心,也是全国最大的对外贸易中心和港口。它拥有世界最大的股票交易所,纽约股市的涨落几乎成了西方经济兴衰的晴雨表。纽约也是美国服装业、出版业、新闻业、文化艺术的中心。美国电影明星的服装和首饰几乎全部来自纽约。美国最有影响的报纸是《纽约时报》,美国最大的三家广播电视公司——美国广播公司(ABC)、哥伦比亚广播公司(CBS)和国家广播公司(NBC)都设在纽约。市区内鳞次栉比的摩天大楼构成纽约的特有街景。纽约的唐人街是世界上最大的一条唐人街,保存着浓郁的中国文化习俗。纽约有众多的艺术博物馆、珍藏品;纽约交响乐团堪称世界一流。其主要景点有自由女神像、联合国总部大楼、华尔街、百老汇、大都会艺术博物馆等。

3. 洛杉矶

洛杉矶是美国第二大城市,美国西部最大的工业中心和港口,是一个新兴的大型工业城,其宇航工业最为发达。洛杉矶地处西海岸群山环抱中,濒临浩瀚的太平洋,是一个依山傍水的美丽城市,这里四季阳光充足,气候宜人,自然环境十分优美,旅游业十分发达。世界最大的电影工业中心位于洛杉矶市郊,这里成为美国电影业的代名词,有"世界影都"之称。在这环球片场内还展示有许多知名影片中用过的场景,游客可以体验影片中的惊险场面。此外,还有洛杉矶迪士尼乐园,这里是儿童心目中的天堂,成年人向往的游览胜地,每年吸引游客超过一亿人,被誉为"现代游乐场所的奇迹"。

4. 黄石国家公园

黄石国家公园位于美国西部北落基山和中落基山之间的熔岩高原上,绝大部分在怀俄明州的西北部。黄石国家公园是全世界第一个国家公园,是美国设立最早、规模最大的国家公园,也是1978年最早进入世界遗产名录的项目,它就像中国的长城一样,是外国游客必游之处。它以罕见的森林、湖泊、峡谷及野生动物而闻名,尤以温泉和间歇泉著称于世。

5. 科罗拉多大峡谷

科罗拉多大峡谷是闻名世界的自然奇观,位于亚利桑那州,由雄伟的科罗拉多河长年冲刷而成,河谷两岸都是悬崖峭壁。该峡谷起于马布尔峡谷,终端为格兰德瓦什崖,全长446千米,是世界上最长的峡谷之一。峡谷顶宽6—28千米,最深处约有1800米。从谷顶到谷底需3—4个小时。谷底两岸的宽度小于1千米,窄处仅有120米,两侧的谷壁呈阶梯状。谷底水面不足1000米宽,夏季冰雪融化,水深增至18米。从谷底至顶部沿壁露出从前寒武纪到新生代各期的系列岩系,水平层次清晰,岩层色调各异,并含有各地质时期代表性的生物化石,故有"活的地质史教科书"之称。这里的土壤和岩石都呈红褐色,但在阳光照耀下却呈现出五光十色的光彩,气势磅礴,苍茫迷幻,令游人流连忘返。

6.夏威夷群岛

夏威夷群岛位于太平洋中,是世界著名的避暑、避寒和疗养度假胜地,以热带景观和火山景观著称于世。著名的火山有冒纳罗亚和基拉韦厄两座活火山,著名的岛是瓦胡岛。夏威夷群岛阳光充足,四季如春,有著名的草裙舞、冲浪运动、波利尼亚人的文化传统和风土人情。

7.拉斯维加斯

拉斯维加斯位于内华达州,与摩纳哥的蒙特卡洛、中国的澳门并称世界三大赌城。拉斯维加斯于1931年制定法律,保护赌博业。赌博业自此成为拉斯维加斯的一大经济支柱。赌博业和各种豪华设施极大地刺激了旅游业的发展,每一家饭店都有赌场,饭店不仅规模庞大,而且非常豪华,构成赌场特色。

(三)购物

美国有许多环境优雅的超大型购物中心,如百货商店、超级市场等,还有名目繁多的专业商店。纽约的"梅西"号称世界最大的百货商店。美国花旗参、蔓越莓、蓝莓、康科特葡萄等农特产,篮球用品、电脑产品、电子产品等工业品,印第安人传统工艺品、时装等工艺品都是游客购物的良好选择。

模块五 知识闯关

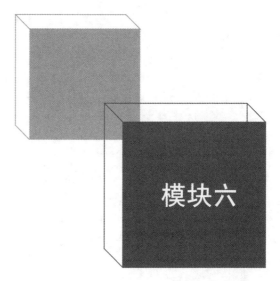

模块六

非洲地区

  非洲位于亚洲的西南面,东濒印度洋,西临大西洋,北隔地中海与欧洲相望,东北角习惯上以苏伊士运河为非洲和亚洲的分界。面积约3020万平方千米(包括附近岛屿),南北约长8000千米,东西约长7403千米。约占世界陆地总面积的20.2%,次于亚洲,为世界第二大洲。非洲的沙漠面积约占全洲面积三分之一,为沙漠面积最大的洲,其中,撒哈拉沙漠是世界上最大的沙漠。除了沙漠,非洲也有郁郁葱葱的森林和一望无际的大草原。非洲的尼罗河流域是世界古代文明的摇篮之一,尼罗河下游的埃及是世界四大文明古国之一,其中金字塔和狮身人面像更是人类建筑史上的奇迹。非洲拥有众多旅游国家和景点,如埃及、南非、撒哈拉沙漠、维多利亚瀑布、乞力马扎罗山、克鲁格国家公园以及众多的野生动物公园等。

项目一
北 非 地 区

◇ 知识目标

1. 了解埃及的地理位置、气候等自然环境和人口、历史、民俗、经济发展状况等人文概况。
2. 熟悉埃及主要旅游城市、旅游景区的概况。
3. 掌握埃及主要旅游线路的概况及特色。

◇ 能力目标

1. 能简单介绍埃及的自然与人文概况。
2. 能对目前旅行社推出的埃及旅游线路进行推广、宣传。
3. 能为客人提供埃及旅游咨询服务。

◇ 素质目标

1. 培养学生的人文素养。
2. 培养学生的阅读能力、文字表达能力。
3. 培养学生的线路分析、营销等综合职业素养。

工作任务　埃　及

任务导入

阅读"深圳到埃及8日游"的行程安排（http://www.cncn.com/xianlu/756574422102），请分析作为旅行社销售人员的小李，应如何向一个由4个家庭组成的"8大4小"（小孩均为初中生）的旅游团推销该线路？

任务解析

作为旅行社销售人员，小李可以分四步完成该任务。

1. 先分析客源构成和其主要旅游偏好

销售人员首先应该分析本次旅游团的人员组成特点，本次旅游团为包含初中学生的4个家庭，这种家庭旅游团的一个重要目的就是想通过旅游来扩大孩子的知识面，增长孩子的见识，而作为初中生的青少年不仅对学校和家庭以外的世界充满了好奇，也更喜欢一些参与性强的体验性活动，他们喜欢去与自己日常生活环境反差较大的地方游玩。

2. 简单介绍埃及的地理、人文概况以及重要旅游资源

销售人员在了解到旅游团的旅游愿望后，选择好时机向顾客简单介绍埃及的地理与人文概况，重点介绍与中国的主要差别；再进一步介绍大家耳熟能详的埃及旅游景点，抓住顾客的眼球，比如金字塔、尼罗河、苏伊士运河等。

3. 找出旅游线路中涉及埃及文明、文化的旅游资源进行介绍

因本次旅游团是由4个家庭组成，其中都有在上初中的孩子，孩子们已有一定的地理、历史知识背景，家长带孩子出游也有一定的文化教育目的，因此销售人员在介绍完埃及的基本概况后，再重点把本线路中涉及的主要历史文化旅游资源进行推介，比如本线路中的埃及博物馆、吉萨金字塔群、哈素女王庙、庞贝石柱、阿斯旺大坝等。

4. 找出旅游线路中的体验性旅游活动进行介绍

因本次旅游团是由4个家庭组成，因此亲子活动或体验性活动是比较好的吸引点。比如本线路的中的潜水、冲沙、帆船等。

任务拓展

阅读"广州起止埃及全景游轮三飞 11 日跟团游"行程线路（https://www.cct.cn/dujia/39855.html），完成以下任务。

(1) 假如你是广州某旅行社的一名销售人员，请分析该线路旅游资源的特色和亮点。

(2) 假如有一个 15 人的老年团向你咨询该线路，你将从哪几个方面向他们进行推介？请写出推介的理由。

相关知识

一 概况

(一) 自然地理概况

1. 地理位置

埃及，总面积为 100.145 万平方千米，国土略呈不规则的四方形，东西宽 1240 千米，南北长 1024 千米。埃及跨亚、非两大洲，大部分位于非洲东北部，只有苏伊士运河以东的西奈半岛位于亚洲西南部，西连利比亚，南连苏丹，东临红海并与巴勒斯坦、以色列接壤，东南与约旦、沙特阿拉伯相望，北濒地中海，海岸线长 2700 多千米。

2. 气候

埃及全国干燥少雨，气候干热，年均降水量 50—200 毫米。尼罗河三角洲和北部沿海地区属地中海型气候，是一个适合旅游的地区，尤其是每年的 10 月至次年 2 月最适合旅游。其余大部分地区属热带沙漠气候，炎热干燥，沙漠地区气温可达 40℃。每年 4—5 月常有"五旬风"，夹带沙石，损坏农作物。

3. 地形地貌

埃及全境大部分是海拔 100—700 米的低高原，地形平缓，没有大山，最高峰凯瑟琳山海拔 2642 米。红海沿岸和西奈半岛有丘陵山地。沙漠与半沙漠占全国的 95%。西部利比亚沙漠，占全国面积三分之二，大部为流沙，间有哈里杰、锡瓦等绿洲；东部阿拉伯沙漠，多砾漠和裸露岩丘。

世界第一长河尼罗河从南到北流贯全境，埃及段长 1350 千米，两岸形成宽约 3—16 千米的狭长河谷，并在首都开罗以北形成 2.4 万平方千米的三角洲。在尼罗河的影响下，两岸谷地形成了面积为 1.6 万平方千米的绿洲带。主要湖泊有大苦湖和提姆萨赫湖，以及阿斯旺高坝形成的非洲最大的人工湖纳赛尔水库。

(二)人文概况

1.国名、国旗、国徽、国歌、国花、货币

国名:埃及全称为"阿拉伯埃及共和国"。通常认为,英语中"埃及"一词是从古希腊语演变而来的。阿拉伯人则将"埃及"称作米斯尔,在阿拉伯语中意为"辽阔的国家"。埃及又称为金字塔之国、棉花之国。

国旗:埃及国旗呈长方形,长与宽之比为3∶2。自上而下由红、白、黑三个平行相等的横长方形组成,白色部分中间有国徽图案。红色象征革命,白色象征纯洁和光明前途,黑色象征埃及过去的黑暗岁月。

国徽:埃及国徽图案为一只金色的鹰,称撒拉丁雄鹰。金鹰昂首挺立、舒展双翼,象征胜利、勇敢和忠诚,它是埃及人民不畏烈日风暴、在高空自由飞翔的化身。鹰胸前为盾形的红、白、黑三色国旗图案,底部座基饰带上写着"阿拉伯埃及共和国"。

国歌:《阿拉伯埃及共和国国歌》。

国花:睡莲。

货币:埃及镑。

2.人口、民族

埃及人口约9169万(2016年),主要有阿拉伯人、科普特人,阿拉伯人约占87%,科普特人约占11.8%。

3.语言、宗教

埃及的官方语言为阿拉伯语,英语是最常用的外语。伊斯兰教为埃及国教,信徒主要是逊尼派,占总人口的84%。科普特基督徒和其他信徒约占16%。

二 简史

埃及是世界四大文明古国之一。公元前3200年,美尼斯统一埃及建立了第一个奴隶制国家。当时国王称法老,主要经历了早王国、古王国、中王国、新王国和后王朝时期等30个王朝。古王国开始大规模建金字塔,中王国经济发展、文艺复兴,新王国生产力显著提高,开始对外扩张,成为军事帝国,后王朝时期,内乱频繁,外患不断,国力日衰。公元前525年,埃及成为波斯帝国的一个行省。在此后的一千多年间,埃及相继被希腊和罗马征服。公元641年阿拉伯人入侵,埃及逐渐阿拉伯化。1517年被土耳其征服,成为奥斯曼帝国的行省。1882年英军将其占领后成为英国的"保护国"。1922年2月28日,英国宣布埃及为独立国家,但保留对国防、外交、少数民族等问题的处置权。1952年7月23日,以纳赛尔为首的自由军官组织推翻法鲁克王朝,成立革命指导委员会,掌握国家政权。1953年6月18日,宣布成立埃及共和国。1958年2月,同叙利亚合并成为阿拉伯联合共和国。1961年叙利亚发生政变,退出"阿联"。1970年纳赛尔总统病逝,萨达特继任总统。1971年9月1日,埃及改名为阿拉伯埃及共和国。1981年10月,萨达特总统遇刺身亡,副总统穆巴拉克继任,并4次连任。

三 经济发展状况

埃及是非洲第三大经济体,拥有相对完整的工业、农业和服务业体系。服务业约占国内生产总值的50%。工业以纺织、食品加工等轻工业为主。农村人口占总人口的55%,农业占国内生产总值的14%。石油天然气、旅游、侨汇和苏伊士运河是四大外汇收入来源。2016年,埃及GDP约为2896.06亿美元,人均GDP3096美元,GDP实际增长3.1%。

埃及有三分之一以上的人从事农业。全国可耕地面积为310万公顷,约占国土总面积的3.7%,绝大部分为灌溉地。主产长绒棉和稻米,产量均居非洲首位,玉米、小麦居非洲前列,还产甘蔗、花生等。

工业以纺织和食品加工等轻工业为主,重工业以石油化工业、机械制造业及汽车工业为主。工业约占国内生产总值的16%,工业产品出口约占商品出口总额的60%。纺织和食品加工业是埃及的传统工业部门,占工业总产值的一半以上。石油在埃及的国民经济中扮演着极其重要的角色,是最重要的外汇来源之一,其国民生产总值的10%和出口收入的40%都来自石油及其制品。此外,埃及天然气储量在阿拉伯国家中居第6位,在全球探明有天然气的102个国家中排名第18位。

四 政治

埃及于2012年12月通过新宪法,规定伊斯兰教法原则是立法的主要依据。埃及总统任期短至4年,只能连任一次。议会包括人民议会和协商会议。人民议会相当于议会下院,是主要立法机关。协商会议相当于议会上院,负责审查政府的法律草案并提交给人民议会通过。2013年7月后政局发生变动,废除上述宪法。2014年1月新宪法取消此前的协商会议,将"两院制"改为"一院制",统称议会。

2011年颁布新政党法,现有政党及政治组织近百个,其中经国家政党委员会批准成立的政党约60个。主要政党有萨拉菲光明党、新华夫脱党、埃及社会民主党、自由埃及人党、"埃及民族"政党联盟。

五 文化

埃及是阿拉伯世界的文化中心。在奥斯曼土耳其人统治的黑暗时代,只有埃及的爱资哈尔清真寺保护了伊斯兰和阿拉伯文化遗产。埃及政府于20世纪初派学生去研究欧洲文化,在埃及国内,学者们简化了古阿拉伯语的教学,创造出一种介于土语与古文之间的新语体,它既不违反语法,又贴近人民生活的言语,取得与欧洲语言相适应的阿拉伯语词汇,把西方文学和阿拉伯文学水乳相融地结合起来。近现代出现了许多世界驰名的文学家、思想家和艺术家。

著名的诗人有哈菲兹·易卜拉欣(1870—1932年)、艾哈迈德·邵武基(1869—1932年)、阿拔斯·迈哈穆德·阿噶德(1889—1964年)。著名的散文小说家如塔哈·侯赛因,他

3岁失明,9岁时能背诵全部古兰经,后就读于艾资哈尔大学,并留学法国,历任埃及文化部长等职,1973年辞世,享年84岁。著名的戏剧作家有陶菲格·哈基姆(1898—1987年)。著名的现实主义小说家如纳吉布·马哈福兹,他以自己的著名三部曲《宫间街》《思宫街》《甘露街》)和48部中长篇小说和短篇小说集,于1988年10月荣获诺贝尔文学奖,为埃及文学和阿拉伯文学在世界文坛上赢得一席之地。

六 民俗与节日

(一)饮食

埃及人喜吃甜食,正式宴会或富有家庭正餐的最后一道菜都是甜食。著名甜食有"库纳法"和"盖塔伊夫"。"蚕豆"是埃及的国菜。"锦葵汤""基食颗"是埃及人日常生活中的最佳食品。"盖麦尔丁"是埃及人在斋月里的必备食品。"蚕豆"是必不可少的一种食品。其制作方法多种多样,制成的食品也花样百出。例如,切烂蚕豆、油炸蚕豆饼、炖蚕豆、干炒蚕豆和生吃青蚕豆等。

埃及人通常以"耶素"为主食,进餐时与"富尔"(煮豆)、"克步奈"(白乳酪)、"摩酪赫亚"(汤类)一并食用。耶素即为不用酵母的平圆形埃及面包,他们喜食羊肉、鸡、鸭、鸡蛋以及豌豆、洋葱、南瓜、茄子、胡萝卜、土豆等。在口味上一般要求清淡、甜、香、不油腻。串烤全羊是他们的待客佳肴。值得一提的是,很多埃及人还特别爱吃中国川菜。

(二)服饰

埃及的传统服装是阿拉伯大袍,在农村不论男女仍以穿大袍者为多,城市贫民也有不少是以大袍加身。很多上了年纪的妇女,都要戴着遮面护发的头巾,一般是从头顶一直垂到肩部,把头发、耳朵、脖颈等都遮盖起来。有的甚至除了两只眼睛,其余的都笼罩在面纱下。这种"盖头"多以绸、绒等作布料,颜色因年龄而不同:年长者戴白色的,年轻女子则披戴绿色的。20世纪20年代后期,西方服装逐步进入埃及。当地妇女喜欢戴耳环、手镯等。

(三)礼仪与禁忌

1.礼仪

埃及人的交往礼仪既有民族传统的习俗,又通行西方人的做法,上层人士更倾向于欧美礼仪。埃及人见面时异常热情。一般情况下,见到不太熟悉的人,先致问候的人说全世界穆斯林通行的问候语——"安塞俩目尔来库姆"(直译为"和平降于你",意为"你好")。我国穆斯林简称它为"色兰"。如果是老朋友,特别是久别重逢,则拥抱行贴面礼,即用右手扶住对方的左肩,左手搂抱对方的腰部,先左后右,各贴一次或多次。而且还会连珠炮似的发出一串问候语:"你好吧?""你怎么样?""你近来可好?""你身体怎样?"等等。

每逢周五是埃及人传统的"主麻日聚礼",当清真寺内传出悠扬的唤礼声,伊斯兰教徒便纷纷涌向附近的清真寺,做集体礼拜。为数众多的教徒仍然虔诚地信守每日5次礼拜的教规,即晨礼、响礼、哺礼、昏礼、宵礼。埃及伊斯兰教徒不仅仅是虔诚信仰"五行"(自白、礼拜、绝食、布施、参拜麦加圣地),还得力行才算完成信徒分内的事。

晚餐在日落以后和家人一起共享,在这段时间内,勉强请人家来谈生意是失礼的。按照埃及的商务礼俗,宜随时穿着保守式样西装。拜访须先订约会。埃及人对来访的客人甚表重视(有时可能只是表面功夫而已),因此,即使依约前来面谈当中,若有不速之客到来时,他们也会简单地迎接。一笔生意洽谈,往往需要很长时间。相反的,他们也经常会以电话不通为借口突然造访(但是,部长、副部长之类的人物则为例外,一定要先约会才行)。在埃及,持用印有阿拉伯文对照之名片,颇有帮助,当地2—3天内即可印妥。

在埃及从商的人经验丰富,时间观念差,很少依照所约定的时间行事,他们口头上常常挂着"请等五分钟"这句话。埃及人所谓的5分钟,可能就是30分钟也见不到人。若说请等1小时,那么等于要重新约定时间了。但埃及人很勤劳,你若到乡间田园去的话,就可以看到汗流浃背、默默耕耘的农民。据说,在大地上朴素地生活的那些人,才是埃及人的真正形象,令人深深觉得埃及确实是尼罗河的恩赐。

2.禁忌

在埃及,进伊斯兰教清真寺时,务必脱鞋。埃及人爱绿色、红色、橙色,忌蓝色和黄色,认为蓝色是恶魔,黄色是不幸的象征,遇丧事都穿黄衣服。也忌熊猫,因它的形体近似肥猪。喜欢金字塔型莲花图案。禁穿有星星图案的衣服,除了衣服,有星星图案的包装纸也不受欢迎,禁忌猪、狗、猫、熊。3、5、7、9是人们喜爱的数字,忌讳13,认为它是消极的。

每天下午3—5点,埃及人决不买卖针,这已成为他们生活中的一条不成文的戒律。埃及人认为"右比左好"。右是吉祥的,做事要从右手和右脚开始,握手、用餐、递送东西必须用右手,穿衣先穿右袖,穿鞋先穿右脚,进入家门和清真寺先迈右脚。究其原因,穆斯林"方便"和做脏活都用左手,因此左手被认为是不干净的,用左手与他人握手或递东西是极不礼貌的,甚至被视为污辱性的。吃饭时要用右手抓食,不能用左手。不论送给别人的礼物,或是接受别人的礼物时,要用双手或者右手,千万别用左手。

晚餐在日落以后和家人一起共享,所以在这段时间内,有约会是失礼的。他们习惯用自制的甜点招待客人,客人如果是谢绝一点也不吃,会让主人失望也失敬于人。埃及人在正式用餐时,忌讳交谈。否则会被认为是对神的亵渎。埃及人一般都遵守伊斯兰教教规,忌讳喝酒,喜欢喝红茶。他们有饭后洗手、饮茶聊天的习惯。忌吃猪、狗肉,也忌谈猪、狗。不吃虾、蟹等海味,动物内脏(除肝外),鳝鱼、甲鱼等怪状的鱼。

男士不要主动和妇女攀谈;不要夸人身材苗条;不要称道埃及人家里的东西,否则会被认为你在向他索要;不要和埃及人谈论宗教纠纷、中东政局及男女关系。

(四)重要节日

1.尼罗河泛滥节

尼罗河泛滥节当属埃及最古老的节日,在历史上,每年夏季尼罗河水泛滥,河水灌溉农田,冲积物肥沃了土地,意味着农业的丰收。届时,古埃及人便举行宗教活动,献给尼罗河一位美丽的少女,已表达他们对尼罗河的尊敬。自从1960年阿斯旺水坝建成发电之后,农业灌溉系统日趋完善,尼罗河不再泛滥,但在一年一度的尼罗河涨水时,埃及人仍然举行祈祷活动,往尼罗河里扔五颜六色的玩具娃娃,以替代埃及姑娘。这就是传统的尼罗河泛滥节,现在称尼罗河最高水位节。

2.埃及惠风节

每逢4月份春光明媚之际,全国放假一天,城里人携全家到郊外公园呼吸新鲜空气,欣赏万物峥嵘的美景,饱尝野炊风味,享受家庭的天伦之乐,这一天被称为埃及惠风节。

七 旅游业

(一)旅游业概况

旅游业一直是埃及最主要的经济支柱之一,2010年埃及接待外国游客约1500万人次,旅游业收入达到125亿美元。但2011年政局陷入动荡后,外国游客数量大幅下降,旅游业收入也急剧萎缩。2016年埃及旅游业收入为34亿美元,较2015年减少27亿美元。尽管如此,近年来中国游客人数却在逐渐增加。2016年,赴埃及的中国游客人数近10万人,蹿升至当年埃及接待外国游客人数的第五位。

(二)著名旅游城市和旅游景点

1.开罗

开罗是埃及首都及最大的城市,也是非洲及阿拉伯世界最大的城市,横跨尼罗河,是整个中东地区的政治、经济、文化和交通中心,位于埃及的东北部。古埃及人称开罗为"城市之母",阿拉伯人把开罗叫做"卡海勒",意为征服者或胜利者。拥有金字塔、狮身人面像、埃及博物馆等名胜古迹。

埃及博物馆,坐落在开罗市中心的解放广场,1902年建成开馆,是世界上最著名、规模最大的古埃及博物馆。该馆收藏了5000年前古埃及法老时代至公元六世纪的历史文物25万件,其中大多数展品年代超过3000年。博物馆分为两层,展品按年代顺序分别陈列在几十间展室中。该馆中的许多文物,如巨大的法老王石像、纯金制作的宫廷御用珍品、大量的木乃伊和重242磅的图坦卡蒙纯金面具和棺椁,其做工之精细令人赞叹。

萨卡拉金字塔,位于开罗南郊30公里,尼罗河西河谷绿洲边缘外的沙漠上,由多个金字塔组成。其中最著名的是阶梯金字塔,为古埃及第三王朝国王左塞尔的陵墓,约建于公元前2700年。该金字塔是埃及现有金字塔中年代最早的,也是世界上最早用石块修建的陵墓。该金字塔呈6层阶梯塔状,高约60米。在该金字塔附近还分布着许多贵族和大臣的陵墓,其中大量的精美浮雕壁画,栩栩如生地描绘了古代埃及人工作和生活的情景。另外,附近的神牛墓也非常有名。

金字塔。埃及总共发现金字塔96座,最大的是开罗郊区吉萨的三座金字塔。金字塔是古代埃及国王为自己修建的陵墓。大金字塔是第四王朝第二个国王胡夫的陵墓,建于公元前2690年左右,原高146.5米,因年久风化,顶端剥落10米,现高136.5米;底座每边长230

多米,三角面斜度51度,塔底面积5.29万平方米;塔身由230万块石头砌成,每块石头平均重2.5吨。该金字塔内部的通道对外开放,该通道设计精巧,计算精密,令人赞叹。第二座金字塔是胡夫的儿子哈夫拉国王的陵墓,建于公元前2650年,比前者低3米,但建筑形式更加完美壮观,塔前建有庙宇等附属建筑和著名的狮身人面像。狮身人面像的面部参照哈夫拉,身体为狮子,高22米,长57米,雕像的一个耳朵就有2米高。整个雕像除狮爪外,全部由一块天然岩石雕成。由于石质疏松,且经历了4000多年的岁月,整个雕像风化严重。另外面部严重破损,有人说是马穆鲁克把它当作靶子练习射击所致,也有人说是18世纪拿破仑入侵埃及时炮击留下的痕迹。第三座金字塔属胡夫的孙子门卡乌拉国王,建于公元前2600年左右。当时正是第四王朝衰落时期,金字塔的建筑也开始衰落。门卡乌拉金字塔的高度突然降低到66米,内部结构倒塌。胡夫金字塔南侧有著名的太阳船博物馆,胡夫的儿子当年用太阳船把胡夫的木乃伊运到金字塔安葬,然后将船拆开埋于地下。该馆是在出土太阳船的原址上修建的。船体为纯木结构,用绳索捆绑而成。

古城堡,建于1176年,为阿尤布王朝国王萨拉丁为抵御十字军保护开罗而建。城内建有穆罕默德·阿里清真寺。古城堡内有埃及军事博物馆,展示埃及各历史时期军队的武器、装备、服装、著名战例、工事和城堡的实物、仿制品、模型、图画等。穆罕默德·阿里清真寺建于1830年,伊历1246年。整个建筑具有阿拔斯王朝时期的建筑风格。巍峨的阿里清真寺建在开罗以北的山顶上,礼拜殿呈正方形,上有高耸的圆顶为殿中心,四面环有四个半圆殿与正殿相呼应,还有四根高柱居其中。清真寺西侧正中有一个盥洗室,是供穆斯林礼拜时做小净用的。盥洗室四面有四根铁链环绕。清真寺盥洗室的外墙壁是用雪花石瓷砖镶嵌的,所以又被称为雪花石清真寺。

汗哈利里市场,位于开罗市中心地带(老城区)。由分布在几十条小街巷里的几千家个体小店组成,许多店铺可追溯到公元14世纪。市场道路狭窄,街道两旁挤满了小店铺,主要出售金银首饰、铜盘、石雕、皮货及其他埃及传统手工艺品,素以店面古朴、货物齐全深受外国游客喜爱。这块地方原是法特梅三朝后裔的墓地,公元14世纪,当时埃及的统治者汗·哈利里以法特梅是叛教者无权建墓地为由下令拆毁墓地,并出资在此建起一个市场,即汗·哈利里市场。现在,它已成为开罗古老文化和东方伊斯兰色彩的一个象征,吸引世界各地的游客。

法老村,位于开罗市内尼罗河的一个小岛上,占地约200亩,是埃及首任驻华大使哈桑·拉贾布博士在发现失传一千年的纸草造工艺后于1984年集资修建的。村内种植了大量的纸莎草,有以传统方式制造草纸和绘制草纸画的作坊。法老村内建有模拟法老时代的神庙、庄园、农户等建筑,有专人着古装演示当时生产、家居及举行宗教仪式的场景,展现几千年前古埃及人的经济和社会生活画面。村中有著名的法老图坦哈蒙墓的模型和金字塔建筑方法的模型展示,还有照相馆、餐厅和商店。

2.亚历山大

亚历山大位于尼罗河三角洲西部,临地中海,面积100平方千米,是埃及和非洲第二大城市,也是埃及和东地中海最大的港口。该城建于公元前332年,因希腊马其顿国王亚历山大大帝占领埃及而得名,是古代和中世纪名城,曾是地中海沿海的政治、经济、文化和东西方贸易中心,有诸多名胜古迹。风景优美,气候宜人,是埃及"夏都"和避暑胜地,被誉为"地中海新娘"。

夏宫,即蒙塔扎宫,坐落在市东部,占地155.4公顷,密林环绕,是一个独具特色的花园。

1952年前一直是皇室家族的消夏避暑地,现海滨向游人和垂钓者开放。园内有法鲁克国王行宫(现为埃及国宾馆)。赫迪夫·阿拔斯二世在世纪之交所建的这座土耳其-佛罗伦萨式的建筑物,是王室避暑地。王宫主体至今不对公众开放。

卡特巴城堡,前身为世界七大奇迹之一的亚历山大灯塔。灯塔建于公元前280年,塔高约135米,经数次地震,于1435年完全毁坏。1480年用其石块在原址修建城堡,以国王卡特巴的名字命名。1966年改为埃及航海博物馆,展出模型、壁画、油画等,介绍自一万年前从草船开始的埃及造船和航海史。与开罗古城堡并称为埃及两大中世纪古城堡。

孔姆地卡。在亚历山大城市中心的考古遗址中,发现了一座罗马歌剧院(用于音乐表演的剧院)和一套大型的3世纪罗马浴室。托勒密时代的街道和商店逐步发掘出土,石柱和拱门露出地面。遗址使人认识到古代城市所覆盖的范围——若全部发掘,现代城市只好拆除了。

3.卢克索

卢克索是埃及古城,位于南部尼罗河东岸。因埃及古都底比斯遗址在此而著称,是底比斯文物集中地。由于历经兵乱,多已破坏湮没。现在保存较完好的是著名的卢克索神庙,其中尤以卡尔纳克神庙最完整,规模最大。该建筑物修建于4000多年前,完成于新王朝的拉姆西斯二世和拉姆西斯三世。经过历代修缮扩建,占地达33公顷。建筑群有各种厅堂殿室。神庙之间有巨大的柱廊相连,每根柱高达21米,上有精美浮雕和彩绘。尼罗河西岸山坡上为历代法老及其后妃陵寝,保存有珍贵的古埃及艺术。还有4000年前建造的马哈利神庙,是主要旅游中心和冬季休养地。

4.苏伊士运河

苏伊士运河位于埃及东北部,扼欧、亚、非三洲交通要冲,沟通红海和地中海、大西洋和印度洋,具有重要战略意义和经济意义。1859—1869年由法国人投资开挖,后英国收买了运河公司40%的股票,英法共同掌握运河经营权,掠走巨额收益。1956年,埃纳赛尔总统宣布运河国有化,随即爆发了英、法、以三国侵埃战争。1967—1975年因阿以战争,运河封闭停航达8年之久。1976—1985年,埃及政府耗资约20亿美元进行大规模运河扩建工程,使运河的通航能力显著增加。扩建后运河长度为195千米,最大宽度为365米,水深11米以下为160—190米,最大吃水深度为16米,能通过15万吨的满载油轮。通过苏伊士运河的船只日平均约60艘,运河年收入近20亿美元。

5."自由"号游艇

"自由"号游艇是目前世界上仍能使用的最古老皇家游艇,由英国造船公司于1865年修建,舰长411米,宽42米,排水量3417吨,以燃煤蒸汽机为动力,航速16海里。该艇原为埃及王室私用,1868年曾到欧洲接载欧洲国家元首来参加苏伊士运河国际通航典礼,是第一艘从北面进入苏伊士运河的船只。1952年更名"自由号",现为埃及海军拥有,埃及海军以此展示其舰船维修保养水平。

6.尼罗河

尼罗河谷和三角洲是埃及文化的摇篮,也是世界文化的发祥地之一。尼罗河在埃及境内长度为1530公里,两岸形成3—16公里宽的河谷,到开罗后分成两条支流注入地中海。这两条支流冲积形成尼罗河三角洲。埃及水源几乎全部来自尼罗河。根据尼罗河流域九国签订的协议,埃及享有河水的份额为每年555亿立方米。开罗的尼罗河上有许多游船,其中仿法老时期船只修造的又名法老船,夜晚泛舟河上,可游览两岸旖旎风光,又可观赏船上著名的东方舞表演。

(三)购物

埃及小面额钞票缺乏,在购买物品或搭出租车时尽量自备小钞,以避免大钞找零数目不符。主要特色产品包括:①棉制品。棉花是埃及产量最高的作物,因此埃及的棉制品也很有名。较特别的制品有衬衫、裤子及埃及袍子。装饰着伊斯兰教及埃及古老图饰的家饰品也很受欢迎。②地毯。在埃及到处都可以找到地毯,位于沙卡拉路的地毯学校值得参观。③餐具。盘子、咖啡壶及其他许多餐具都是不错的礼物,且价格很便宜。④香料。埃及香料非常有名,各处市场都可以找到。⑤香水。埃及是许多法国香水原料的原产地。

项目二
南非地区

◇ **知识目标**

1. 了解南非的地理位置、气候等自然环境和人口、历史、民俗、经济发展状况等人文概况。
2. 熟悉南非主要旅游城市、旅游景区的概况。
3. 掌握南非主要旅游线路的概况及特色。

◇ **能力目标**

1. 能简单介绍南非的自然与人文概况。
2. 能对目前旅行社推出的南非旅游线路进行推广、宣传。
3. 能为客人提供南非旅游咨询服务。

◇ **素质目标**

1. 培养学生的人文素养。
2. 培养学生的阅读能力、文字表达能力。
3. 培养学生的线路分析、营销等综合职业素养。

工作任务 南 非

任务导入

阅读"香港往返南非特色8天5晚跟团游"的行程安排(http://www.cct.cn/dujia/88447.html)。假如现有一个10人组成的跨国公司高级管理人员的旅游团队,他们想走这条线路,你作为旅行社计调人员,觉得本线路适合他们吗?为什么?

任务解析

作为旅行社计调人员,可以分四步完成该任务。

(1)先对南非的地理、人文概况进行简单分析。

(2)对旅游线路中涉及的景点进行分析。

首先要对旅游线路中的游览景点进行分析,行程涉及的游览景点有LESEDI民俗文化村、太阳城、地震桥、比林斯堡国家动物保护区、总统府、教堂广场、东印度公司花园、绿点球场、法国小镇Franschhoek、大西洋海边观景大道、好望角等20多个景点;行程涉及的类似购物的景点有钻石加工厂、小工艺品店、Elegance钟表店等。可以看出本线路涉及的景点多,景点又多具观光的特点,同时旅游购物点也较多。

(3)对旅游线路中的时间安排进行分析,找出其特点。

根据线路的行程安排可以看出的总体时间是8天,但有3天是在往返的大交通上,有效游览的天数只有5天。而每天平均游览的景点个数在4个以上,景点的停留时间长的有2小时,短的则仅有10分钟,每天都有1到2个购物点。总体来看,本线路行程比较紧,体验性和舒适性比较差。

(4)分析旅游者的特点并得出结论。

一般来说跨国公司高级管理人员收入较高,工作紧张,压力大,因而他们比较追求旅游品质,对价格不太敏感。线路设计的行程安排不应太紧凑,要有更多的休闲、度假的特色。而前面已分析本线路的观光性强,购物多,行程紧,因而本线路不适合跨国公司高级管理人员。

任务拓展

阅读"长沙起止南非新花园大道全景6晚9日跟团游"的行程线路(http://www.cct.cn/dujia/42631.html)。请仔细阅读该线路并完成以下任务。

现有一个10人组成的摄影团队,想要去南非旅游,你作为旅行社的销售人员,请完成以下任务。

(1)请根据旅游活动的基本构成要素,找出行程安排中的亮点和特色。
(2)该行程适合摄影团队吗?请对线路中涉及的旅游资源进行具体分析。

相关知识

一、概况

(一)自然地理概况

1.地理位置

南非地处南半球,有"彩虹之国"之美誉,位于非洲大陆的最南端,其东、南、西三面被印度洋和大西洋环抱,海岸线长3000千米;北面与纳米比亚、博茨瓦纳、津巴布韦、莫桑比克和斯威士兰接壤,另有莱索托为南非领土所包围。

2.气候

南非全境大部分处副热带高压带,属热带草原气候。每年十月至次年二月是夏季,六至八月为冬季。德拉肯斯堡山脉阻挡印度洋的潮湿气流,因此越向西越干燥,大陆性气候越为显著。秋冬雨水缺乏,草原一片枯黄。降水主要集中在夏季,全年降水由东向西从1000毫米降至60毫米。全国全年平均降水量为464毫米,远低于857毫米的世界平均水平。全国全年平均日照时数为7.5—9.5小时,尤以4、5月间日照最长,故以"太阳之国"著称。

3.地形地貌

南非地处非洲高原的最南端,南、东、西三面之边缘地区为沿海低地,北面则有重山环抱。北部内陆区属喀拉哈里沙漠,多为灌丛草地或干旱沙漠,此区海拔约650—1250米。周围的高地海拔则超过1200米。南非最高点为东部大陡崖的塔巴纳山,海拔3482米。东部则是龙山山脉纵贯。

(二)人文概况

1.国名、国旗、国徽、国歌、国石、国花、货币

国名:南非全称"南非共和国",地处南半球,有"彩虹之国"之美誉。

国旗:1994年3月15日,南非多党过渡行政委员会批准了新国旗。新国旗呈长方形,长与宽之比约为3∶2,由黑、黄、绿、红、白、蓝六色的几何图案构成,象征种族和解、民族团结。

国徽:南非国徽启用于2000年。太阳象征光明的前程;展翅的鹭鹰是上帝的代表,象征防卫的力量;万花筒般的图案象征美丽的国土、非洲的复兴以及力量的集合;取代鹭鹰双脚平放的长矛与圆头棒象征和平以及国防和主权;鼓状的盾徽象征富足和防卫精神;盾上取自闻名的石刻艺术的人物图案象征团结;麦穗象征富饶、成长、发展的潜力、人民的温

饱以及农业特征；象牙象征智慧、力量、温和与永恒；两侧象牙之间的文字是"多元民族团结"。

国歌：1995年5月，南非正式通过新的国歌，新国歌的歌词用祖鲁语、哲豪萨语、苏托语、英语和南非荷兰语5种语言写成，包括原国歌《上帝保佑非洲》的祈祷词，全歌长1分35秒，并以原国歌《南非之声》雄壮的高音曲调作结尾。

国石：钻石。

国花：帝王花，为常绿灌木，又名菩提花，俗称木百合花或龙眼花。

货币：兰特。

2. 人口、民族

南非人口约5591万（2016年），分黑人、有色人、白人和亚裔四大种族。黑人主要有祖鲁、科萨、斯威士、茨瓦纳、北索托、南索托、聪加、文达、恩德贝莱9个部族；有色人是殖民时期白人、土著人和奴隶的混血人后裔；白人主要为荷兰血统的阿非利卡人和英国血统的白人；亚裔绝大部分为印度人和华人。

3. 语言、宗教

南非的官方语言有11种，分别是英语、阿非利卡语（南非荷兰语）、祖鲁语、科萨语、斯佩迪语、茨瓦纳语、索托语、聪加语、斯威士语、文达语和恩德贝勒语。根据人口统计调查，南非的五大语言排名如下：祖鲁语（30%）、科萨语（18%）、阿非利卡语（14%）、斯佩迪语（9%）、英语（9%）。英语和阿非利卡语为通用语言。白人、大多数有色人和60%的黑人信奉基督教新教或天主教；亚裔人中约60%的人信奉印度教，20%的人信奉伊斯兰教；部分黑人信奉原始宗教。

二 简史

最早的土著居民是桑人、科伊人及后来南迁的班图人。17世纪后，荷兰人、英国人相继入侵并不断将殖民地向内地推进。19世纪中叶，白人统治者建立起四个政治实体：两个英国殖民地，即开普、纳塔尔殖民地；两个布尔人共和国，即德兰士瓦南非共和国和奥兰治自由邦。1899—1902年英布战争以英国人艰难取胜告终。1910年四个政权合并为"南非联邦"，成为英国自治领。南非当局长期在国内以立法和行政手段推行种族歧视和种族隔离政策。1948年国民党执政后，全面推行种族隔离制度，镇压南非人民的反抗斗争，遭到国际社会的谴责和制裁。1961年退出英联邦（1994年重新加入），成立南非共和国。1989年，德克勒克出任国民党领袖和总统后，推行政治改革，取消对黑人解放组织的禁令并释放南非非洲人国民大会（非国大）领袖纳尔逊·曼德拉等黑人领袖。1991年，非国大、南非政府、国民党等19方就政治解决南非问题举行多党谈判，并于1993年就政治过渡安排达成协议。1994年4—5月，南非举行首次不分种族大选，以非国大为首的非国大、南非共产党、南非工会大会组成三方联盟并以62.65%的多数选票获胜，曼德拉出任南非首任黑人总统，非国大、国民党、因卡塔自由党组成民族团结政府。

（三）经济发展状况

南非是非洲第二大经济体，人均生活水平在非洲名列前茅，工业体系是非洲最完善的，深井采矿技术位居世界前列，矿产是南非经济的主要来源。南非属于中等收入的发展中国家，矿业、制造业、农业和服务业是经济四大支柱，深井采矿等技术居于世界领先地位。2016年，南非GDP约为2948.41亿美元，人均GDP约为5274美元。

南非矿产资源丰富，是世界五大矿产资源国之一。现已探明储量并开采的矿产有70余种。黄金、铂族金属、锰、钒、铬、硅铝酸盐的储量居世界第一位，蛭石、锆、钛、氟石居第二位，磷酸盐、锑居第四位，铀、铅居第五位，煤、锌居第八位，铁矿石居第九位，铜居第十四位。

制造业、建筑业、能源业和矿业是南非工业四大部门。制造业门类齐全，技术先进，产值约占国内生产总值的16%。建筑业发展较快，产值约占国内生产总值的3.8%。能源工业基础雄厚，技术较先进，产值约占南非国内总产值的15%。电力工业较发达，发电量占全非洲的2/3，其中约92%为火力发电。国有企业南非电力公司是世界上排名前十的电力生产和第十一大电力销售企业，拥有世界上最大的干冷发电站，供应南非95%和全非60%的用电量。矿业历史悠久，具有完备的现代矿业体系和先进的开采冶炼技术，是南非经济的支柱。钻石产量约占世界的9%。南非德比尔斯公司是世界上最大的钻石生产和销售公司，总资产200亿美元，其营业额一度占世界钻石供应市场90%的份额，目前仍控制着世界钻石贸易的60%。

南非农业较发达，产值约占国内生产总值的3%。可耕地面积约占土地面积的13%，但适于耕种的高产土地仅占22%。玉米是最重要的粮食作物。各类罐头食品、烟、酒、咖啡和饮料畅销海外。盛产花卉、水果，葡萄酒享有盛誉。

南非畜牧业较发达，主要集中在西部三分之二的国土。牲畜种类主要包括牛、绵羊、山羊、猪等，家禽主要有鸵鸟、肉鸡等。绵羊毛产量可观，是世界第4大绵羊毛出口国。水产养殖业产量占全非洲产量的5%和世界的0.03%。

（四）政治

1996年5月，南非新宪法规定，实行行政、立法、司法三权分立制度，中央、省级和地方政府相互依存、各行其权。宪法中的人权法案是南非民主的基石。总统是国家元首和行政首长，任期5年，由国会议员直接选举产生，通常是多数党的领袖。立法权属于国会，实行两院制，分为国民议会和全国省级事务委员会，任期均为5年。司法权属于独立的法院。

（五）文化

1976年，南非著名医生克里斯蒂安·伯纳德（1922—2001年）因成功地进行了世界首次心脏移植手术而享誉世界。小说家纳丹·戈地麦以其小说《说谎岁月》获得1991年诺贝尔文学奖。大主教图图因其在消除种族隔离方面的杰出贡献获得1984年的诺贝尔和平奖。埃伯特·卢梭里（1898—1967年）曾是祖鲁族的领袖和非国大主席，毕生致力于用非暴力方式解决种族冲突,获 1960 年诺贝尔和平奖。曼德拉和德克勒克因成功结束了种族隔离的历史而共享 1993 年的诺贝尔和平奖。

六 民俗与节日

(一)饮食

南非当地人的主要食物是玉米、高粱和小麦,薯类、瓜类和豆类食品也在日常饮食中占很大比例。牛、羊肉是主要副食品,一般不吃猪肉和鱼类。饮料主要是牛、羊奶和土制啤酒。特别爱吃熟食和烤牛、羊肉。当地白人平日则以吃西餐为主,经常吃牛肉、鸡肉、鸡蛋和面包,爱喝咖啡与红茶。南非黑人喜欢吃牛肉、羊肉,主食是玉米、薯类、豆类,一般不喜生食,爱吃熟食。随着欧洲移民、马来族奴隶及印度人的到来,又形成了多样融合的烹饪艺术,尤以芳香浓郁的咖喱料理、慢炖拼盘、传统非洲佳肴及本土烤肉最为脍炙人口。

南非著名的饮料是如宝茶。在南非黑人家做客,主人一般送上刚挤出的牛奶或羊奶,有时是自制的啤酒。客人一定要多喝,最好一饮而尽。

南非的鸵鸟肉排是其特色风味,另外还有草原特色菜以及可与意大利美食媲美的玉米食品。在沿海城市,品尝海鲜也是一件惬意的事情。在印度移民聚居地,人们也可品尝到具有异国情调的食品,还有南非特色烤肉,很多小商店都出售可供游客品尝的烧烤肉类。

(二)服饰

在日常生活中,南非人大多爱穿休闲装,白衬衣,牛仔装、西短裤均受其喜爱。部分男女老幼往往对着装色彩鲜艳者更为偏爱,他们尤其爱穿花衬衣。在城市之中,南非人的穿着打扮基本西化了。在正式场合,他们都讲究着装端庄、严谨。因此进行官方交往或商务交往时,最好穿样式保守、色彩偏深的套装或裙装,不然就会被对方视为失礼。此外,南非黑人通常还有穿着本民族服装的习惯。不同部族的黑人,在着装上往往会有自己不同的特色。

(三)礼仪与禁忌

1.礼仪

南非社交礼仪可以概括为黑白分明,英式为主。所谓黑白分明是指受到种族、宗教、习俗的制约,南非的黑人和白人所遵从的社交礼仪不同;英式为主是指在很长的一段历史时期内,白人掌握南非政权,白人的社交礼仪特别是英国式社交礼仪广泛流行于南非社会。以目前而论,在社交场合,南非人所采用的普遍见面礼节是握手礼,他们对交往对象的称呼则主要是先生、小姐或夫人。在黑人部族中,尤其是广大农村,南非黑人往往会表现出与社会主流不同的风格。比如,他们习惯以鸵鸟毛或孔雀毛赠予贵宾,客人此刻得体的做法是将这些珍贵的羽毛插在自己的帽子上或头发上。

南非流行的打招呼方式——举起右手,手掌对着前方,目的是表示"我的手并没有握石头"。显然,它是在表明"没有武器"这个习俗,该方式自古在世界各地被普遍地采用,只不过样式稍微不同而已。它可以说是友好的象征。

2.禁忌

在南非、埃塞俄比亚等非洲国家还有个迷信,那就是:当有人瞪看你时,被瞪看的人不是灾祸必至,就是死神要找上他。跟当地人交谈或碰面的时候,可不能目不转睛地瞪着对方,这么做,对方一定大感不悦。

有趣的是,在非洲,握手时如果握得有气无力,表示虚情假意,毫无诚心,会被称为"礼貌不周"。他们认为,用力的程度跟对方好意的程度是成正比的。

不要说"negro"和"black"强调肤色不同,这在非洲是最大的禁忌。因此,称呼非洲人,最好按他们的国籍来称呼。

(四)重要节日

南非节日众多,有元旦、人权日、耶稣受难日、劳动节、国庆日(独立日)、自由日、青年日、曼德拉日、全国妇女日、遗产日、宣誓日等,此外,还有独特的喧闹艺术节、兰花节、求雨节等。

1.喧闹艺术节

每年9—10月在约翰内斯堡举行的"喧闹艺术节"为南非最大的民间节日。节日期间,各部落的艺术家云集此地,展示具有丰富非洲文化内涵的文艺节目,如土著音乐和舞蹈等。这类土著文化在旧南非时期是难得看到的,而今展现出来,吸引了许多海外游客。

2.兰花节

每年10月,首都比勒陀利亚到处盛开着兰花,每年10月的第三个星期举办兰花节,公园里有音乐会和歌舞表演,附近的跳蚤市场和小吃摊也门庭若市,一派热闹的气氛。

3.求雨节

求雨节为汶达部族人的节日,每年的11月在伯乐百都地区举行。求雨仪式极为特别,全由"雨后"莫家姬一人主持,这在父系氏族里是极为少见的。首先由酋长从众多少男少女中选出跳神人选,然后开始进行传统的祭神礼仪,当中伴有原始舞蹈,跳舞者全都赤身裸体,但身体和脸上涂有彩色泥巴。男女进入成年的仪式也在此进行。仪式结束,若没有降雨,就会被认为是人们心不诚,圣地会遭破坏,要继续跳神礼仪,直到降下大雨为止。巫"雨后"从不结婚,但却生儿育女,死后由其长女继承其位。

七 旅游业

(一)旅游业概况

旅游业是当前南非发展最快的行业之一,产值约占国内生产总值的10%,从业人员达140万人。南非旅游资源丰富,设施完善,有700多家大饭店,2800多家大小宾馆、旅馆及10000多家饭馆。旅游点主要集中在东北部和东、南部沿海地区。生态旅游与民俗旅游是南非旅游业两大最主要的增长点。2009年到南非旅游的外国游客达990万人次。2010年6

月 11 日至 7 月 11 日,第 19 届世界杯足球赛决赛圈比赛在南非举行,有力拉动了南非旅游业。2016 年 1 月至 12 月,来自中国的游客数量总计为 117,114 人,与上年同期相比增长了 38%。

(二)著名旅游城市和旅游景点

南非是世界上唯一同时存在三个首都的国家。行政首都比勒陀利亚(现已更名为茨瓦内)是南非中央政府所在地;立法首都开普敦是南非国会所在地,也是全国第二大城市和重要港口,位于西南端;司法首都布隆方丹为全国司法机构所在地。南非主要旅游景点有以下几处。

1.克鲁格国家公园

克鲁格国家公园是世界上最大、最有名的野生动物园,位于东德兰士瓦省,1898 年由保罗·克鲁格所建,原名萨比野生动物保护区,1926 年改用现名。公园长约 350 千米,南北宽 60 千米,共有 7 个入口处。园中一望无际的旷野上,分布着众多的大象、狮子、犀牛、羚羊、长颈鹿、野水牛、斑马、鳄鱼、河马、豹、猎豹、牛羚、黑斑羚、鸟类等异兽珍禽。植物方面有非洲独特的、高大的猴面包树。每年 6—9 月的旱季是入园观览旅行的最好季节。

2.好望角

好望角地处非洲大陆西南端大西洋和印度洋汇合处的著名岬角。附近海域多风暴,1488 年葡萄牙探险家迪亚士将此地命名为"风暴角"。1497 年,另一位葡萄牙探险家达·伽马经此赴印度,满载而归,次年葡萄牙国王约翰二世将"风暴角"改名为"好望角",表示绕过此角,能带来美好的希望。苏伊士运河开通前,好望角航道是沟通欧亚的唯一海上通道,现仍为世界上繁忙的海上通道之一。在好望角尽头的岬角上,高耸着一座古老的灯塔。它建在两百多米高的山崖上,站在灯塔的平台上,一望无际的蓝色大洋及好望角四周的美景尽收眼底。

3.花园大道

花园大道位于西开普省的东部沿海地区,西起静水湾,经莫塞尔镇、乔治城、克尼斯纳,东至浦莱腾堡,全长约 230 千米,其中从莫塞尔到克尼斯纳这一段可乘坐古老的火车游览。这里气候温和,阳光充足,到处是银色的海滩,为最理想的水上运动场所,可游泳、划船、冲浪和钓鱼,亦可在沙滩上晒太阳。遇上阴天,可以沿小径进入热带雨林,观赏各种奇花异草,包括南非少有的黄木树,还可见到各种野生动物,如大象、羚羊、翠鸟等悠闲自得地在星罗棋布的环礁湖边觅食。花园大道如今已成为黄金旅游线路,一年四季游人如织。

4.奥赫拉比斯瀑布国家公园

奥赫拉比斯瀑布国家公园位于北开普省的奥兰治河上,在当地的方言中为"喧闹之地",意指瀑布飞流直下,响声如雷。大瀑布落差为 122 米,北岸的"新娘面纱"瀑布达 75 米。公园里面有各种奇花异草、荆棘丛林及 47 种哺乳动物,但多为小型动物。如各种羚羊、黄鼠、猴子、鱼鹰等。目前瀑布周围已建有设施完备的度假村。

5.祖鲁部落文化旅游区

祖鲁部落文化旅游区位于夸祖鲁-纳塔尔省的东北部。"祖鲁"在方言里是"天"的意思。祖鲁族就是"天的子民",祖鲁地就是"天堂"。夏卡是祖鲁首领和英雄,他曾联合其他部落成功抗击布尔人和英国殖民军的入侵。他的后人现在仍然执掌祖鲁王权。在这里游客可领略到祖鲁人怎样制长矛、盖草屋、做陶器和珠链,在令人心跳的鼓点声中,欣赏他们粗犷、原始的舞蹈。

6.杜马祖鲁传统村

在圣露西亚湖附近,是现任祖鲁王特准开放的一个自然祖鲁村。房子呈圆形,用茅草建造,有专职祖鲁人导游带领参观。当客人进入村子,村民会用鼓声和独特刚劲的舞蹈表示欢迎,随后可参观制作矛和盾、锅、链珠、编织品等。

7.乌伦帝城

乌伦帝城原是夸祖鲁帝国的首都,城虽然不大,但几代祖鲁王都葬在这里。这里有祖鲁文化历史博物馆,展示各种文物及视听资料。在此可买到各种纪念品和书籍。另外在德班附近千山谷一带也有祖鲁族村落开放,人们可看到蜂巢式的草屋、巫医的标识及草药以及一些歌舞表演。

8.金矿城

金矿城位于约翰内斯堡以南6千米处。这里是世界上最大的金矿区,矿脉长120千米。1886年澳大利亚人乔治·哈里森首先在此发现金矿,成为本地的名人。1970年,这里创下年产1000多吨黄金的记录。现在已开辟为旅游区,建有按当年淘金热时代旧约堡城面貌重建的街市。游客除了通过实物了解当年黄金生产的历史外,还可以下到一个220米深的金矿洞里参观,体验工作环境,还可以观看铸金过程。参观完矿井的游客可去金矿城工艺美术品中心购买各种纪念品,同时可欣赏到非洲民族歌舞表演。

9.太阳城

太阳城位于南非第一大城约翰内斯堡的西北方187千米处。事实上,它位于南非与博茨瓦纳的边境上。当年,如果不是南非种族隔离主义将这块边境土地列为"不管地带",同意在此地可以进行"非正常性"的娱乐活动(只设赌博场所),这座著名豪华的娱乐城也许就不存在了。太阳城是南非亿万富翁梭尔·科斯纳的一个梦想。科斯纳在20世纪70年代中期,就开始构思设置,希望能够在非洲丛林内,建造一个如美国拉斯维加斯般的豪华娱乐区。1978年开始动工,1979年正式建成,位于约堡西北面180公里处。太阳城所在的西北省是干旱的内陆气候,太阳城的所有林木都是人工种植。山泉、瀑布、湖泊全部依靠从别处引水和使用循环水。

(三)购物

南非主要特色产品有香肠,是一种用带子卷起来销售的农夫香肠,非常粗壮。鸵鸟蛋,是世界上现时可以见到的最大的蛋,更是用于烹饪的佳肴。巧克力,南非每年都要出口数以吨计的巧克力棒。钻石,其似乎是人们对于南非的第一印象,南非的钻石的确闻名于世。路依保斯茶,其富含矿物质,非常有益健康。黄金,南非占世界黄金资源量和储量基础的50％,每年生产大量的黄金,价格会比在国内低廉很多,而且有质量保证。葡萄酒,开普敦盛产葡萄酒,质量优口感好。还有充满浓郁非洲特色的非洲木雕、手工编织品等。

知识闯关

模块六　知识闯关

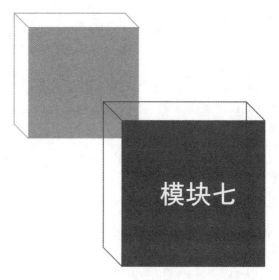

模块七

港澳台地区

  港澳台地区是对中国的香港、澳门和台湾的统称,三地在政治、经济和文化体制上有诸多类似。香港是一座高度繁荣的国际大都市,是仅次于纽约和伦敦的全球第三大金融中心,与美国纽约、英国伦敦并称"纽伦港",是亚洲重要的金融、服务和航运中心,以廉洁的政府、良好的治安、自由的经济体系以及完善的法制闻名于世,有"东方之珠""美食天堂"和"购物天堂"等美誉。澳门是一个国际自由港,是世界人口密度最高的地区之一,也是世界四大赌城之一,其著名的轻工业、旅游业、酒店业和娱乐场使澳门长盛不衰,成为全球最发达、富裕的地区之一。台湾位于中国大陆东南沿海的大陆架上,是中国第一大岛,经济社会发展突飞猛进,缔造了举世瞩目的台湾经济奇迹,名列亚洲四小龙之一。

项目一
香　港

◇ **知识目标**

1. 了解香港的地理位置、气候等自然环境和人口、历史、民俗、经济发展状况等人文概况。
2. 熟悉香港主要旅游城市、旅游景区的概况。
3. 掌握香港主要旅游线路的概况及特色。

◇ **能力目标**

1. 能简单介绍香港的自然与人文概况。
2. 能对目前旅行社推出的香港旅游线路进行推广、宣传。
3. 能为客人提供香港旅游咨询服务。

◇ **素质目标**

1. 培养学生的人文素养。
2. 培养学生的阅读能力、文字表达能力。
3. 培养学生的线路分析、营销等综合职业素养。

▶ **任务导入**

阅读"长沙到香港、海洋公园、迪士尼双高 4 日游"的行程安排(http://www.cncn.com/xianlu/737593179079)。请问旅行社销售人员应如何向客人介绍目的地香港,并根据线路特色分析本线路是更适合老年旅游团还是亲子旅游团?

任务解析

旅行社销售人员可以分四步完成该任务。

1.简单介绍香港的地理、人文概况

旅行社销售人员先向客人介绍香港的地理位置、发展历史及其与中国大陆之间的关系变化等,再向客人介绍香港的基本文化习俗等。

2.对本线路涉及的旅游资源特色进行分析

本线路涉及的旅游景点有香港回归纪念碑、金紫荆雕塑、会展中心、香港历史博物馆、香港科技馆、避风塘海鲜坊、黄大仙庙、香港大学或香港理工大学、海洋公园、太平山、浅水湾、维多利亚港湾、香港迪士尼等。本线路文化观光旅游景点较多,包括香港回归纪念碑、金紫荆雕塑、香港历史博物馆、香港科技馆、香港大学、香港理工大学;还有体验性旅游景点,如海洋公园、迪士尼乐园等。

3.分析老年旅游团和亲子旅游团的旅游需求差异

一般来说,老年人的身体素质比较差,因此,年轻人常见的那种欢快刺激、快餐式的旅游方式明显不适合老年人的需求,舒适养生的旅游行程成为他们出游的首选。亲子游则着重在于给家长和孩子提供了一个情感交流的平台;在于给孩子一个开阔眼界、提升素质的机会。

4.分析本线路的适应群体

从以上分析可以看出老年旅游团和亲子旅游团的旅游需求是截然不同的,本线路的旅游资源具有文化性、观光性、参与体验性,从旅游需求角度考虑本线路更适合亲子游。

任务拓展

假如你是旅行社的计调,请根据香港的旅游资源特色,设计一条长沙到香港4日游的夏令营旅游线路行程安排,并写出设计的理由。

相关知识

一 概况

(一)自然地理概况

1.地理位置

香港地处华南沿岸,在中国广东省珠江口以东,由香港岛、九龙半岛、新界内陆地区以及

262个大小岛屿(离岛)组成。北接广东省深圳市,西接珠江,与澳门特别行政区、珠海市以及中山市隔着珠江口相望。香港管辖总面积2755.03平方千米,其中陆地面积1104.32平方千米,水域面积1650.64平方千米。

2.气候

香港属亚热带气候,全年气温较高,年平均温度为22.8℃。夏天炎热且潮湿,温度约在27—33℃;冬天凉爽而干燥,但温度很少会降至5℃以下。总体而言,香港夏无酷暑,冬无严寒,有"远东避寒圣地"之称。香港平均全年雨量2214.3毫米,雨量最多月份是8月份,雨量最少月份是1月份。

3.地形地貌

香港地形主要为丘陵,最高点为海拔958米的大帽山。香港的平地较少,约有两成土地属于低地,主要集中在新界北部,分别为元朗平原和粉岭低地,都是由河流自然形成的冲积平原;其次是位于九龙半岛及香港岛北部,从原来狭窄的平地外扩张的填海土地。

(二)人文概况

1.区名、区旗、区徽、区花、货币

区名:香港,简称"港",全称为中华人民共和国香港特别行政区。

区旗:香港特别行政区区旗以红色做底色,红白两色象征"一国两制",中间有一朵五星花蕊的白色洋紫荆花图案。洋紫荆是香港的象征,盛放的洋紫荆花象征着香港的繁荣,红色的背景象征着香港永远背靠祖国。

区徽:香港特别行政区区徽是代表香港的徽章。区徽模仿香港区旗的设计,内圈有一朵白色洋紫荆花,红色底色。外圈为白底红字,写有繁体中文"中华人民共和国香港特别行政区"及英文HONG KONG(香港)。

区花:洋紫荆。

货币:港元(HK＄)。

2.人口、民族

香港是世界上人口最稠密的城市之一,人口约737万(2016年)。香港人口以华人为主,约占香港人口的95%,华人以外的以印尼人及菲律宾人人数最多,其次为欧洲人及印度人。

3.语言、宗教

香港的法定语言(不称作"官方语言")是中文和英文,而政府的语文政策是"两文三语",即书面上使用中文白话文和英文,口语上使用粤语(俗称广东话)、普通话和英语。香港华裔人口主要使用广东话,而非华裔人口则多以英语作为交际语。由于中国内地推行简化字的时候,香港还是英国的殖民地,因此香港最普遍使用的汉字书体是繁体中文。

世界各大宗教在香港几乎都有人信奉。华人主要信仰佛教、道教。1841年罗马天主教和基督教已传入香港,它们在香港兴办学校、医院和社会服务中心等机构,各约有教徒25万人左右。其他宗教还有伊斯兰教(教徒约 5 万人),其中半数以上是华人,印度教(教徒约 1.2 万人),还有锡克教和犹太教等。

二 简史

香港的历史最早可以追溯到五千年前的新石器时代。秦始皇统一中国后,先后在南方建立了南海、桂林、象郡三个郡,香港隶属南海郡番禺县,由此开始,香港便置于中央政权的管辖之下。汉朝香港隶属南海郡博罗县。东晋咸和六年(公元 331 年)香港隶属东莞郡宝安县。隋朝时香港隶属广州府南海郡宝安县。唐朝至德二年(公元 757 年),改宝安县为东莞县,香港仍然隶属东莞县。宋元时期,内地人口大量迁至香港,促使香港的经济、文化得到很大的发展。明朝万历年间从东莞县划出部分地方成立新安县,为后来的香港地区。香港岛自此由明神宗万历(公元 1573 年)起,一直到清宣宗道光二十一年(公元 1841 年)成为英国殖民地为止,该地区一直属广州府新安县管辖。

香港是一个优良的深水港,曾被誉为世界三大天然海港之一,英国人早年看中了香港的维多利亚港有成为东亚地区优良港口的潜力,不惜以鸦片战争来从满清政府手上夺得此地,以便发展其远东的海上贸易事业,从而展开了香港成为殖民地的历史。

香港全境的三个部分(香港岛,九龙,新界)分别来源于不同时期的三个不平等条约。1840 年第一次鸦片战争后,英国强迫清政府于 1842 年签订《南京条约》,割让香港岛。1856 年英法联军发动第二次鸦片战争,迫使清政府于 1860 年签订《北京条约》,割让九龙半岛,即今界限街以南的地区。1894 年中日甲午战争之后,英国逼迫清政府于 1898 年签订《展拓香港界址专条》,强租新界,租期 99 年,至 1997 年 6 月 30 日结束。

1997 年 7 月 1 日,中华人民共和国香港特别行政区成立,中国对香港恢复行使主权。

三 经济发展状况

香港是一个自由港,除了烟、烈酒和动力用的燃油(汽油、柴油等)之外,香港不对其他进口物品征收关税。香港是亚太地区乃至国际的金融中心、国际航运中心、国际贸易中心,拥有邻近很多国家和地区不可替代的优越地位。时至今日,香港已成为世界第 11 大贸易实体。以吞吐量计算,香港的货柜(集装箱)港口更是全球最繁忙的货柜港口之一。以乘客量和国际货物处理量计算,香港国际机场是世界最繁忙的机场之一,也是世界三大国际机场之一。以对外银行交易量计算,香港是世界第 15 大银行中心。以成交额计算,香港是世界第六大外汇交易市场。以市值计算,香港股票市场是亚洲第二大市场。

香港是亚太地区的交通、旅游中心之一。公共交通系统以铁路、小轮、公共汽车等组成的运输网,几乎伸展到港内每一个角落。香港是重要的国际商港,航运业发达。目前已与 186 个国家和地区的 472 个港口有航运往来,形成了以香港为枢纽,航线通达五大洲、三大洋的完善的海上运输网络。从香港到世界各地有 28 条航线。

四 政治

"一国两制"是当年解决香港问题的创举,也是香港持续繁荣的基石。香港拥有自己的标志,也就是区旗和区徽,同时香港也拥有与中国内地有别的社会形态和经济模式。

香港实施行政主导的管治模式,并制定由行政长官和行政会议领导的管治体制和代议政制架构。香港特别行政区的首长是行政长官,由具有广泛代表性的选举委员会根据《基本法》选举,并经中央人民政府委任产生。行政长官负责执行《基本法》、签署法案和财政预算案、颁布法例、决定政府政策以及发布行政命令,并由行政会议协助制定政策。林郑月娥是香港特别行政区现任行政长官。

根据《香港特别行政区基本法》,一切外交事务均由中央人民政府负责。中央人民政府授权香港特别行政区自行处理有关的对外事务。香港可在经济、贸易、金融、航运、通讯、旅游、文化、体育等领域以"中国香港"的名义,单独地同世界各国、各地及有关国际组织保持和发展关系,签订和履行有关协议。香港参与的国际组织包括世界贸易组织、亚洲太平洋经济合作组织、亚洲开发银行、国际结算银行、国际奥林匹克委员会等14个组织。其中有作为正式会员或创会会员(有部分组织早已在殖民地时期加入),亦有委派代表参与出席。

五 文化

(一)流行音乐

粤语歌是香港早年普及的大众娱乐,1920年是粤曲的黄金时代,这一时期香港的流行文化与广州一衣带水,并未形成独特的香港文化。1950年之后,香港汲取上海普及文化,加上欧美多年的影响,自20世纪70年代起,"歌神"许冠杰创造的香港口语演绎法带动的中文歌潮流,对"粤语流行曲"的推行和发展起到了决定性作用,他是香港富有才华的杰出音乐人。

20世纪80年代不仅是香港粤语流行曲百花齐放的日子,也是香港乐坛的全盛时期。当时香港的流行曲引领亚洲中文歌曲潮流,大陆部分地方和台湾地区的居民虽然不懂粤语,也爱听粤语流行曲。许冠杰、顾嘉辉、黄沾等积极参与歌曲创作,Beyond的成员黄家驹坚持原创音乐,极力推动本土音乐,但大体上当时的原创歌仍不多,绝大部分的粤语流行曲是由外地创作歌曲配上中文歌词改编而成,而大部分的改编歌是由日本人作曲的。直至20世纪90年代末这种风气才完全地改变过来。

20世纪80年代的徐小凤、谭咏麟、张国荣、梅艳芳雄霸香港乐坛,这几位歌手在所有华人地区都有歌迷。80年代末至90年代初,红极一时的歌手或乐队还有Beyond、罗文、林子祥、王杰、梅艳芳、徐小凤、陈百强、叶倩文、林忆莲、陈慧娴、关淑怡、李克勤、王菲、达明一派、草蜢乐队和四大天王张学友、刘德华、黎明和郭富城等,这些歌手或乐队都在华语乐坛大放异彩。21世纪初,谢霆锋、古巨基、陈奕迅、Twins等歌手或组合深深影响了中国内地的流行文化。

(二)电影

香港电影始于1913年的首部香港电影《庄子试妻》。第二次世界大战后,大批内地电影人才南下,香港先后成立多家电影公司,令粤语片在20世纪50年代异常繁荣。其中1949年开创的《黄飞鸿》系列电影,连拍六十多部,成为世界史上最长寿的系列电影。有一段时间,东亚各国政府一度只容许香港电影进口,令香港享有"东方好莱坞"之称。每年 3 至 4 月间举行的香港国际电影节及香港电影金像奖,是香港电影界每年一度的盛事。

20 世纪 80 年代是香港电影的全盛时期,高峰期港产片年产量达三百部电影,超越当时的电影产量曾为全球第一的印度。自 90 年代中后期起,随着 VCD、DVD 等科技的发展和普及,香港电影事业开始走向下坡,2004 年只拍摄了 60 部电影。但近年,香港的演员、导演和其他电影业人士纷纷与内地和台湾地区的电影业携手合作,创造出不少把香港电影和内地文化融汇一体的优良作品,香港电影业将继续发挥它对华语电影的影响力。

(三)文学

香港报人兼作家金庸(查良镛)以其风靡全球华人读者的武侠小说系列,脍炙人口数十年,是新派武侠小说最杰出的代表作家,被誉为武侠小说作家的"泰山北斗"。香港作家李碧华、亦舒、林燕妮、梁凤仪、梁羽生、黄沾、倪匡等都是近代和当代在香港、亚洲乃至华人世界知名的文化名人。

六 民俗与节日

(一)饮食

香港汇聚了世界各地的美食,各种口味的餐馆开遍大街小巷,越热闹的地方餐馆就越多,如旺角、铜锣湾、尖沙咀东部和九龙城等地的有些街道尽是食肆。充满亚洲风味的餐馆遍布香港,辛辣的泰国汤、香浓的印度咖喱、丰腴的韩国烧烤、清新的越南沙律卷、鲜美的日本寿司等特色美食,数之不尽。香港的中国菜餐馆提供中国各地的特色佳肴,广东菜餐馆尤其多,其他地道菜包括潮州菜、湖南菜、四川菜、北京菜、上海菜等,还有讲究素淡的素菜。以传统的广东点心作早餐的饮茶也是一个很不错的选择。

传统本地菜以广府菜、客家菜及潮州菜为主,盆菜则是新界原居民在节日时的传统菜。由于香港邻近海洋,因此海鲜也是常见的菜色,亦发展出如避风塘炒蟹的避风塘菜色。此外,流行于民间的传统食品有年糕、粽子、鱼蛋、蛋挞、小桃酥、杏仁饼、盲公饼、鸡仔饼等。

(二)礼仪与禁忌

1. 礼仪

在香港,与人见面前应该先电话预约,去人家里做客可以准备一些水果饼食作为礼物,千万不要空手去。对一般的男士称"先生",对女士称"小姐",如果是对年纪大的男子可称"阿叔"或"阿伯",对年长的女子称"阿婶";对男侍应生和售货员可称"伙计",对女侍者仍称"小姐"。对香港的中老年妇女忌称"伯母",因为"伯母"与"百无"谐音,向港人介绍夫妻称"先生"或"太太",勿称"爱人",在香港,"爱人"有"第三者"的意思。

2. 禁忌

香港饮食业的雇员在店内不能看书,因为"书"与"输"谐音。香港开设的餐馆最忌第一个光顾餐馆的人点"炒饭",因为"炒"字在港是"解雇"的意思,开灶就炒,将会不吉利。

忌询问妇女年龄,和西方一样,交谈中不要询问对方的年龄,尤其是对妇女,否则会被认为是对她不尊重;忌询问个人隐私,如工资收入、男女朋友、感情生活等;忌过分赞美和恭维,爱听恭维话本是人之常情,但恭维范围应仅限于对方的健康、气色以及子女成就等,香港人一般不喜欢唱赞美歌,也不习惯听不切实际的溢美之词,像"您真是英明伟大""您是我们的楷模""您的话可说到我们的心坎里了"等赞语,会令人感到尴尬。

忌说不吉利的话,尤其是逢年过节。忌在交谈中动手动脚,拉拉扯扯,香港人一般不大喜欢肢体触碰,在排队、坐车、走路时也尽量避免推挤和肢体接触,男女恋人除外。忌在公共场所里大声呼朋唤友、当街大声呐喊,虽不彷徨,却会另令友人尴尬,也会令路人受到惊吓。忌做不速之客,到普通朋友家做客或拜访,一般都要事先约好,突然登门造访,会使主人措手不及,令人感到尴尬和不悦。忌要求主人留宿,由于香港人一般住所狭小,对客人通常是留餐不留宿。忌讳"4"这个数字,受西方影响,有人也忌讳"13",据说有的旧楼里没有4楼和13楼。忌单数,结婚、祝寿、开张、入伙等喜庆活动的贺仪均为双数,表示成双成对、如意吉祥。

(三)重要节日

香港节日主要有元旦日、农历新年、清明节、复活节、劳动节、农历四月初八佛诞节、端午节、特区成立纪念日、中秋节、国庆节、重阳节、圣诞节。香港长期以来都把具有中华文化特色的传统节日列为假日,也深深影响了内地,中国内地于2009年起把部分的中国特色节日列为国家统一的法定假日。

七 旅游业

(一)旅游业概况

香港旅游业是从20世纪60年代开始发展起来的。区位优势、自由港制度、殖民地色彩、对中国传统文化的保留及其经济发展奇迹等使香港旅游业迅速发展。但自2015年以来,香港旅游业持续下行,总体表现疲弱乏力,进入调整期,尤其是内地游客下降较多。2015年,访港旅客比上年下跌2.5%,内地旅客减少2.9%。香港旅发局数据显示,2016年全年香港共接待游客5665.5万人次,较2015年下跌了4.5%。其中,内地市场旅客4277.8万人次,较2015年的4580万人次下跌了约6.7%。

(二)著名旅游城市和旅游景点

1.维多利亚港夜景

维多利亚港位于香港岛北部,是一个天然深水港,是世界第三大港之一。维多利亚港两岸的夜景是世界知名的观光点之一,由于香港岛和九龙半岛高楼大厦满布,入夜后万家灯火,相互辉映,香港的夜景因而与日本函馆和意大利那不勒斯并列为"世界三大夜景"。为庆祝特别节日及吸引游客,维港上每年都会举行数次烟花表演。2004年起香港旅游发展局在每晚均举办"幻彩咏香江"的激光射灯和音乐表演,有超过40座建筑物联手参与。2005年11月21日,该表演成为"全球最大型灯光音乐会演"被列入《吉尼斯世界纪录大全》。

2.香港星光大道

香港星光大道是尖沙咀海滨长廊其中一个景点,2004年4月27日开幕,为对香港电影事业做出过贡献的杰出人士而建造,大道上有他们的手掌印,是香港的新旅游景点之一。其中有国际武打巨星李小龙的铜像,铜像高2米,按照电影《龙虎门》的造型而制成。

3.金紫荆广场

金紫荆广场位于香港湾仔香港会议展览中心新翼人工岛上,三面被维多利亚港包围,在维港的中心位置,与对岸的尖沙咀对峙,是观景的好地方。金紫荆广场是为纪念中国对香港恢复行使主权而设,当时中央人民政府把一座金紫荆雕像送赠香港,并安放在当时新落成的会议展览中心新翼,现已成为香港重要的旅游景点之一。金紫荆广场每日早上八时有升国旗仪式,在特别的日子,如香港特别行政区成立纪念日,行政长官等政府官员会出席仪式,并由警察乐队奏国歌。

4.海洋公园

海洋公园位于港岛南区深水湾与黄竹坑之间的南朗山上,1997年建成开放。山麓有黄竹坑公元,山上有南望山公园,两地间有空中缆车相连。前者设计精巧,汇集世界风景、园林精华,园内还设有摩天轮、过山车等游乐设施;后者有海洋动物表演馆、海涛馆和海洋馆三大场馆。表演馆建有巨型水池,周围有可容纳三千多名观众的看台,可欣赏海豚、海狮和食人鲸跳高、钻圈、顶球、跳水等多种精彩表演。海洋馆分有浅湖和深湖,有三百多种鱼类共三十多万条鱼生活于湖中,其中紫鱼、魔鬼鱼、大石斑鱼重达百斤。湖周是高达三层楼的玻璃壁,人们可通过玻璃欣赏海洋动物在海草和礁石中漫游的美姿。海涛馆内有长达百米的人造海岸,岸边礁石错落,电动浪涛机卷起一米多高的大浪拍击海岸,涛声阵阵,浪花翻滚,动人心魄。集古村在海洋公园南侧,占地1万平方米。有夏、商、周、秦等十朝陈列馆,汉代古代镇,魏晋南北朝石窟,唐、宋、辽、金、元各代陈列馆,明代郑和宝船,清代宫殿和园林,以及展览总馆,戏院及旧香港简介等,是一座反映中国古代上下五千年文化的旅游地。

5.香港迪士尼乐园

香港迪士尼乐园是全球第七个迪士尼乐园,位于大屿山的欣澳,环抱山峦,与南海遥遥相望,是一座融合了美国加州迪士尼乐园及其他迪士尼乐园特色于一体的主题公园。

香港迪士尼乐园包括四个主题区:美国小镇大街、探险世界、幻想世界、明日世界。每个主题区都能给游客带来无尽的奇妙体验。在美国小镇大街,你可以乘坐迪士尼火车到幻想世界,欣赏美国街区的怀旧建筑,各款典雅的古董车,品尝各种中西佳肴美食;在探险世界里,沿着一条条巨大的河流,穿过非洲大草原,进入亚洲神秘森林,到达泰山小岛,勇敢的航员会带领游客探索大自然的神奇秘境;充满欢乐的幻想世界,是梦幻中的童话世界,那里有美丽善良的白雪公主、纯真活泼的小飞象、天真可爱的小熊维尼,每一个童话中的主角都能给人带来欢乐和幻想;明日世界可以让人体验太空惊险之旅,探索宇宙。

6.太平山顶公园

太平山顶公园位于港岛太平山,山顶海拔554米,是本岛最高点。这里空气清新,风景如画,是俯瞰城市风景的最佳处,来港游客无不先到山顶观光,山顶有一船形的瞭望台,旁边有座狮子亭,是鸟瞰港岛全景和九龙半岛的最佳观景之地。每当夕阳西下,华灯初上时,整个城市色彩缤纷,令人心旷神怡。

7.浅水湾

浅水湾位于港岛南区,那里遍布豪华住宅和别墅,是水清沙细的游泳场,滩床宽阔、平缓。沙滩设备完善,更衣室、救生站、茶座等应有尽有。浅水湾车站周围的雕塑富有浓郁的民族特色,有天后娘娘、观音大雕像、石狮、石兽等。

8.九龙半岛

九龙半岛原指界限街南部,后把界限街以北的新开发区域称为北九龙,原水埠以西称西九龙,以东称东九龙。东西九龙是工业区,北九龙是住宅区,南九龙是著名的商业区,以尖沙咀最繁华,是游客聚集的购物天堂。九龙的主要景点有香港太空馆、候天庙、宋王台、黄大仙(赤松子)祠、天后庙、青山禅院、荔园游乐场、宋城、荃湾寺庙群等。

9.宋城

宋城坐落在九龙的荔枝角、荔园游乐场旁,仿北宋首都汴京而建,以宋代张择端的名画《清明上河图》为原型,再现古都汴京面貌。街道的布局、房屋建筑、酒楼茶坊、街头杂耍、家具摆设的式样,甚至服务人员的衣装都是宋代风格,游人置身其间,仿佛返回多年前的汴京一样。蜡像馆内展出七十多个中国历代帝王和著名人物蜡像,栩栩如生。

10.大屿山、宝莲禅寺

大屿山是香港境内最大的岛屿,比香港本岛大了近一倍。地广人稀,自然风景极为优美,沙滩和名胜众多,是一个冬夏皆宜的郊游之地。主要景点有梅窝、东涌、宝莲禅寺等。东面的长洲岛也是著名的旅游之地。宝莲禅寺为香港最大的佛教寺院,位于凤凰山西北。庙宇雄伟庄严,气势磅礴。1990年,在寺外一座海拔482米高的木鱼峰上建造了一座世界上最高大的露天释迦牟尼青铜像,底座仿北京天坛寰丘坛设计,称"天坛大佛"。遇天气晴朗,远在澳门亦能清晰见到,金光闪烁,佛光普照。

11.黄大仙祠

黄大仙祠原名啬色园,整个殿堂金碧辉煌,建筑雄伟,是香港九龙有名的胜迹之一。享负盛名,无人不晓,香火鼎盛,每年农历大年初一,市民都要争头炷香。相传祠内所供奉的黄大仙是"有求必应"的,十分灵验。该祠也是香港唯一一所可以举行道教婚礼的道教庙宇。

(三)购物

香港店铺售卖着世界各地不同特色的货品,从国际顶级品牌至地方特色小商品,都可以找到。因香港特别行政区政府采取低税率政策,在香港出售的大部分商品都不征税,所以在香港购物,货品价钱相应较低,普遍低于其他国家地区,加上香港的零售商铺每年都有多次换季减价的促销活动,为顾客提供额外的优惠,故来香港旅游必能享受到称心如意的购物经历。香港堪称购物天堂,购物区主要分为"香港岛"及"九龙"两个地段。九龙以地铁线上的"尖沙咀""佐敦"及"旺角"为3个主要购物点;香港岛以地铁线上的"中环""金钟"及"铜锣湾"及"上环"为4个主要购物点。

项目二
澳　　门

◇ **知识目标**

1.了解澳门的地理位置、气候等自然环境和人口、历史、民俗、经济发展状况等人文概况。

2.熟悉澳门主要旅游城市、旅游景区的概况。

3.掌握澳门主要旅游线路的概况及特色。

◇ **能力目标**

1.能简单介绍澳门的自然与人文概况。

2.能对目前旅行社推出的澳门旅游线路进行推广、宣传。

3.能为客人提供澳门旅游咨询服务。

◇ **素质目标**

1.培养学生的人文素养。

2.培养学生的阅读能力、文字表达能力。

3.培养学生的线路分析、营销等综合职业素养。

◇ **任务导入**

阅读"港澳海洋公园、迪士尼乐园五日游"的行程安排(http://www.cncn.com/xianlu/67922968711)。请问旅行社出境旅游咨询人员应如何向顾客分析为什么线路安排中澳门游仅安排了一日？为什么是港澳游而不是澳门一地游？

> 任务解析

旅行社出境旅游咨询人员可以分四步完成该任务。

1.简单介绍澳门与香港的地理、历史概况

出境旅游咨询人员首先应简要地对澳门与香港的地理位置关系、历史关系、现在与内陆的关系进行说明、介绍。

2.找出并分析旅游线路中涉及的澳门旅游资源

本线路涉及的澳门旅游资源主要有大三巴牌坊、大炮台、主教山、妈祖庙、观音像、金莲花广场、威尼斯人度假村等。澳门地域小,景点较集中,主要以观光为主,游玩时间短,故线路中只安排了澳门一日游。

3.分析旅游线路中香港的旅游资源

本线路涉及的香港旅游资源主要有黄大仙祠、会展中心、海洋公园、鲨鱼馆、大型游船、星光大道、迪士尼乐园等。旅游资源有可观光的、也有可参与体验的,旅游感受较丰富。

4.分析香港和澳门的关系,得出结论

首先,澳门和香港都是中华人民共和国的特别行政区,而且两地相距较近;其次,澳门地域小,可游玩的时间较短,因而澳门一地游显得单调,不能较好地满足游客的需求,而香港和澳门两地的旅游资源具有差异性和互补性,因而港澳两地游更能满足市场的需求。

> 任务拓展

假如你是旅行社的销售人员,现有一个15人的长沙高中生旅游团,他们想赴澳门旅游,时间是5日,你会向他们推荐什么线路?写出推荐的理由。

相关知识

一 概况

(一)自然地理概况

1.地理位置

澳门北邻广东省珠海市,西与珠海市的湾仔和横琴对望,东与香港隔海相望,南临中国南海。澳门包括澳门半岛、氹仔和路环两个离岛,总面积因为沿岸填海造地而一直扩大,已由19世纪的10.28平方千米逐步拓展至今日的32.8平方千米,面积约是华盛顿特区的六分之一、香港的三十四分之一、新加坡的二十二分之一。

2.气候

澳门属亚热带季风气候,同时亦带有热带气候的特性,年平均气温约22.3℃,全年温差变化在11—14℃。春、夏季潮湿多雨,秋、冬季的相对湿度较低且雨量较少。澳门年平均降雨量为2013毫米,雨量充沛,是华南沿海地区降雨量较多的地区之一。

3.地形地貌

澳门属于泥沙堆积而成的岛,但也有些地区是填海造陆而形成的,地势较低,以平原丘陵为主。全区最低点为南海,最高点为塔石塘山,海拔172.4米。

(二)人文概况

1.区名、区旗、区徽、区花、货币

区名:澳门,全称为中华人民共和国澳门特别行政区。

区旗:澳门特别行政区区旗为五星莲花绿旗,区旗上绘有五星、莲花、大桥、海水图案。其长和宽之比为3∶2。五颗呈弧形排列的五角星象征着国家的统一,象征着中华人民共和国恢复对澳门的行使主权,澳门是祖国不可分割的一部分;含苞待放的莲花是澳门居民喜爱的花种,既与澳门古称"莲岛",旧称的"莲花地""莲花茎""莲峰山"相关,又寓意澳门将来的兴旺发展;三片花瓣表示澳门由澳门半岛和氹仔、路环两个附属岛屿组成;大桥、海水反映澳门的自然环境特点。底色象征着和平与安宁,寓意澳门四周是中国的领海。

区徽:澳门特别行政区区徽以绿色为底色,区徽中间是五星、莲花、大桥、海水,周围以中文书写"中华人民共和国澳门特别行政区",下为澳门的葡文名"MACAU"。区徽图案的含义与澳门特别行政区区旗相同。

区花:莲花。

货币:澳门元。

2.人口、民族

澳门约有612,167人(2016年)。汉族居民约占全区总人口的97%,葡萄牙籍及菲律宾籍居民占约3%。澳门华人大部分原籍为广东珠江三角洲。

3.语言、宗教

澳门的官方语言分别是汉语及葡萄牙语。粤语为澳门社会通用语,是澳门的官方用语之一,多在居民日常生活、工作,政府办公,学校教育,新闻传媒,文化娱乐中广泛使用。澳门采用繁体中文作为日常用字。澳门全区人口中佛教信徒约占50%,天主教信徒占约15%,无宗教信仰者及其他教信徒约占35%。

(二) 简史

澳门从秦朝起就成为中国领土,从1557年开始被葡萄牙人在明朝求得澳门的居住权,但明朝政府仍在此设有官府,由广东省直接管辖。直至1887年葡萄牙政府与清朝政

府签订了有效期为40年的《中葡和好通商条约》(至1928年期满失效)后,澳门成为葡萄牙殖民地。

澳门古称濠镜澳,与香山县的历史关系极其密切。早在春秋战国时期,香山已属百粤海屿之地。约公元前3世纪(即秦始皇一统中国之时),澳门被正式纳入中国版图,属南海郡番禺县地。420年(晋朝元熙二年),澳门属新会郡封乐县地。590年(隋朝开皇十年),废新会郡改属宝安县地,757年(唐朝至德二年),废宝安县,改为东莞县辖。自南宋开始,澳门属广东省香山县。据史料记载,宋末名将张世杰与军队曾在此一带驻扎;早期在澳门定居的人在此形成小村落,倚靠捕鱼与务农种植为生。

自古就是中国神圣领土的澳门自被葡萄牙侵占以来,葡萄牙人在澳门一直拥有特权或特殊地位,这使普遍居民感到不满;从1849年8月29日沈志亮刺杀总督亚马留伊始,直至1966年12月3日因"文化大革命"和氹仔学校事件而触发的"一二·三"事件,均显示了民间对于葡萄牙人在澳门的特权一直深感不满。1974年4月25日,葡萄牙革命成功,新政府实行非殖民地化政策,承认澳门是被葡萄牙非法侵占的,并首次提出把澳门交还中国。

1986年,中葡两国政府开始为澳门问题展开了四轮谈判。1987年4月13日,两国总理在北京签订《中华人民共和国政府和葡萄牙共和国政府关于澳门问题的联合声明》及两个附件。《联合声明》说,澳门地区(包括澳门半岛、氹仔和路环)是中国的领土,中华人民共和国将于1999年12月20日对澳门恢复行使主权。中国承诺向澳门实行"一国两制",保障澳门人可享有"高度自由、澳人治澳"的权利。1993年3月31日,全国人大于北京通过《中华人民共和国澳门特别行政区基本法》。1999年12月20日,中国对澳门恢复行使主权。

三 经济发展状况

澳门是中国两个国际贸易自由港之一,货物、资金、外汇、人员进出自由。特区政府成立后,把维护和完善市场经济体制作为经济施政的主线,营造受国际社会认同、自由开放、公平竞争和法治严明的市场环境,确保经济制度不受干扰和影响。澳门是中国人均GDP最高的城市,澳门2016年人均GDP为73187美元,主要以第二产业和第三产业为主。

澳门制造业是以纺织制衣业为主,且以劳动密集型和外向型为发展模式,大部分产品销往美国及欧洲。制造业在澳门历史悠久,早期以爆竹及神香为主。目前仍然是澳门制造业主力的纺织制衣业始于20世纪60年代,70年代至80年代进入黄金时期,除纺织制衣业之外,玩具、电子和人造丝花等工业亦蓬勃发展。踏入20世纪90年代,澳门受到欧美两大出口市场经济疲弱、本地工资上涨的影响,加上新兴工业国家在产品价格上的竞争,制造业发展的步伐明显放缓。

澳门作为国内唯一合法赌博之地,已成为博彩收入七倍于拉斯维加斯的赌博圣地。这座面积28平方千米的小城,由于博彩收入大幅飙升,人均财富已于2002年超过瑞士,跃居全球第四。

四 政治

澳门特别行政区政府是澳门的行政机关。政府的首长是行政长官。澳门特别行政区政府设司、局、厅、处,其主要官员由在澳门通常居住连续满15年的澳门特别行政区永久性居民中的中国公民担任。澳门特别行政区政府负责制定并执行政策；管理各项行政事务；办理基本法规定的中央人民政府授权的对外事务；编制并提出财政预算、决算；提出法案、议案，草拟行政法规；委派官员列席立法会会议听取意见或代表政府发言。澳门特别行政区政府必须遵守法律，对澳门特别行政区立法会负责；执行立法会通过并已生效的法律；定期向立法会做施政报告；答复立法会议员的质询。

澳门特别行政区行政长官是澳门特别行政区的首长，向中央人民政府和澳门特别行政区负责。行政长官由年满40多周岁，在澳门通常居住连续满20年的澳门特别行政区永久性居民中的中国公民担任。行政长官在本地通过选举或协商产生，由中国人民政府任命。任期为5年，可连任一次。

五 文化

（一）博彩

澳门的博彩业在其经济中产生举足轻重的影响。澳门一向有赌城、赌埠之称，与摩纳哥蒙特卡洛、美国拉斯维加斯、美国大西洋城合称为"世界四大赌城"。

（二）文学

澳门文学可追溯到万历十八年即1590年，明代以写《牡丹亭》著称的戏剧家汤显祖被贬到广东之后，次年特地绕道来到澳门游览，把他对澳门的新奇印象写进题为《香山逢贾胡》等五首诗中。后来他还把"番鬼"（洋商人）、"通事"（翻译官）写进《牡丹亭》。这是关于"香山澳"最早的文学记录。而比汤显祖早30多年的葡萄牙大诗人卡蒙斯，也曾随船队来到澳门南湾的白鸽巢上，在几块岩石垒成的洞内写下了8800多行的长诗《葡国魂》，由此被文学史家称作"葡萄牙文学之父"。

现代的澳门文学始于"九一八事变"之后。那时，救亡运动激发了澳门同胞的爱国热情，由此也催生了澳门文学。虽然这时的澳门文学带有宣传性质和功利色彩，显得比较稚嫩和粗糙，但这毕竟是现代澳门文学的萌芽。到了20世纪50年代，文学青年创办了油印刊物《红豆》后，澳门文学才开始生根。真正蓬勃发展，则是移民潮大规模掀起的80年代。

六 民俗与节日

（一）饮食

澳门烹饪吸收了广东地区的烹饪法和食材。澳门人主要吃葡国菜、广东菜，也会吃其他国家的餐饮。葡式蛋挞几乎已经是澳门美食的代表名词之一。马介休来自葡语Bacalhau，是鳕鱼经盐腌制但并不风干保存而成，是不少澳门美食的主要材料。水蟹粥已经成为澳门当地最受欢迎的美食之一。

(二)礼仪与禁忌

西方礼仪与广东地方民俗都对澳门有很大的影响。澳门人爽快热情,开朗真诚,说话干脆,善于结交朋友,喜欢聚会。对吉祥话、吉祥物和吉祥数字较为偏爱,如"恭喜发财""鱼""8""6"等,但忌讳"13"。开张庆典要舞狮耍龙,摆放贡台,点香乞求保佑。新船下海,要燃放鞭炮,求助平安。生儿育女要设汤饼宴,分送姜醋与邻里或亲友品尝,外省人则分送红鸡蛋。

澳门年俗,别有风情。"谢灶"是澳门保存下来最传统的中国年俗之一。腊月二十三日送灶神,澳门人谓之"谢灶"。澳门人按中国传统用灶糖糊上灶神之嘴,免得其到玉帝面前说坏话。

澳门人过年是从腊月二十八开始的,腊月二十八在粤语中的谐音是"易发",商家老板大都在这天晚上请员工吃"团年饭",以示财运亨通,吉祥如意。澳门的年味,从腊月二十八这一天便能真切地感受到。

除夕之夜,守岁和逛花市是澳门人辞旧迎新的两件大事。守岁是打麻将、看电视、叙旧聊天,共享天伦之乐;大概受西方圣诞节和情人节的影响,年宵澳门人还争相购买一些吉祥的花木迎接新春,现今已成为澳门的一个年俗。澳门在年宵兴办花市,多是桃花、水仙、盆竹、盆橘,花开富贵,竹报平安,鲜花瑞木昭示着新年的美好前程。澳门的花市办三天,这三天给奔波一年的澳门人无穷的慰藉。

春节这天,澳门人讲求"利市","利市"就是红包,这一天老板见到员工,长辈见到晚辈,甚至已婚人见到未婚人都得发"利市"。"利市"纯粹以示吉利。澳门人把大年初二叫做"开年"。习俗是要吃"开年"饭,这餐饭必备发菜、生菜、鲤鱼,意在生财利路。从"开年"这一天起,三天内澳门政府允许公务员"博彩"(赌博)。"开年"过后,澳门又完全回到中国传统春节习俗中,直至元宵佳节,也是烟花爆竹,玩龙舞狮,欢天喜地。

澳门人忌讳别人打听个人隐私,如住址、收入、年龄等情况。澳门人不习惯在家中招待客人。

(三)重要节日

澳门的节日、假日具有中西合璧的特点,大体有元旦、劳动节、国庆节、追思节、圣母无染原罪节、澳门特别行政区成立纪念日、圣诞节、春节、清明节、复活节、佛诞节、端午节、重阳节、冬至节和中秋节等节日。

七 旅游业

(一)旅游业概况

自20世纪80年代以来,澳门的旅游业得到了飞速发展,是澳门的支柱产业,也是澳门政府财政收入的主要来源。2016年的入境旅客略超3000万人次,同比微升0.8%。虽然全年旅客量只有轻微增幅,但却是过去10年来留宿旅客首次多于不过夜旅客,留宿旅客增幅接近一成;整体入境旅客、大中华及国际市场均按年上升,其中国际旅客增幅约8%。

（二）著名旅游城市和旅游景点

1.澳门历史城区

澳门历史城区或澳门历史古城区（旧称澳门历史建筑群）是由22座位于澳门半岛的建筑物和相邻的8块前地所组成，以旧城区为核心的历史街区。是中国境内现存年代最古老、规模最大、保存最完整和最集中的东西方风格共存建筑群，其中包括中国最古老的教堂遗址和修道院、最古老的基督教坟场、最古老的西式炮台建筑群、第一座西式剧院、第一座现代化灯塔和第一所西式大学等。于2005年7月15日的第29届世界遗产委员会会议上，澳门历史城区正式列入世界文化遗产名录。作为欧洲国家在东亚建立的第一个领地，城区中的大部分建筑都具有中西合璧的特色。至今，城区内的大部分建筑仍完好地保存或保持着原有的功能。

2.妈祖阁

妈祖阁又称"阿妈庙"，位于澳门半岛南端，创建于明朝，为祭祀天后而建造，已有五百余年历史，是澳门最古老的庙宇，背山面海，历来香火鼎盛。庙中经常紫烟弥漫，一片祥和气氛，故有"妈阁紫烟"之称。每年农历三月妈祖诞辰和除夕午夜时，人们都起来祈福，这成为当地一大习俗。

3.大三巴牌坊

大三巴牌坊在澳门半岛中央大炮台西侧，是圣保禄教堂前壁。圣保禄教堂于明万历八年（1580年）为葡萄牙人所建。1835年遭大火焚毁，仅存前壁。因其大、又酷似中国式的牌坊，故被称为大三巴牌坊。此壁为优质花岗石四层叠柱式建筑，用30条古希腊式的石柱组成。底层为前门，石柱及壁上有精雕细刻、栩栩如生的人物雕像及花卉、动物浮雕和青铜镶嵌。此处是澳门的著名古迹。

4.金莲花广场

金莲花广场位于澳门新口岸高美士街、毕士达大马路及友谊大马路之间。为庆祝1999年澳门主权移交，中华人民共和国中央人民政府致送了一尊名为《盛世莲花》的雕塑。雕塑分为大、小各一件：置于广场上的大型雕塑重6.5吨，高6米，花体部分最大直径3.6米；小型雕塑直径1米，高0.9米，于澳门回归纪念馆展出。金莲花是有特殊寓意的，它是中央政府在1999年12月澳门回归的时候送给澳门行政区的，祝愿澳门地区经济永远腾飞。每当著名节日时，澳门政府会盛装打扮这个美丽的金莲花。在特别的日子里，澳门人民会在金莲花广场举行升旗仪式，在2008年奥运会之际，奥运圣火也曾传到了这个著名的广场，带着全国人民的美好祝愿，为澳门的经济发展注入新的生机。

5.松山

松山又名东望洋山，因从前松树茂密而得名。松山位于澳门正中心，是澳门最高的山，海拔90多米，满山树木，苍翠欲滴。此处有三大名胜古迹，即东望洋炮台、芝也圣母殿及东望洋灯塔。以东望洋灯塔最具代表性。该灯塔建于1868年，为远东最早的一座灯塔，塔址为澳门最高点。在此远眺,澳门全景及珠江口的壮丽景色尽收眼底。

6. 观音堂

观音堂又称普济禅院,是澳门最大的佛教寺院,有四百多年历史,建筑气势雄伟,保存着明清南方庙宇特色,景物清幽。院内有亭台楼阁,回栏曲折,古树婆娑。殿堂内珍藏有许多名人字画、佛像、经卷以及一些有价值的历史文物。这里也是清末《中美望厦条约》签约处。因此是旅游者思古寻幽之佳地。

7. 卢氏花园

卢氏花园又称卢廉若花园。该园设计仿照苏州园林,极富江南园林景色,是澳门规模最大的私家花园。后由澳门政府购买,辟为公园,对游人开放,是澳门避暑的最佳去处。

8. 黑沙踏浪

黑沙踏浪古称"大环"的路环黑沙海滩,沙细而匀,因呈黑色而得名,是澳门最大的天然海滨浴场。

9. 澳门观光塔

澳门观光塔,338米的"身高"比奥克兰的SkyTower、巴黎的埃菲尔铁塔、悉尼的AMPTower等名塔都要高。高233米的塔顶外围,全程不设扶手。澳门观光塔集观光、会议、娱乐于一体,是全球十大观光塔之一,也是超越巴黎埃菲尔铁塔的东南亚最高观光塔。观光塔顶层设有大型旋转餐厅,可俯瞰全澳景色。

10. 澳门威尼斯人度假村酒店

澳门威尼斯人度假村酒店占地1,050万平方尺,设有3,000间豪华套房,以意大利威尼斯水乡以及著名雕像为建筑特色,并参考著名的拉斯维加斯威尼斯人度假村酒店作为设计蓝本,是一座超级大型的度假式酒店。在坊间经常俗称为澳门威尼斯人度假村、威尼斯人、威记等。酒店以威尼斯水乡为主题,酒店内充满着威尼斯特色拱桥、小运河及石板路。

11. 葡京娱乐场

葡京娱乐场是澳门最具规模的博彩娱乐场,位于苏亚利斯博士大马路,由澳门旅游娱乐有限公司专营,场内设有多种博彩方式,不设入场券,可自由进出,但18岁以下未成年人及21岁以下本地人不准进入。澳门把赌博称为幸运博彩,把赌场称为"娱乐场",娱乐场一般附设于大酒店。澳门的赌场设备豪华,保安严密。

(三)购物

在澳门不可不买的特产有钜记饼家以及咀香园饼家的凤凰卷、花生糖以及杏仁饼,官也街中晃记饼家的老婆饼以及金钱酥,澳门手信一条街的手信肉干等。如果你是Michael Jackson的歌迷,位于十六浦的MJ珍品廊是你绝对不可错过的地方。氹仔市集有明信片、葡式瓷砖小路牌、纪念筹码、公鸡摆设等。此外,澳门的化妆品普遍都比大陆便宜。

项目三
台　　湾

◇ 知识目标

1.了解台湾的地理位置、气候等自然环境和人口、历史、民俗、经济发展状况等人文概况。
2.熟悉台湾主要旅游城市、旅游景区的概况。
3.掌握台湾主要旅游线路的概况及特色。

◇ 能力目标

1.能简单介绍台湾的自然与人文概况。
2.能对目前旅行社推出的台湾旅游线路进行推广、宣传。
3.能为客人提供台湾旅游咨询服务。

◇ 素质目标

1.培养学生的人文素养。
2.培养学生的阅读能力、文字表达能力。
3.培养学生的线路分析、营销等综合职业素养。

◇ 任务导入

阅读"心享台湾环岛纯玩高品质八日游"的行程安排（http://www.cncn.com/xianlu/434553657164），分析旅行社销售人员如何向客人介绍目的地台湾？如何根据本线路设计的主要旅游资源来进行推介？

任务解析

旅行社销售人员可以分四步完成该任务。

(1)先简单介绍台湾的地理、人文概况以及与大陆的关系。

(2)找出旅游线路中涉及的人文旅游资源进行介绍。

根据台湾发展简史及其与大陆的关系,对本线路涉及的人文旅游资源进行简要分析,本线路涉及的主要人文旅游资源有台北故宫博物院、士林官邸、台北中山纪念馆、台湾当局领导人办公场所、中正纪念堂等。本线路涉及的民俗风情旅游资源有鹿港小镇、台湾夜市、宝岛小吃等。

(3)找出旅游线路中涉及的自然旅游资源进行简单介绍。

台湾的自然旅游资源丰富,根据本线路涉及的自然旅游资源进行简要分析,重点突出一些家喻户晓的自然旅游资源,本线路涉及的著名自然旅游资源有日月潭、阿里山、白沙湾沙滩、太鲁阁大峡谷、野柳风景区等。

(4)总结本线路的特色,并大致确定本线路的主要销售群体。

通过以上对本线路旅游资源的分析,可以看出本线路有天然美景、人文艺术、民情探索等特色,适合开展休闲度假游、户外游、摄影游、中华文化传承游等,本线路主要可以推介给白领、户外活动爱好者、摄影爱好者、中华文化爱好者等。

任务拓展

假如你是旅行社的领队,请根据线路设计准备好行前说明会的资料,这里重点要求准备好行程说明和注意事项的相关资料。

相关知识

一 概况

(一)自然地理概况

1.地理位置

台湾位于中国大陆东南沿海的大陆架上,呈东北向西南走向,北通东海,南接南海,东临太平洋,东北邻琉球群岛;南接巴士海峡,与菲律宾相隔约 300 千米;西隔台湾海峡与福建相望,最窄处为 130 千米。台湾岛面积约为 3.6 万平方千米,包括台湾岛及兰屿、绿岛、钓鱼岛等 21 个附属岛屿和澎湖列岛 64 个岛屿,是中国第一大岛、世界第 38 大岛屿,南北纵长约 395 千米,东西宽度最大约 145 千米,环岛海岸线长约 1139 千米,含澎湖列岛总长约 1520 千米,扼西太平洋航道的中心,是中国与亚太地区各国海上联系的重要交通枢纽及重要战略要地。

2.气候

北回归线穿过台湾中南部的嘉义、花莲等地,将台湾南北划为两个气候区,中部及北部属亚热带季风气候,南部属热带季风气候。整体气候冬无严寒,夏无酷暑,终年湿润。台湾大部分地区的平均气温在22℃左右(高山除外),四季暖和。台湾降水丰沛,气候湿润,平均年降雨量超过2500毫米,约为世界平均降雨量的3倍,中国年降雨量最大的地区火烧寮就在台湾东北部,被称为中国"雨极",而基隆港因降雨量丰沛而被称为"雨港"。

3.地形地貌

台湾岛是一个多山的海岛,高山和丘陵约占全岛的2/3。东部是山脉,中部是过渡的低山丘陵,西部是平原。台湾海拔超过3000米的山峰有268座,最高点是海拔高度为3952米的玉山主峰,亦为中国东部沿海地区的最高峰,也使台湾岛成为世界地势高度为第四高的岛屿。

(二)人文概况

1.人口、民族

台湾人口约为2350万(2015年),主要集中在西部平原,东部人口仅约占全部人口的4%。台湾居民中,有98%的人是来自中国大陆的汉族,约2%的人则是在17世纪汉族移入前即已定居的台湾少数民族(高山族)。台湾本省人指二战结束前就已在台湾生活的族群。本省汉族民众可分为从福建省南部沿海地区迁移占人口70%的闽南人,以及从广东省东部地区迁移占人口14%的客家人。根据语言、风俗的不同,台湾高山族分为阿美、泰雅、排湾、布农、卑南、鲁凯、曹、雅美和赛夏9个分支,其民众分居全省各地。

2.语言、宗教

现代标准汉语和繁体中文是台湾地区法律公文、学校教学、主要媒体通用的语言文字。汉族方言主要有闽南民系使用的闽南语(台语、台湾话)和客家民系使用的客家语。此外马祖地区通行福州话(闽东语),金门县乌丘乡通行莆田话。台湾高山族使用台湾南岛语群,会使用母语的人口逐渐下降。台湾最普及的外语是英语,日语为台湾第二大外语。

佛教、道教等中国传统宗教在台湾极为盛行且长期发展,基督新教、天主教与伊斯兰教等宗教也拥有不少信众。

3.货币

新台币是"台湾当局"发行的一套法定货币。1949年6月15日起开始发行流通,基本单位为圆(简作元)。新台币发行硬币单位包括5角、1圆、5圆、10圆、20圆、50圆;而纸钞单位则有100圆、200圆、500圆、1000圆与2000圆。

二 简史

远古时代,台湾与大陆相连,后来因地壳运动,相连接的部分沉入海中,形成海峡,出现台湾岛。台湾早期住民中，大部分是从中国大陆直接或间接移居而来的。1971年和1974年，两次在台南县左镇乡发现了迄今为止台湾最早的人类化石，其被命名为"左镇人"。考古学家认为，"左镇人"是在3万年前从大陆到台湾的，与福建考古发现的"清流人""东山人"同属中国旧石器时代南部地区的晚期智人，有着共同的起源，都继承了中国直立人的一些特性。台湾早期住民中，还有少部分属于尼格利陀人种的矮黑人和属于琉球人种的琅峤人。

台湾有文字记载的历史可以追溯到公元230年。当时三国吴王孙权派1万官兵到达"夷洲"（台湾），吴人沈莹的《临海水土志》留下了世界上对台湾最早的记述。隋唐时期（公元589—618年）台湾被称为"流求"。隋王朝曾三次出师台湾。据史籍记载，610年（隋大业六年）汉族人民开始移居澎湖地区。到宋元时期（公元960—1368年），汉族人民在澎湖地区已有相当数量。汉人开拓澎湖以后，开始向台湾发展，带去了当时先进的生产技术，公元12世纪中叶，宋朝将澎湖划归福建泉州晋江县管辖，并派兵戍守。元朝也曾派兵前往台湾。元、明两朝政府在澎湖设巡检司，负责巡逻、查缉罪犯。明朝后期开拓的规模越来越大。在战乱和灾荒年代，明朝政府的福建地方当局和郑芝龙集团曾经有组织地移民台湾。

6世纪，西班牙、荷兰等西方殖民势力迅速发展，开始把触角伸向东方。17世纪初，荷兰殖民者趁明末农民起义和东北满族势力日益强大，明政府处境艰难之时，侵入台湾。不久，西班牙人侵占了台湾北部和东部的一些地区，后于1642年被荷兰人赶走，台湾被荷兰占领。1652年9月，农民领袖郭怀一领导了一次较大规模的武装起义。1661年4月，郑成功以南明王朝招讨大将军的名义，率2.5万将士及数百艘战舰，由金门进军台湾。经过激烈战斗和围困，1662年2月，郑成功从荷兰殖民者手中收复了中国领土台湾。

1684年，清政府设置分巡台厦兵备道及台湾府，隶属于福建省。至1811年，台湾人口已达190万，其中多数是来自福建、广东的移民。1884—1885年中法战争期间，法军进攻台湾，遭刘铭传率军重创，到1885年6月《中法新约》签订，法军被迫撤出台湾。中法战争以后，清政府为了加强海防，于1885年将台湾划为单一行省，台湾成为中国第20个行省。1894年日本发动甲午战争，翌年清政府战败，于4月17日被迫签订丧权辱国的《马关条约》，把台湾割让给日本。协理台湾军务的清军将领刘永福等率军民反抗日本的侵占，坚持了5个多月的战斗，历经大小百余仗，使日本侵略者付出了惨痛的代价，但终遭失败。从此，台湾被日本占领达50年之久。

1945年8月，日本在第二次世界大战中战败，8月15日宣布无条件投降。中国人民经过14年英勇的抗日战争，终于收复了台湾。

（三）经济发展状况

台湾被世界银行、国际货币基金组织、美国中央情报局出版的调查报告《世界概况》等认定为发达经济体，是亚洲四小龙之一。

台湾农耕面积约占土地面积的四分之一，盛产稻米，一年有二至三熟，米质好，产量高，主要经济作物是蔗糖和茶。蔬菜品种超过90种，栽种面积仅次于稻谷。台湾素有"水果王国"美称，水果种类繁多。花卉产值也相当可观。

台湾森林面积约占全境面积的52%。台北的太平山、台中的八仙山和嘉义的阿里山是著名的三大林区,木材储量多达 3.26 亿立方米,树木种类近 4000 种,其中尤以台湾杉、红桧、樟、楠等名贵木材闻名于世,樟树提取物更居世界之冠,樟脑和樟油产量约占世界总量的 70%。

台湾四面环海,海岸线总长达 1600 千米。因地处寒暖流交界,渔业资源丰富。东部沿海岸峻水深,渔期终年不绝;西部海底为大陆架的延伸,较为平坦,底栖鱼和贝类丰富,近海渔业、养殖业都比较发达。远洋渔业也较发达。

台湾除有丰富的水力、森林、渔业资源外,其他自然资源有限,自产能源只有少量煤、天然气,金、银、铜、铁等金属矿产也较少,主要储藏于北部火山岩地区及中央山脉。

四 文化

(一)文学

日据时期,在新文化运动的影响和指导下,台湾也发起了新文学运动,赖和被誉为"台湾新文学之父"。1949 年后,胡适、林语堂、梁实秋等大陆文学家随国民党政府移居台湾。20 世纪 50—60 年代风行怀乡文学,代表作有林海音的《城南旧事》等。同时西方现代文学也是文坛的重要力量,代表作有白先勇的《台北人》、王文兴的《家变》等。60—70 年代乡土文学思潮兴起,代表作有钟肇政的《鲁冰花》等。70 年代以后,柏杨、李敖、三毛、余光中、席慕蓉、龙应台、刘墉、古龙、琼瑶、林清玄、张晓风等作家陆续有重要作品问世。21 世纪初网络文学蔚然成风,其代表作有九把刀的《等一个人咖啡》等。

(二)戏剧

歌仔戏是台湾最主要的地方戏曲,也是中国地方戏曲剧种中唯一诞生于台湾的剧种。战后早期,官方大力扶持、推广京剧(评剧、国剧)等大陆剧种,同时歌仔戏、布袋戏等台湾本土剧种仍是庶民重要的娱乐方式。随着电视的出现,布袋戏、歌仔戏讲求声光效果而重获重视。京剧与话剧融入创新元素,常以小剧场等形式表演,舞台剧表演成为极具活力的艺术活动。

(三)电影

台湾电影奠基于日本统治时期,20 世纪 50 年代,国民党当局退据台湾之后,台湾电影业的发展走过了一条曲折的道路。六七十年代,出现了长足进步,表现在摄制水平提高,影片市场扩大,影片题材广泛,国际获奖影片增多等方面,如反映抗日题材的电影《英烈千秋》《八百壮士》《梅花》,在第 21 届、22 届亚洲影展和哥伦比亚第 16 届卡特赫纳国际影展上相继获奖。80 年代,台湾出现了以"小成本,新人"为制片方针的新浪潮电影和小说改编成剧本的文学电影热。1989 年,由朱天文编剧,侯孝贤导演的《悲情城市》,在威尼斯影展中获得最佳影片金狮奖。这是台湾电影首次获国际大奖,为了促进电影事业的发展,从 1959 年起,台湾每年举办一次评选"国语影片金马奖"的活动,至今已举办了近六十届。

20 世纪 90 年代起,一些华人导演前往好莱坞发展,其中台湾导演李安凭借执导《卧虎藏龙》《断背山》《少年派的奇幻漂流》等作品蜚声国际,三度获奥斯卡奖。2008 年魏德圣执导的《海角七号》以国际化商业路线结合本土特色内容,在票房大获成功并获不少奖项后,《那些年,我们一起追过的女孩》《赛德克·巴莱》等叫好又叫座的台湾电影掀起了台湾电影复兴热潮。

(四)音乐

台湾民谣大约在16世纪初随闽南移民传入台湾,大致可以分为童谣、情歌、劳动歌、生活歌、故事传说歌、习俗歌、劝善歌和乞食歌等。

20世纪70年代中期,台湾一些大专院校的青年学生,针对社会上出现的崇洋媚外现象和流行的靡靡之音,在校园掀起"校园歌曲热"。李双泽被称为校园歌曲的开拓者,他引发了台湾学子创作歌曲的热情,掀起了"校园歌曲运动"的序幕。与此同时,侯德建创作了歌曲《龙的传人》《捉泥鳅》等,轰动了各个大专院校,被看作是校园歌曲的代表作。接着,叶佳修创作了《流浪汉的独白》《乡间的小路》《小村的故事》等歌曲,亦在校园中广泛传唱。除此,吴楚楚、邱晨等也是校园歌曲创作的代表。较有名的校园歌曲还有《好了歌》《风,告诉我》《外婆的澎湖湾》等。

20世纪70年代,清新的校园民谣风行,同时台语流行乐坛秀场文化盛行。80年代讲究字正腔圆的国语老歌风靡亚洲,代表人物有邓丽君和费玉清。受西方摇滚乐的影响,民歌时期后罗大佑等将社会百态写成歌曲,同时李宗盛创作的情歌广受欢迎。90年代以来,台语歌曲风格越加多元活泼。解严后自由的创作与发展环境使台湾成为华语流行音乐的重要发展地,代表歌手及乐团有周杰伦、蔡依林、张惠妹、S.H.E、五月天等,也吸引其他地区的华人歌手来台发展,代表歌手有王力宏、孙燕姿、陶喆、林俊杰、蔡健雅、梁静茹等。

五 民俗与节日

(一)饮食

台湾居民一日三餐以大米为主食。节日喜庆时,多用鸡鸭等丰盛酒菜宴请客人。台湾居民大都嗜酒,祭祀神明、宴请客人必备良酒。

台湾菜有海鲜丰富、酱菜入菜、节令食补等特色,倾向自然原味,调味不求繁复,风格鲜香、清淡。炎热气候使一些酸甜开味的菜肴出现在台菜中。台菜素有"汤汤水水"之称,羹汤类菜肴广受欢迎。

台湾饮食文化中有著名的"小吃"文化,各式风味小吃云集的夜市是台湾庶民生活文化的代表之一,常见的小吃有蚵仔煎、炸鸡排、盐酥鸡、生煎包、米血糕、蚵仔面线、甜不辣等。

(二)礼仪与禁忌

台湾是由明末清初的福建、广东人民大规模移居开垦,才逐步被开发。日本殖民者虽然挖空心思实行民族同化,但遭到台湾同胞的顽强抵制。国民党迁台又有大批大陆人员来到台湾,所以台湾汉族同胞的许多生活习惯和社会风俗与大陆基本相同,一般保持着闽、粤地区的特征。

禁用手巾赠人,按台湾民俗,丧事办完,送手帕给吊唁者留念,意为让吊唁者与死者断绝来往,所以台湾俗语有"送巾断根"或送巾离根之说。因此,非丧事不宜赠手巾。

禁用刀剪赠人,刀剪是伤人的利器,含有"一刀两断"之意。以刀剪赠人,会让获得赠者觉得有威胁之感。

禁用甜果送人,民间逢年过节,常以甜果为祭祖神之物,若以甜果赠人,会使对方有不祥之感。

(三)重要节日

台湾民间节庆包括春节、元宵节、清明节、端午节、中秋节、重阳节等。台湾的祭祀活动比较兴盛,种类繁多,除了一般的神明、祖先灵魂祭奠外,还有农历3月23日妈祖诞辰日的妈祖祭,农历3月21日为保生大帝回福建家乡过生日(3月25日)而举行的回乡谒祖祭,农历4月29日纪念郑成功的盛大祭典,农历5月13日的城隍爷出巡盛典和9月28日为孔子诞辰而举行的祭祀大典,规模宏大,颇具特色。

六 旅游业

(一)旅游业概况

台湾1956年开始有计划地发展旅游业,比如对景区的修整、观光设施的改善、观光旅馆的建立、导游人员的培训等,实现了旅游业的迅速发展。经过半个多世纪的发展,台湾旅游业已实现了入岛观光、出岛观光、岛内观光"三位一体"的发展格局。但2016年5月20日以来,民进党当局拒不承认"九二共识",不认同"两岸同属一中",导致两岸制度化交往机制停摆,两岸关系趋冷对台湾观光业造成很大冲击。2016年大陆居民赴台湾旅游人次为361万,比2015年减少近80万人次,大陆居民赴台旅游同比减少14.4%,为8年以来的首次下降。

(二)著名旅游城市和旅游景点

1.台北101大楼

台北101大楼是台北的地标式建筑,于2004年启用。楼高508米,地上有101层,地下有5层。2010年以前,台北101大楼是世界第一高楼(但不是世界最高建筑)。2010年1月4日迪拜塔竣工启用,随后广州塔建成,101大楼退居世界第三高楼;位于沙特阿拉伯麦加的复合型建筑"麦加皇家钟塔饭店"于2012年完工,高度为601米,又使101大楼退居世界第四高楼。101大楼以中国人的吉祥数字"八"("发"的谐音),作为设计单元。每八层楼为一个结构单元,彼此接续,层层相叠,构筑整体。在外观上形成有节奏的律动美感,开创国际摩天楼新风格。夜间的101外观会打上灯光,以彩虹七种颜色为主题,每天更换一种颜色,如星期一是红色、星期二是橙色等,每天落日时间开始点灯,至晚上10点关闭。

2.台北故宫博物院

台北故宫博物院,又称台北故宫、中山博物院。是中国大型综合性博物馆、台湾规模最大的博物馆,也是中国三大博物馆之一。建造于1962年,1965年夏落成。占地总面积约16

公顷。为仿造中国传统宫殿式建筑,主体建筑共4层,白墙绿瓦,正院呈梅花形。院前广场耸立五间六柱冲天式牌坊,整座建筑庄重典雅,富有民族特色。院内收藏有自南京国立中央博物院筹备处、国立北平故宫博物院和国立北平图书馆等所藏和来自北京故宫、沈阳故宫、避暑山庄、颐和园、静宜园和国子监等处的皇家旧藏。所藏的商周青铜器,历代的玉器、陶瓷、古籍文献、名画碑帖等皆为稀世之珍。展馆每三个月更换一次展品。截至2014年底,馆藏文物达69.6万余件。翠玉白菜、东坡肉形石、毛公鼎为三大镇馆之宝。

3. 阳明山和北投

阳明山是台北著名的风景区,距台北市16千米,是重要的游览地;阳明山又名草山,因山上产茅草而闻名。它居于台北大屯火山群,山上遍植樱花、梅花、杜鹃花、山茶花。山腰间,有一座阳明山公园,园中繁花点缀,还有不少奇木古树。园中有两个鱼池称为乐鱼国,一池红色鲤鱼,一池青色草鱼。山上石阶小径,曲折盘旋。再往前直至潭谷崖,背靠两条对称的飞瀑——阳明瀑、泓龙瀑。俯瞰脚下的台北市,真是美不胜收。附近的阳明湖也是游人喜欢游览游玩的地方。从阳明山去台北途中,有一个很好的憩息胜地,这就是北投。著名的北投温泉也在这里。泉水中含有硫黄,可治疗风湿及皮肤病。

4. 野柳风景区

野柳风景区为台北最著名的风景区之一。野柳海滨波涛汹涌,奇岩怪石繁多,风景十分壮丽。受风浪长期侵蚀而成的奇岩,姿态各异,其中造型尤以"女王头""仙女鞋""情人石"等吸引人。野柳岬迎风面多陡岸峭壁,背风面树木苍翠,有小径穿行其中,凉亭点缀其间,风光极为绮丽。

5. 龙山寺

龙山寺位于台北市内,是台湾地区名刹之一。龙山寺规模宏大,始建于清乾隆三年(1738年)。正殿供奉主神观音菩萨,石殿中央奉祀妈祖,合厢供奉四海龙王、十八罗汉、城隍、注生娘娘等,是台湾地区佛道混合世俗寺院的一个典型。善男信女络绎不绝。

6. 日月潭

日月潭为台湾地区唯一的天然湖,位于玉山之北,属南投县鱼池乡水社村。潭中有一个秀丽的小岛,以此岛为界,北半湖形同日轮,南半湖状似新月,清代正式取名日月潭。日月潭畔的山麓上,建有许多楼阁亭台。潭西的涵碧楼,清幽素雅,是观赏湖光山色的好地方。与涵碧楼遥相对峙的是潭南青龙山麓的玄光寺。沿寺后石砌小径登山,可达玄奘寺,寺中有小塔,供奉唐代高僧唐三藏灵骨,因此,这里也是台湾地区一大佛教圣地。在玄奘寺后山、青龙山顶峰上,建有九层的慈恩塔,是仿照辽宋古塔式样建造的,庄严雄伟。此外,潭畔可供游览的地方还有文武庙、孔雀园等处。日月潭东岸,有一个高山族同胞的村落。高山族同胞能歌善舞,舞姿优雅,歌声动人,使秀丽的日月潭流光溢彩。日月潭曾被评为全国十大风景名胜之一。

7. 阿里山

阿里山在嘉义县东北,是大武峦山、尖山、祝山、塔山等18座山峦的总称。由于山区气候温和,盛夏时依然清爽宜人,加上林木葱翠,是全台湾最理想的避暑胜地。阿里山的日出、云海、晚霞、森林与高山铁路,合称阿里山五奇。阿里山铁路有 70 多年历史,是世界上仅存的三条高山铁路之一,途经热、暖、温、寒四带,景致迥异,搭乘火车如置身自然博物馆。祝山是观赏日出的最佳地点,要到祝山可坐火车或从电信局旁的石板路循阶而去,穿过森林大约 40 分钟即可到达。阿里山有一棵树龄 3000 年的红桧,被誉为"阿里山神木";还有一棵"眠木大神木",有 4100 多年的树龄。倘若是三四月间,在阿里山上,几乎漫山遍野都是如火的樱花。此外,阿里山上的慈云寺、高山植物园、高山博物馆、姐妹潭等也都是游人乐到之处。

8. 玉山积雪

玉山积雪在嘉义、高雄、南投三县交界处的北回归线上。虽居于热带和亚热带,但山顶终年积雪,色白如银,"浑然美玉",故称"玉山",极为壮观,是冬季滑雪的好场所。

9. 赤崁楼

赤崁楼是一座具有 300 多年历史的古城堡,因砌嵌城垣的红色砖瓦,朝曦夕照时,如吐红霞而得名。如今,这里保存有牡牝石狮、石雕像、望楼残迹等文物。这里台江浩瀚,城濒沧海,登临远眺,景色奇丽,尤其当"夕阳西照,波光辉映"之时,景色极为动人。

10. 鲁阁幽峡

鲁阁幽峡位于花莲县内,是由大理石所形成的峡谷,其断崖高达千米,极为壮观,为峡谷地形所罕见。故名"鲁阁幽峡"。主要旅游点有长春祠、文山温泉、九曲洞、天祥。

11. 北回归线标志塔

北回归线横过台湾的澎湖、嘉义、南投、花莲四县,台湾就在岛的东、西两面各立碑志,西标志碑是嘉义北回归线标志碑,东标志碑则建在花莲县。两脚跨踏塔底中央的石板,一脚在热带,另一脚则在北温带,别有一番地理上的感受。

花莲县的北回归线标志碑有两座,较早的一座建在瑞穗乡舞鹤村,还有一座是静浦北回归线标志塔。嘉义的北回归线标志碑建于 1908 年,即清光绪三十四年,是我国最早建立的北回归线标志碑。静浦北回归线标志塔位于花莲县丰滨乡静浦村,东临太平洋,为圆柱形、灯塔状,一柱擎天,颇为壮观。标志塔的南北两面,上刻"北回归线"字样,圆柱中间有纵向狭长细缝,北回归线从这里通过。

12. 垦丁

垦丁位于台湾地区屏东县,东临太平洋,西靠台湾海峡,南望巴士海峡。垦丁国家公园是台湾唯一拥有海域和陆地的国家公园。垦丁还被称为是台湾的天涯海角。这里有鹅銮鼻公园、猫鼻头公园等,其中鹅銮鼻公园有块巨石酷似尼克松,而被当地人称为尼克松石头。这里还有关山,台湾八大景之一的"关山夕照"就在这里。垦丁的名字据说是清朝时期,从大陆来了一批壮丁到现在这个台湾最南部的地方开垦,这里便被后人称为"垦丁"。垦丁地属热带气候,年平均温度为 25℃。地质以珊瑚礁为主,在三面环海北依山峦的地形下,加上长达半年的落山风吹拂,造就了垦丁特殊的地形风貌。这里的景观具有多样性,有沙滩贝壳、崩崖、沙瀑、钟乳石洞,有热带雨林稀有植物、种类繁多的昆虫蝴蝶。

(三)购物

宝岛台湾是中国的一块明珠,也是世界名牌、奢侈品的集中地,不仅商品种类丰富,而且许多进口商品的价格要比大陆优惠,如化妆品、洗发护发用品、服饰等。台湾是茶叶王国,有地形、气候等最佳的茶叶生长条件,所以这里的茶叶质量都是上等品质,在这里能买到的茶叶品种很多,其中以文山包种茶、冻顶乌龙茶、白毫乌龙茶和铁观音为台湾茶叶的四大主流。台湾四面环海,大陆架形成了众多的珊瑚礁,有着珊瑚王国的美称,其中以桃色珊瑚最为名贵。台湾玉,学名闪玉,所制作的玉器和饰品,以外销为主,最高级的台湾玉是成猫眼现象的碧玉。台湾还有凤梨酥、牛轧糖等特产。

模块七　知识闯关

参考文献

[1] 卢丽蓉,李敏.旅游客源国和目的地概况[M].桂林:广西师范大学出版社,2016.
[2] 熊国铭.旅游客源地与目的地概况[M].上海:上海交通大学出版社,2012.
[3] 王兴斌.中国旅游客源国/地区概况(第七版)[M].北京:旅游教育出版社,2016.
[4] 全国导游人员资格考试教材编写组.全国导游基础知识[M].北京:旅游教育出版社,2016.
[5] 徐洋,周广海.旅游客源国(地区)概况(第二版)[M].长沙:湖南师范大学出版社,2014.

参考网址

[1] 百度百科网:https://baike.baidu.com.
[2] 中国旅游网:http://www.cnta.gov.cn.
[3] 世界旅游网:http://www.worldtravelno1.com.
[4] 世界商务旅游同盟:http://www.lwtbw.com.
[5] 中国新闻网:http://www.chinanews.com.
[6] 道客巴巴:http://www.doc88.com.
[7] 中国旅游新闻网:http://www.ctnews.com.cn.
[8] 康辉旅游:http://www.cct.cn.
[9] 中商情报网:http://www.askci.com.
[10] 携程旅行网:http://www.ctrip.com.
[11] 马蜂窝:http://www.mafengwo.cn/gonglve/.
[12] 芒果网:http://travel.mangocity.com.
[13] 艺龙旅行网 http://trip.elong.com.
[14] 新华网:http://www.xinhuanet.com.
[15] 德国旅游局官方网站:http://www.germany.travel/cn/index.html.
[16] 瑞士国家旅游局中文官方网站:https://www.myswitzerland.com/zh-cn/home.html.